Franz Herre

Am liebsten Pasta mit Trüffeln

Franz Herre

Am liebsten Pasta mit Trüffeln

Ein Genießer unterwegs

Koehler & Amelang
München Berlin

Die Deutsche Bibliothek – CIP-Einheitsaufnahme
Ein Titeldatensatz für diese Publikation ist
bei Der Deutschen Bibliothek erhältlich

Satz: Verlagsservice G. Pfeifer / EDV-Fotosatz Huber, Germering
Druck und Bindearbeiten: Friedrich Pustet, Regensburg
Printed in Germany
ISBN 3-7338-0310-8

Inhalt

Nütze die Zeit – und den Ort!

Mit Achtzig sagte die Marquise Du Deffand: »Nur drei Dinge, die wirklich schön sind, gibt es auf der Welt. Das erste ist ein gutes Essen«. Und die anderen? »Ach, die habe ich leider vergessen«.

Was war ihr entfallen? Wohl die Liebe, die wahrscheinlich bei der jungen Frau an erster Stelle gestanden hatte. Was aber war das dritte? Je länger ich mit zunehmendem Alter darüber nachdachte, um so mehr neigte ich zu der Annahme, daß sie damit das Reisen gemeint haben könnte, das Unterwegssein zu Erfahrungen, die sich mit den beiden anderen schönen Dingen genußsteigernd verbinden ließen.

Jedenfalls erlebte ich in der Kombination von Reisen und Speisen viel Beglückendes. Oft unterwegs habe ich andere Mentalitäten und Eßgewohnheiten kennengelernt und – im wahrsten Sinne des Wortes – »erfahren«, wie verschiedene Küchen mit unterschiedlichen Kulturen zusammenhängen.

Feinschmeckerei ist eine ambulante Angelegenheit. Heutzutage kann man zwar überall italienisch essen, aber die italienische Küche – genaugenommen die italienischen Küchen – genießt man am besten in der Lombardei und in der Toskana, in Venetien und Ligurien, in Latium und Kampanien. Auch die »deutsche Küche« ist ein Pluralbegriff, der sich erst richtig in den Regionen des

Landes erschließt. Dies gilt auch für die Vereinigten Staaten von Amerika, die nicht einmal politisch ein Schmelztiegel, geschweige denn gastronomisch ein Eintopf sind.

Der Feinschmecker feiert die Küchen, wie sie fallen, dort, wo er ihre Gerichte in ursprünglicher Substanz und in herkömmlicher Form, in bestmöglicher Qualität genießt. So Rouget (Rotbarbe), die nicht länger als ein Zeigefinger ist, an der Felsenküste, in einem Fischrestaurant der Côte d'Azur, gebraten à la niçoise, mit Oliven und Tomaten – und im Hochsommer, wenn das Fischlein meerfrisch in die Küche kommt.

Auch die Zeit ist zu beachten. Verbesserungen im Verkehrswesen und in der Kühltechnik ermöglichen den Verzehr von Lamm an Neujahr, aber es hat nun einmal im Frühjahr seine Saison und bietet dann den höchsten Genuß. Der Feinschmecker achtet bei Gemüsen auf »Primeurs« oder »Primizie«, und unter den Käsen wählt er einen »Beaufort été« von Kühen, die Gras gefressen haben, und keinen »Beaufort hiver« von Kühen, die sich mit Heu begnügen mußten.

»Nütze die Zeit!«, die am Markuskirchlein der Augsburger Fuggerei angebrachte Mahnung stand mir in der Jugend vor Augen, und ich behielt sie im Blick – auch in kulinarischer Hinsicht. »Nütze den Ort!« fügte der umherziehende Feinschmecker hinzu. Nun hat er Erfahrungen niedergeschrieben, um sich daran in der Erinnerung zu ergötzen, und anderen Anregungen zu geben.

Wie es anfing

Mit einem goldenen oder auch nur einem silbernen Löffel im Mund bin ich nicht auf die Welt gekommen. Doch was der Heranwachsende mit Löffeln, Gabeln und Messern aus Stahl zu essen bekam, trug nicht weniger zur Schulung des Gaumens bei.

Die Einübung begann beizeiten. Der Vierjährige konnte nicht umhin, dem Postboten, der am Morgen eine frische Breze für die Brotzeit bei sich trug, das knusprige Gebäck abzubetteln. Die Mutter, die dazu kam, schimpfte mich aus, steckte dem freigebigen Mann Geld für diese und andere Brezen zu, die er mir – ich konnte es kaum erwarten, bis er auftauchte – an den folgenden Morgen überließ. Die Mutter tat es weniger aus Genugtuung über die Begierde ihres Sprößlings, als um ihm, der sein Marmeladebrot nie aufessen mochte, ein zweites Frühstück zukommen zu lassen.

Meine Mutter stammte aus dem Ries, der fruchtbaren Gegend im bayerischen Schwaben, aus deren Kochtöpfen seit jeher Nahrhaftes wie Schmackhaftes kommt. Unter den Sieben Schwaben durfte der aus dem Ries kommende Knöpfleschwab nicht fehlen, der seine Spießgesellen mit der in seiner Heimat beliebten Spätzleart für den Kampf mit dem Seeungeheuer stärkte.

Die Großmutter in Wemding verwöhnte mich mit Gerichten, die in mir den Grund für die Überzeugung legten, daß Schlichtes nicht geringzuschätzen, vielmehr Einfach-Gutes hochzupreisen ist. Die Besitzerin eines kleinen Schuhladens besaß einen Krautgarten, in dem die Kohlköpfe für das hausgemachte Sauerkraut heranwuchsen, und hielt sich im Hinterhof des Häusles ein Schwein, das dazu Fleischliches in verschiedenen Variationen lieferte. Der Schlachttag war ein Festtag, zu dem mich die Mutter von Augsburg, wo wir wohnten, mit nach Wemding nahm. Die Großmutter, die uns am Bahnhof abholte, begrüßte mich jedesmal mit der erwarteten Verheißung, daß der Metzger für das Büble wieder kleine Leberwürste herstellen werde. Das Kesselfleisch schmeckte mir noch nicht besonders, aber von den handgemachten Schupfnudeln aus Roggen- und Weizenmehl zum Sauerkraut konnte ich damals und später kaum genug bekommen.

Ich war erst sechs, als die Wemdinger Großmutter starb. Meine Mutter übernahm deren rustikale Rezepte und bereicherte sie, zur Augsburgerin geworden, mit urbanen Akzenten; die »Datschiburgerin« buk einen wunderbaren Zwetschgendatschi. Bei knappem Haushaltsgeld wußte sie Köstliches zu kochen. Die Suppenschwäbin bot uns Suppenschwaben treffliche Leberspätzle-, Brätknödel- oder Milzschnittensuppen. Werktags gab es durchwachsenes Bödele (Schweinebauch) mit Linsen oder Dampfnudeln mit röscher Bodenkruste, am Sonntag zu hausgemachten Kartoffelknödeln einen Schweinsbraten, der so perfekt auf die Teller kam, daß ich an meine Mutter dachte, als ich später bei Brillat-Savarin las: Kochen könne man lernen, aber zum Bratenkünstler müsse man geboren sein.

Ein Vorgeschmack des Sonntagsbratens lag während der Sonntagsmesse in der Luft und ließ den Weihrauchduft kaum aufkommen; denn die Hausfrauen hatten vor dem Kirchgang und schon im Sonntagsstaat noch rasch den Braten aufgegossen, dessen Duft sich in den Kleidern festgesetzt hatte. Einen zweiten und angenehmeren Vorgeschmack auf das Mittagsmahl bekam die Familie bei der Augsburger Großmutter, die für jeden im Ofenrohr zur Einstimmung auf die Pièce de résistance, das spätere Hauptgericht (sie war in Frankreich in Stellung gewesen), ein Schälripple oder ein Schweinsschwänzle bereit hielt. Die Mutter blieb nicht lang, eilte in unsere nahegelegene Wohnung, um den Schweinsbraten in richtigem Zustand auf den Tisch zu bringen, oder gar, an besonderen Festtagen, eine Gans, wie sie nur eine Frau aus dem Rieser Gänsedorado zubereiten konnte. Jeden verlangte es nach dem Bürzel, bei uns Bobbes genannt. Man fand eine salomonische Lösung: Vater bekam ihn an Kirchweih, Mutter an Martini und ich zu Weihnachten.

Zur Feier meiner Erstkommunion gab es gebackenes Zicklein. Die Augsburger Großmutter und Mutter standen in der Küche, Vater ging ab und zu nachsehen, Onkel und Tanten harrten am festlich gedeckten Tisch bei einem Gläschen Zwölf-Apostel-Wein der Dinge, an deren Vollkommenheit kein Zweifel aufkam. Was später eine meiner – zugegeben zahlreichen – Leibspeisen wurde, vermochte der Zehnjährige noch nicht gebührend zu würdigen. An diesem Tag interessierten mich mehr die gewünschten und von Eltern und Verwandten geschenkten Bücher.

Auf das Essen wurde bei uns großer Wert gelegt, nicht allein auf das »Was«, auch auf das »Wie«. In der geräumigen Wohnküche war am Sonntag die Tafel sorgfältig gedeckt. Mutter hatte mit der Aussteuer Leinen-Tischwäsche mitgebracht. Wein wurde nicht getrunken. Man war Bier gewohnt und konnte es sich leisten, freilich immer nur Dreischoppen, die ich im Maßkrug in der nächsten Gassenschenke zu holen hatte. Die Wirtin pflegte so gut einzuschenken, daß ich fast einen Liter nach Hause brachte, was der sparsame Vater einkalkuliert hatte. In Versuchung, auf dem Rückweg einen Schluck zu nehmen, kam ich kaum. Wenn ich aber beim Bäcker einen frischen Brotkipf holte, konnte ich nicht widerstehen, das knusprige Scherzel anzuknabbern; die Schelte, mitunter eine Ohrfeige, nahm ich in Kauf.

Der Feinschmeckerei des Vaters waren durch den schmalen Geldbeutel enge Grenzen gezogen. Doch aus Möglichem verstand er Bestmögliches zu machen. Er war das, was man einen »gelernten Brotzeitmacher« nannte. Als Ziele der Sonntagsausflüge wählte er Biergärten, in die er das bei einem Rieser Bauern erworbene ebenso preisgünstige wie preiswürdige Geräucherte mitnehmen durfte, und einen Rettich, den er aus Onkel Ottos Schrebergarten bezog. In dessen Gartenhäusle bekamen wir ab und zu taufrischen Salat vorgesetzt, den Tante Amal mit kroßgebratenen Speckwürfeln zu veredeln verstand.

Mein Vater nahm mich oft auf den Augsburger Stadtmarkt mit, der für ihn weniger eine Einkaufsstätte als eine Augenweide war. In Steinbecken schwammen Forellen, Schleien und Karpfen hin und her, als drängten sie sich danach, erworben zu werden. Wir betrachteten sie nur, erstanden mitunter geräucherte Bücklinge, bei deren geschicktem Zerlegen ich dem Vater zuschauen durfte und – falls er ein Weibchen bekommen hatte – ein Stückchen des geschätzten Rogen bekam; der Kaviar später konnte mir kaum besser schmecken. Von Grünen Heringen, die Vater nach Hause brachte, war die Mutter wenig angetan; sie brachte sie zwar, gekonnt gebraten, als Lekkerbissen auf den Tisch, aber unter Murren, daß die Wohnung noch lange danach riechen würde.

In den Wäldern um Augsburg wimmelte es von Wild, doch bei uns machte es sich rar. Nur ab und zu leistete sich Vater, nach eingehender Besichtigung des Wildbrets auf dem Stadtmarkt, einen Hasenschlegel oder gar einen Hasenrücken, den die Mutter gut gespickt und richtig gebraten mit Blaukraut servierte. Doch dies geschah so selten, daß ich damals noch nicht auf den Geschmack kam.

Am Delikatessengeschäft in der Karolinenstraße kamen wir nie vorbei, ohne uns am Schaufenster beinahe die Nasen plattzudrücken. Was dort an Köstlichem und Kostbarem angehäuft war, sollte ich bis auf weiteres nur vom Sehen kennenlernen. Doch die Lust war geweckt, und der Wunsch, mir später dies und das, womöglich alles zu Gemüte zu führen.

Im Hitlerreich kam mit dem Einheitsstaat der Eintopf, aber auch für dessen Propagierung hatte die Mutter wenig Gehör. Da die ländlichen Quellen nie ganz versiegten, aßen wir selbst im Krieg passabel. Erst als ich Soldat wurde, sah ich mich mit Eintöpfen konfrontiert und mußte einsehen, daß im Sprichwort »Hunger ist der beste Koch« ein gewisser Wahrheitsgehalt steckte.

Es war die Zeit der Bratkartoffelverhältnisse, die nicht zuletzt deshalb angeknüpft wurden, um Eintönigkeit und Dürftigkeit des Kantinenessens zu kompensieren. Aber trotz allem: In Lenggries in Garnison, lernte ich Blutwurstgröstl kennen und schätzen. In Lörrach kam ich in Kontakt mit badischer Küche. In Weil, wo das Kampfgetöse vom elsässischen Rheinufer herüberhallte, lud mich ein Kleinbauer zum Mittagessen ein. Er hatte sein letztes

Schwein geschlachtet und seinen besten Wein aus dem Keller geholt, »damit ihn nicht schon bald Amerikaner oder Franzosen trinken«.

Am Ostersonntag 1945, im Fränkischen auf dem Marsch an eine Front, die schon keine mehr war, kamen wir in ein Dorf, das von Glockenklang und Bratenduft erfüllt war. Unter einer Tür stand eine Frau, die mich herbeiwinkte: Ich könnte eintreten und vom Schweinsbraten etwas abbekommen. Ich stellte so abrupt mein Gewehr an die Hauswand, daß sich die Sicherung löste und ein Schuß losging – der erste und letzte, den ich im Krieg abgab. Glücklicherweise wurde nur der Verputz leicht beschädigt, durch diesen unwillkürlichen Salut für eine unerwartete Mahlzeit.

Auf dem Rückzug, als wir am Straßenrand rasteten, kam eine Kolonne vorbei, aus der ein Soldat, ein Schulkamerad, auf mich zukam und mir grüßend ein Butterbrot zusteckte – das beste, an das ich mich erinnere. Je weiter es nach Süden ging, um so mehr lösten sich die Einheiten auf; die unsrige bestand nur noch aus drei Mann. Vor Donauwörth wurden wir von einem Bauern zu Brot und Speck eingeladen. In der Stube futternd, gab es plötzlich draußen einen so lauten Knall, daß die Fensterscheiben klirrten. Wie sich herausstellte, war die Donaubrücke vor den anrückenden Amerikanern gesprengt worden. Mit ein paar Äpfeln in den Taschen liefen wir zum Donauufer, wo wir flußabwärts eine noch intakte Fähre fanden, die uns Richtung Heimat übersetzte.

In der ersten Nachkriegszeit war Schmalhans Küchenmeister. Die Essenmarken reichten nur für das Allernötigste. Hamsterfahrten in »ihr Ries«, die Mutter unternahm, brachten ab und zu ein paar Eier, etwas Schmalz oder gar ein Stück Geräuchertes. Als Student in München konnte ich zwar den geistigen, aber nicht immer den körperlichen Hunger stillen. Einmal gab es an der Uni Sondermarken. Als ich hörte, daß man dafür bei einem Vorort-Metzger doppelt soviel Hartwurst wie bei einem Stadtmetzger bekäme, nahm ich dorthin eine lange Straßenbahnfahrt auf mich. Doch die Quantität ließ an Qualität zu wünschen übrig: das Schweinefleisch war mit Pferdefleisch gestreckt.

Unmittelbar nach der Währungsreform im Jahre 1948, als sich die Läden wie auf einen Schlag mit lang entbehrten oder knapp zugeteilten Lebensmitteln füllten, ritten wir auf der Freßwelle mit. Wir konnten fast nie genug bekommen von dem, was wieder zu haben war, und das wir genossen, als hätten wir es zum erstenmal erhalten: den Aufschnitt und das Halsgrätle vom Metzger, einen Käsekuchen vom Bäcker, das Suppenhuhn und das Fischfilet vom Stadtmarkt, und selbst gegen den Geruch von Grünen Heringen, die wieder auf dem Küchenherd bruzzelten, hatte Mutter nichts mehr einzuwenden.

Über den Berg des Vielen gelangten wir bald in das Land des Guten. Sattessen genügte nicht mehr, Zuvielessen wurde verpönt, nachdem der Zeiger auf der Waage weiter ausschlug. Die Mutter begann Kochbücher zu studieren und das eine oder andere Rezept, das nicht dem gewohnten schwäbischen Umfeld entstammte, auszuprobieren: etwa Pichelsteiner, Kalbshaxe Münchner Art oder gar Rehrücken Baden-Baden. Meine Schwiegermutter in spe, die aus dem Oberbayerischen kam, verstand ein so köstliches Büfflamott (Boeuf à la mode) zu machen, daß ich annahm, ihre Tochter werde dieses und andere beliebte Rezepte übernehmen – und auch in dieser Beziehung hatte ich Glück.

Nun wurden nicht nur Biergärten, sondern auch Gasthäuser aufgesucht. Das dort Gebotene entsprach meist nicht den Erwartungen. Noch legten die Wirte – wie das Gros ihrer Gäste – mehr Wert auf Menge als auf Güte, das Fleisch war oft zu fett, die Soße zu dick, die Kartoffeln zu matschig, der Salat zu wäßrig. In einfachen Wirtshäusern wurde statt auf Tellern auf einer Platte serviert, in deren größerem Teil das Fleisch in der Tunke schwamm, und in deren kleinere Teile die Beilagen geklatscht waren.

Ausnahmen von der Regel wurden gesucht und gefunden. Im Münchner »Mathäser«, der für den Fahrstudenten günstig zwischen Hauptbahnhof und Universität lag, leistete ich mir ab und zu Milzwurst oder Tellerfleisch. Die »Goldene Gans« in Augsburg bot Schweinshaxen mit röscher Haut und saftigem Fleisch. In Wemding, wohin wir häufig fuhren, stieß ich – wenn Vater die Spendierhosen anhatte – in Gourmet-Gefilde vor. Im Gasthof »Schaucher« kamen aus der Hausmetzgerei großzügig bemessene und vorzüglich zubereitete Gerichte mit Kalbshirn, Kalbsniere, Kalbsleber und Kalbsbries auf den Tisch, womit der Grund für meine lebenslange Vorliebe für diese Leckerbissen gelegt war.

So war ein Feld betreten, das weiterer Erforschung harrte, womit ich heute noch beschäftigt bin.

Diesseits des Weißwurst-Äquators

Zwei Löwen halten das große bayerische Wappen, einen Schild, dessen vier Felder die vier Bestandteile des Staatswesens symbolisieren: Der blaue Panther steht für Ober- und Niederbayern, der Pfälzer Löwe für die Oberpfalz, der rot-silberne Rechen für Franken und das Trio der Hohenstaufen-Löwen für Schwaben. Der Freistaat ist kein Einheitsstaat, und kein Eintopf die Küche in Bayern. Das weiß-blaue Menü besteht aus altbayerischen, fränkischen und schwäbischen Gängen.

Eine kulinarische Variante der bayerischen Vielfalt kreierte der Hofkonditor Rottenhöfer: die Prinzregententorte. Ihre acht Schichten verweisen auf die acht Regierungsbezirke des Königreiches, aus denen der Freistaat hervorgegangen ist: Oberbayern, Niederbayern, Oberpfalz, Oberfranken, Mittelfranken, Unterfranken, Schwaben – und Rheinpfalz, die damals noch dazugehörte. (Den Verlust schien Franz Josef Strauß verschmerzt zu haben; Helmut Kohl, den Ludwigshafener, als Landsmann zu bezeichnen, wäre ihm schwergefallen.) Die Biskuitböden der Prinzregententorte werden durch Schokoladencreme zusammengehalten, womit angedeutet wurde, daß durch die Huld der Wittelsbacher, vornehmlich des volkstümlichen Prinzregenten Luitpold, die acht Bezirke und ihre drei Stämmen angehörenden Bewohner zusammengeführt worden waren und zusammengefunden hatten.

Im Allgäu geboren und in Augsburg aufgewachsen, war ich ein schwäbischer Bayer – und wollte es bleiben. Als nach dem Zweiten Weltkrieg in meiner Heimatstadt für eine Angliederung des bayerischen Schwabens an Württemberg geworben wurde, kritisierte ich – kaum war ich Redakteur bei der »Schwäbischen Landeszeitung«, der späteren »Augsburger Allgemeinen«, geworden – in einem Leitartikel die Großschwaben als provinzielle Nachbeter der rassistisch mißdeuteten Herderschen Volksgeistlehre. Nun, eine derartige Neugliederung hatte von vorneherein keine Chance. Augsburg blieb die Hauptstadt des bayerischen Regierungsbezirkes Schwaben und der Augsburger ein Angehöriger des Freistaates.

Aber ich blieb so frei, die Küche meines schwäbischen Mutterlandes nach wie vor zu schätzen, Spätzle, Knöpfle, Schupfnudle, Maultaschen und zunehmend gehobene Gerichte wie Kalbsvögele oder Rostbraten. Und ein Großschwabe bin ich insofern geworden, als ich dazu gern württembergische Weine trank, am liebsten eine »Brüssele Samtrot Spätlese« des Grafen Raban Adelmann – auf seiner Burg Schaubeck in Kleinbottwar, auf Reisen mit ihm, auf denen er immer ein paar Fläschle dabei hatte, und überall, wo ich seine Kreszensen bekommen konnte. Selbst Herbert Wehner wurde mir sympathischer, als er mich mit einem »Brüssele Muskattrollinger« traktierte.

So manches Viertele Württemberger schlotzte ich in den Augsburger »Sieben-Schwaben-Stuben«, wo die »schwäbisch Kuche« gepflegt wurde: von Mostsuppe und Krautspätzle über Saubuckel und Bubenspitzle bis Nackede Mariele und Nonnenfürzle. Gehobenes, doch vom Mutterboden nicht zu weit Abgehobenes goutierte ich in Bertele's heimeliger Weinstube oder gar bei den vornehmen »Drei Mohren«.

Hie und da war noch die traditionelle Augsburger Hochzeitssuppe zu bekommen, eine kräftige Fleischbrühe, in der so viele Flädle, Leberspätzle, Brätknödel, Riebele, Milzschnitten und Ochsenmarkscheiben schwammen, daß der Löffel fast darin stecken blieb. Vielleicht dachte Thomas Mann auch an den Unterschied zwischen einer altbayerischen Aufgeschmalzenen Brotsuppe und einer Augsburger Hochzeitssuppe, als er bekannte: Er halte es für einen Vorzug Münchens, daß Augsburg so nahe liege. Denn: »Der Schritt ins Schwäbische ist unfraglich ein Schritt in eine urbanere Zone – wobei ich ›urban‹ im Wortsinn gebrauche; der Oberbayer ist prächtigster Bauerntyp, nicht umsonst hat man München so oft ein großes Dorf genannt, und in gewissem Sinne ist Augsburg wirklich mehr eine Stadt als jenes«.

München ist, auch was die Gastronomie betrifft, eine Weltstadt geworden und dabei ein großes Dorf geblieben. Diese Doppelwertigkeit hatte mich bereits angezogen, als ich noch in Augsburg wohnte. Ich begann es für einen Vorzug meiner Heimatstadt zu halten, daß sie nur eine Schnellzugstunde von München entfernt lag. Schließlich ließ ich mich im Fünfseenland nieder, das auch durch S-Bahn mit der Landeshauptstadt, ihren Gastrotempeln und Wirtshäusern verbunden ist.

Ich speiste bei Walterspiel wie Witzigmann, aber es verwunderte mich nicht, daß ich an einem Vormittag den Meister der »Aubergine« beim Weißwurst-Essen im »Franziskaner« antraf. Er ziehe sich öfter in dieses Refugium bayerischer Spezialitäten zurück, gestand Witzigmann und verwies auf den nicht geringsten Vorzug Münchens: Man kann Gipfel der Haute Cuisine erklimmen oder im Tal der altbayerischen Küche bleiben. Es ist die Abwechslung, die der Feinschmecker sucht und zu finden weiß.

Wenn mich nach gehobenem Bodenständigen verlangte, sozusagen nach Altbayerischem im Loden-Look, ging ich gern zum »Franziskaner«, saß zwischen Herren in maßgeschneidertem Trachtengewand und Damen, die sich in den umliegenden Boutiquen eingekleidet zu haben schienen, und hatte die Qual der Wahl zwischen Renke aus dem Starnberger See oder Saibling aus dem Walchensee, Mastochsenlende, Spanferkel, Kalbshaxe, Wildbret oder Schwammerl. Weiter weg von der Weltstadt und näher am großen Dorf war ich hinter dem Viktualienmarkt im »Straubinger Hof«. In der Schankstube setzte ich mich an einen der großen quadratischen Tische, in Tuchfühlung und Hörweite der Kundigen, die sich »Münchner Schmankerl« zu Gemüte führten: Gesottene Kälberne Briesmilzwurst, Schweinefleisch sauer im Wurzelsud, eine »Metzgerplatte« (Pfälzer, Wollwurst, Kalbsbratwürstl und Sauerkraut) oder einen »Bayerischen Bauernschmaus« (geräuchertes und gebratenes Schweinefleisch, Schweinswürstl, Sauerkraut und Semmelknödel). Hinterher hatte kaum noch eine Zwetschgenbavese Platz.

»Es gibt nix Bessers als was Guats«, pflegt der gestandene Münchner zu sagen. Mitunter – denn ich erhob mich in Münchner Gaststätten nicht immer so wohlgesättigt vom Tisch wie im »Straubinger Hof« – war ich versucht, zu entgegnen: »Es gibt kaum Miseres, als Gutes, das mißraten ist.«

So mancher Schweinsbraten ließ wehmütige Erinnerungen an die Halsgrätle bei der Mutter aufkommen, die frisch, rösch und saftig aus dem Ofenrohr gekommen waren. Die Knödel waren kaum noch hausgemacht, und die Soße so gestreckt, daß das Fleisch darin ersoff. So gewöhnte ich es mir an, die Soße gesondert zu verlangen, womit ich mir den Grant so mancher Kellnerin zuzog, hinter deren anatomischer Offenherzigkeit keineswegs das sprichwörtliche goldene Münchner Herz schlug. Ausnahmen erfreuten. »Wie wünschen der Herr das Tellerfleisch, mager oder mit ein wenig oder mit etwas mehr Fett?«, überraschte mich eine Kellnerin im »Franziskaner«, und als sie es servierte, fragte sie besorgt, ob es denn nicht etwas zu viel Fett geworden sei. Einer solchen Bedienerin kann man getrost die Auswahl des Miesbacher Käses überlassen: Er wird die Daumenprobe bestanden haben.

An Sommertagen zog es mich ab und zu in einen Biergarten. Nicht aus Gartenlust. Für Grün standen nur die Kastanienbäume, und diese waren nicht zur Freude an der Natur, sondern zum Schirm der Gäste da, und auch zum Nutzen des Wirtes; das Blätterdach hielt zwar Sonnenstrahlen ab, ließ aber genügend Wärme durch, um mit dem Durst den Bierabsatz zu steigern. Ein Prosit auf die Gemütlichkeit wurde durch Unbequemlichkeit beeinträchtigt. Man saß auf Holzbänken ohne Lehnen oder auf eisernen Stühlen, deren spärlicher Holzbesatz nur dazu da zu sein schien, den Namen der Brauerei kundzutun, welche die Steigerung des Bierausstoßes mit der Strapazierung des Sitzfleisches der Konsumenten vergalt.

Auch Gaumenlust trieb mich kaum in den Biergarten. Dort begnügt man sich mit einer Brotzeit, die eigentlich Bierzeit zu nennen wäre. Denn die Brezen, Remische Wekkerl, Salzstangerl und Mohnfitzerln sind nur Zubrot und der Wurstsalat (aus Regensburgern), der Leberkäs und der Preßsack (schwarz und weiß, in der einzigen Kombination, in der auch weiß-blaue Patrioten die preußischen Farben schätzen) sind nur Zugabe zum Grundnahrungsmittel, dem Bier in Maßkrügen, die schon durch ihre Massigkeit alles andere in den Schatten stellen.

Ich bevorzugte Biergärten, in denen man nicht auf das kalte Büfett angewiesen war oder für ein Brathendl holländischer Herkunft anstehen mußte, sondern sich den nichtflüssigen Verzehr selber mitbringen konnte: einen Romadur, der sich zu überlegen schien, ob er davonlaufen oder dableiben sollte, also gerade im richtigen Zustand war; einen Radi, bei dessen Schneiden in dünne Scheiben ich eine Fingerfertigkeit erlangte, die mir bei anderen Betätigungen versagt blieb; oder gar ein gut durchwachsenes Gselchtes aus einer bäuerlichen Räucherkammer, womit ich mir so viele mißgünstige Blicke zuzog, daß ich nie mehr welches mitbrachte.

Denn nicht das Erwecken von Klassenneid, sondern das Verwischen von Klassenunterschieden ist Sinn und Zweck des Biergartens. Menschen aus allen Schichten hocken nebeneinander, eng aneinander, rücken gemeinsam dem Durst zu Leibe, halten in Bierseligkeit zusammen. Der in Berlin geborene und in München heimisch gewordene Dichter Paul Heyse wußte die beim Maibock erlebte Biertischgesellschaft zu rühmen:

»Sei mir gegrüßt, du Held im Schaumgelocke
Streitbarer Männer Sieger, edler Bock,
Hier finden sich auf brüderlichen Bänken
Hoch und Gering in freundlichem Gemische,
Den Kutschern nah, die seine Rosse lenken,
Der Staatenlenker am Ministertische,
Pedell, Professor, Famulus, Student –
Du spülst hinweg die Schranken, die sie trennt.«

Alle Klassenunterschiede sind in der Biertischgesellschaft nicht aufgehoben. Als ich einmal versehentlich mich an einem Stammtisch niederlassen wollte, wurde ich weggescheucht und mir wurde klar, daß an die Stelle der alten Ständehierarchie eine neue Biertischhierarchie treten kann. Im Prinzip sind zwar alle gleich, doch in der Praxis gilt die Gleichheit nicht für jeden. So mancher Fremde, schon ein »Schwob« oder gar ein »Preiß«, der in eine altbayerische Domäne einfiel, mußte dies erfahren. Ausnahmen bestätigen die Regel. Der Biertisch gilt Bajuwaren als eine Urzelle der Demokratie, sie halten es für ein Positivum, was Bismarck für ein Negativum hielt: Das Bier »ist schuld an der demokratischen Kannegießerei, zu der sie sich dabei zusammensetzen«.

Bayern sei ein Land, »wo das Bier gleichsam das fünfte Element ausmacht«, konstatierte im 18. Jahrhundert Wiguläus Xaver Aloys von Kreittmayr, ein kurbaierischer Staatsmann. Die ersten vier Elemente – Feuer, Wasser, Erde und Luft – hat Gott erschaffen, das fünfte Element, das Bier, hat der Mönch Columban am Anfang des 7. Jahrhunderts mit dem Evangelium zu den Bajuwaren gebracht. Seitdem gehören Mönch und Bier, Kloster und Klosterwirtschaft zusammen, auch wenn schließlich in Altbayern die Klosterbrauereien auf vier schrumpften. Fahrten zu diesen Relikten waren für mich Reisen zu den Quellen des Landes.

Das am Donaudurchbruch bei Kelheim gelegene Benediktinerkloster Weltenburg ist bereits im Jahre 620 von irisch-schottischen Columbanermönchen gegründet worden. Die Klosterbrauerei geht auf das Jahr 1050 zurück. Die wenigen Mönche, die heute übriggeblieben sind, haben der Regensburger Brauerei »Bischofshof«, einer kirchlichen Stiftung, die Bierproduktion in Weltenburg überlassen, was dem Klosterbier nicht geschadet hat. Die Spezialität des Hauses wurde nach dem Erbauer der barocken Klosterkirche benannt: Asam-Bock. Ich habe ihm im Klosterbiergarten zugesprochen, für mich der Schönste im Lande. Der Eingekehrte saß unter Linden und Kastanien, umschlossen und umhegt von den Flügeln der Klosteranlage. Das »flüssige Brot« reicherte ich mit einer hausgemachten Knöcherlsulz und einem »O'batzten«-Käse an und hielt mich an die benediktinische Regel der »stabilitas loci«, die ich als Aufforderung zu möglichst langem Sitzenbleiben auslegte.

Die Harmonie von barocker Kunst und barockem Leben genoß ich auch in Ettal. Von Ludwig dem Bayern im Jahre 1330 gegründet, hat das Benediktinerkloster im 18. Jahrhundert seine großartige Gestalt gefunden. Es gibt einen Klostergasthof, aber keinen einladenden Biergarten, was auch klimatisch bedingt sein kann: Ettal liegt, inmitten von Bergen, 878 Meter hoch. Ich wärmte mich lieber als am berühmten Klosterlikör am weniger bekannten, doch überaus lobenswerten Klosterbier, am hellen »Benediktinertrunk« und am dunklen »Curator«. Dessen Qualität scheint sich inzwischen herumgesprochen zu haben; in einem Fernsehbericht über die »Grüne Woche« in Berlin sah ich Großkopfete Maßkrüge stemmen, auf denen »Ettaler Klosterbier« zu lesen war.

Dies mag die Benediktiner in Andechs gewurmt haben, die sich rühmen, das beste, zumindest das bekannteste Klosterbier zu erzeugen und auszuschenken. Das auf dem »Heiligen Berg« zwischen Ammersee und Starnberger See, unterhalb der Wallfahrtskirche gelegene Bräustüberl und sein Biergarten, der eigentlich ein Bierhof ist, sind freilich oft so überlaufen, daß die Biergemütlichkeit auf der Strecke bleibt. Auch wenn hier keine Fässer mehr gerollt werden, weil der Gerstensaft aus dem Container fließt, ist der Geräuschpegel hoch, geht es an den Tischen hemdsärmelig zu, so daß ich einmal eine norddeutsche Dame seufzen hörte: »Das ist ja eine Schwemme!« Trotzdem: Das Bier ist süffig, das dunkle noch mehr als das helle, und mächtige Schweinshaxen sorgen für den gebotenen Ausgleich zwischen Flüssigem und Festem.

Die kurioseste Klosterbrauerei fand ich, abgelegen in Niederbayern, am Ufer der Kleinen Lauber, die der Donau bei Straubing zustrebt. Das Kloster Mallersdorf ist das Mutterhaus der Kongregation der Armen Franziskanerinnen von der Heiligen Familie. Mallersdorfer Schwestern sind in Süddeutschland wie in Südafrika karitativ tätig. Zwei von ihnen traf ich beim Brauen des Mallersdorfer Klosterbieres an, dessen Qualität in umgekehrtem Verhältnis zu seiner Quantität steht; seinerzeit wurden nur 1500 Hektoliter im Jahr erzeugt. Ein Klostergasthof, ohne Biergarten, war vorhanden; doch er schien eher auf Exerzitien-Teilnehmer als auf Biertrinker und Brotzeitmacher eingestellt zu sein. Der Kontrast war beeindruckend: Hier der würzige und robuste, verführerische helle Bock und dort die klösterliche Zucht und Ordnung. Ich mußte an das Wort von der »Coïncidentia oppositorum« denken, mit dem Nikolaus von Kues das Zustandekommen einer Ganzheit durch ein »Zusammenfallen des Entgegengesetzten« erklärte. Und an die Feststellung des heiligen Thomas von Aquin: »Gratia supponit naturam« – »Die Gnade setzt die Natur voraus«.

Zu Stein geworden fand ich das Wort des heiligen Thomas von Aquin auf der Unteren Brücke in der Domstadt

Bamberg: im Standbild der heiligen Kunigunde, der Gemahlin des mittelalterlichen Kaisers Heinrich II. Sie ist so dargestellt, wie sich ein Barockkünstler, in Franken zumal, ein zur Ehre der Altäre erhobenes Erdenkind nur vorstellen mochte: rundlich und fröhlich, wie so viele Frauen dortzulande, die ihren Namen tragen, körperreich wie der Frankenwein und breithüftig wie ein Bocksbeutel, und mit einem Augenaufschlag, der auf Züchtigkeit wie Frömmigkeit schließen läßt.

Die Statue der »Kunala« erschien mir als das Musterbild einer Fränkin. Natürlich hat dieses Frauenideal – wie auch dessen männliche Entsprechung – eine gewichtige Ursache darin, was und wie man in Franken ißt und trinkt. Darauf verwies ein Kenner seiner Landsleute, Hans Max von und zu Aufsess: »Mann und Weib in Franken sind, sobald sie die Jugendjahre überschritten haben, meist handfest von der saftigen Linie breiter Daseinsfreude genährt. Auch bei ihnen setzt sich manches ab vom guten Bier, von den nahrhaften Kartoffelklößen und natürlich auch von der ruhigen, festverwurzelten Gemütsart.«

Franken, vor allem Mittel- und Oberfranken, ist ein Bierland. In Kulmbach, Bamberg, Nürnberg und auch im main- und weinfränkischen Würzburg wird viel und gutes Bier gebraut. Ehedem überzeugten sich amtliche Bierprüfer von der Qualität des Gerstensaftes auf eine ebenso merkwürdige wie wirksame Weise: Sie schütteten Bier auf eine Holzbank, ließen sich darauf nieder – und wenn die Hosen festklebten, waren sie zufrieden. Als 1835 die erste Eisenbahn von Nürnberg nach Fürth dampfte, waren zwei Faß Bier mit im Zug. Auf der Reise in die Zukunft wollten die Nürnberger das Getränk nicht missen, das sie so sehr schätzten – wie so viele

Franken, die fast noch lieber als dem Bacchus dem Gambrinus huldigen.

Zu einer seiner Kultstätten pilgerte ich so oft wie möglich: zum »Schlenkerla« in Bamberg. Hinter Butzenscheiben, unter gotischen Kreuzbogengewölben, an die in unzähligen Jahren und vom unaufhörlichen Qualm gedunkelte Holzvertäfelung der Stubenwand gelehnt und an einem der ausladenden, doch einladenden Tische hokkend, widmete ich mich der Spezialität des Hauses: dem dunklen Bamberger Rauchbier. Es war keine Liebe auf den ersten Schluck. Ich müsse drei Halbe trinken, um es schätzen zu lernen, riet der Nachbar, ein Einheimischer. Ich brauchte vier. Seinen würzigen, rauchigen Geschmack erhält dieses Bier dadurch, daß die Gerste über offenem Holzfeuer zu Malz geröstet wird. Auch als Zuspeise kann man Rauchiges nehmen: Bauerngeräuchertes, das mir schmeckte, geräucherte Schlachtplatte und sogar geräucherter Käse, woran ich mich nicht gewöhnte.

Fränkische Wurstwaren hatte ich schon in Augsburg kennengelernt; denn ein Lebensmittelgeschäft, das auf seinen Ruf bedacht war, bot Ansbacher Preßsack, Nürnberger Stadtwurst und Coburger Nußschinken an. So eingestimmt, erweiterte ich an Ort und Stelle meine Kenntnisse in fränkischer Wurstologie. In Nürnberg konnte ich von den »Bratwerschtla« nie genug bekommen, auf dem Rost über Buchenholzfeuer gebraten, auf dem Zinnteller serviert, in angebrachter Mehrzahl. Da sie nur einen kleinen Finger lang sind, verlangen sie nach der ganzen Hand, mehr noch, nach zwei Händen: Nürnberger Bratwürste sind – urbane Noblesse oblige – nicht nur, wie altbayerische, mit Salz und Pfeffer, sondern auch mit Majoran und Thymian gewürzt, und sie werden nicht nur von Sauerkraut und Kren (Meerrettich), sondern auch von Hopfensprossensalat begleitet. Mitunter verlangte es mich nach »Sauren Zipfeln«, Bratwürsten in Zwiebel- und Lorbeersud, vor allem, wenn es den Durst anzuregen oder auch Nachwirkungen allzu großen Durstes zu dämpfen galt.

Das Wappentier der fränkischen Gastronomie ist das Schwein, vor dem ein Franke versucht ist, wie der französische Gastrosoph La Reynière den Hut zu ziehen, vor diesem »enzyklopädischen Geschöpf«, das so vieles und so verschiedenes bietet – nicht nur den Schweinsbraten, die Pièce de résistance, das Hauptgericht der fränkischen Küche.

Mir lief das Wasser im Munde zusammen, als ich bei Anton Schnack von den acht Gängen einer »Schweinfurter Schlachtschüssel« las: »1. Gang: das linde Bauchfleisch; 2. Gang: der Brustspitz, fein durchwachsen; 3. Gang: vom Stich, leicht fett; 4. Gang: vom Büglein, zart und fleischig; 5. Gang: Schweinbäcklein und Öhrlein und Rüsselein; 6. Gang: die Kron, ein edel und saftig Stücklein; 7. Gang: das Edel-Ingeräusch: Nieren, Herz und Zünglein; 8. und Schlußgang: vom zarten Bries und Magen, am leichtesten zu ertragen.«

Mir gelang es nie, eine solche »enzyklopädische« Schlachtschüssel zu bekommen. Sie hätte wohl den Gaumen befriedigt, wahrscheinlich aber dem Magen geschadet und vielleicht einem Mediziner Nutzen gebracht. »Undankbare Ärzte«, so La Reynière, »die ihr das Schwein verurteilt, weil es Verdauungsstörungen verursacht – ist es doch gerade deswegen ein Edelstein in eurer Krone.«

Als Heilmittel wird in Franken der Frankenwein empfohlen. Bereits vor zweihundert Jahren konstatierte ein

Fachkundiger, natürlich ein Franke: Nirgendwo seien »Podagristen und Chiragristen«, Gichtbrüchige also, so selten wie im unterfränkischen Weinland. Noch immer heißt es: »Weingestählte Frankenbeine gehen nicht so früh ins Grab.« Nicht von ungefähr sind in Würzburg zwei berühmte Weinkeller mit Pflegeanstalten verbunden: das 1319 gegründete Bürgerspital zum Heiligen Geist und das 1576 von Fürstbischof Julius Echter von Mespelbrunn gestiftete Juliusspital. Der Ertrag von dotierten Weingütern sollte den Unterhalt der Hospitäler sicherstellen; darüber hinaus diente der Wein als Medikament für Kranke und als vorbeugende Arznei für Gesunde.

»Sende mir noch einige Würzburger«, bat Goethe im Jahre 1806, »denn kein anderer Wein will mir schmekken.« Mir schmeckten so viele andere, aber ich trank gerne Kreszensen der Würzburger Spitäler und – fast noch lieber – einen einfachen, doch nicht eintönigen Silvaner aus einer kleiner Kellerei der Region, so zu einer Häcker(Winzer)-Brotzeit oder zu Meefischli, winzigen Weißfischen, eigentlich Allerweltfischchen, die in Mainfranken zu Leckerbissen avancierten. Sie galten als Fischgeschwister der Nürnberger Rostbratwürste: fingerlang, in wünschenswerter Mehrzahl in Fett goldbraun gebakken. Es hieß, sie würden dreimal schwimmen: zuerst im Main, dann im Fett und schließlich im Wein.

Als Schweine unter den Fischen, weil so fettreich und so herzhaft, werden Karpfen angesehen. Musterexemplare kommen aus dem zwischen Bamberg und Nürnberg gelegenen Aischgrund. Wer zu Kunigunde aufblickt, bevorzugt sie in Butterschmalz gebacken, weil dadurch der Wohlgeschmack gesteigert und eine Färbung erzielt wird, die jener der Heiligenscheine an Barockfiguren ähnelt.

Den Rhein entlang

Nach Konstanz fuhr ich im Herbst 1949, um meine erste Stelle als Redakteur anzutreten. Ich kam, von Friedrichshafen her, mit der »Zähringen«, die mit jeder Umdrehung ihrer Schaufelräder in die alte Zeit zurückzudampfen schien; das Schiff war nach der badischen Dynastie benannt, am Mast wehte die gelb-rot-gelbe badische Flagge, und noch nicht die schwarz-gelbe des bald darauf gegründeten Südweststaates. Vom See her gesehen glich Konstanz wahrhaftig dem Gemälde von William Turner: wie schaumgeboren, im Lichte schwimmend der neugotische Münsterturm, das mittelalterliche Konzilsgebäude und der Campanile des Bahnhofs.

Wie sie wirklich war, die Stadt am Bodensee, lernte ich, glücklich gelandet, nach und nach kennen. Es war eine Begegnung mit badischer Lebensart, die einem Schwaben – nicht nur einem strengen württembergischen, aber auch einem bayerisch gelockerten – zunächst fremd war, doch von Tag zu Tag sympathischer wurde. Bald ging es mir wie weiland Johann Peter Hebel: »Woni gang und stand, war's e lustig Land.«

Zu dieser Erfahrung trug nicht zuletzt die Bekanntschaft mit Küche und Keller bei. Manches kam mir zuerst spanisch – pardon – badisch vor, so daß der Braten von Kompott oder Birnenschnitz begleitet war, doch schon bald fand ich diese Kontrapunktik wohlklingend.

Eine Liebe auf den ersten Blick war das Bodensee-Felchen, das damals noch nicht, wie mitunter heute, von den Motorschiffen einen Hauch Öl mitbekommen hatte. Ich bevorzugte sie nach Art der Müllerin, einer Müllerin freilich, die dem Fischlein nicht einen Mühlstein aus Mehl, Eiern und Bröseln umgehängt und es in einem Fett-Teich versenkt hatte.

Da die Zeitung, die mich für das Feuilleton engagiert hatte, nur viermal in der Woche erschien, hatte ich genügend Zeit, mich in Konstanz zu ergehen, seine Umgebung zu durchwandern und hier und dort einzukehren. Im »Barbarossa«, dessen Innenausstattung Viktor von Scheffel entworfen zu haben schien, gab es Gerichte, die wohl schon dem »Trompeter von Säckingen« geschmeckt hätten. Mehr als die Mainau, die in den Überlinger See aus dem Lago Maggiore versetzte Isola Bella, schätzte ich die Reichenau, wo einem die Früchte des Landes – Äpfel, Gemüse und Salate – fast in den Mund wuchsen.

Gern fuhr ich nach Meersburg hinüber, dessen Schenken es mir angetan hatten, auch wenn ich bald feststellen mußte, daß so mancher Tropfen vom Bodensee mehr mit Folklore als mit Weingenuß zu tun hatte. Indessen fand ich den alten Spott unangebracht: Der Nachtwächter habe deshalb stündlich in sein Horn gestoßen, um dem Schläfer anzuzeigen, daß er sich auf die andere Seite drehen sollte – damit ihm der Bodenseewein nicht die zu lange einseitig belastete Magenwand verätzen könnte. Das traf schon deshalb nicht mehr zu, weil er eher zu süß als zu sauer angeboten wurde, in jener Zeit, da Winzer wie Trinker noch nicht von der Trocken-Welle erfaßt worden waren.

Konstanz in Baden und Kreuzlingen im schweizerischen Thurgau gingen beinahe nahtlos ineinander über.

Auch in der diesseitigen Gastronomie klang Schweizerisches an, was in mir den Wunsch weckte, es jenseits in voller Lautstärke zu vernehmen. Als ich jedoch 1950 zum erstenmal in das Land der Eidgenossen kam, hatte ich so wenige Fränkli in der Tasche, daß ich es nur pianissimo wahrnahm. In Zürich schlich ich frustriert an der »Kronenhalle« vorbei und begab mich in ein einfaches Lokal, in dem ich mir immerhin ein Eglifilet gönnen konnte. In Luzern setzte ich mich in einen Kaffeehausgarten am Ufer der Reuß und ließ mir von einer adretten Saaltochter ein Stück Erdbeerkuchen mit Sahne und, nach einem Blick in den Geldbeutel, ein zweites servieren.

Jahre später, als ich mehr Märkli in der Tasche hatte, stieß ich tiefer in das badische Schlaraffenland vor. In Freiburg bestaunte ich den Münsterplatz, wo die gotische Kathedrale wie eine riesige Glucke über dem Markte saß und über den Vegetabilien brütete. Es war fast noch so, wie es Wilhelm Hausenstein, der Badener, in Erinnerung behalten hatte: »Geschlachtet und gerupft lag feinstes Geflügel auf Bänken und Ständen. Eier waren in Weidenzainen gehäuft und schimmerten in mildem Weiß, das da und dort den rosabraunen Ton eines gerade eingerauchten Pfeifenkopfes aus Meerschaum annahm. Frische Butterballen, wie Wecken aus der Hand geformt, ruhten feuchtglänzend auf nassen Kohlblättern. Kräftiger Geruch von Käse beschäftigte die angeregte Nase. Kleine Gelberüben, prall schwellende Erbsenschoten, zierliche Bohnen, junger elfenbeinfarbiger Blumenkohl, Lauch, Petersilie, Sellerie, Gurken und ungezählte Häupter zarten Salats bauschten sich zu üppigen Trophäen der Sorgfalt des Gärtners und forderten eine wohlige Küchenkunst heraus«.

In »Oberkirch's Weinstuben«, dem bürgerlich-behäbigen Lokal am Münsterplatz, war sie zu genießen: Lilienweißer und lilienreiner Spargel, der seine Unschuld nicht durch eine zu aufdringliche Buttersoße und einen zu dominanten Schinken verloren hatte. Hechtklößchen, die auf der Zunge zergingen. Ein Schäufele (Schulterstück vom Schwein), das einen währschaften Kontrapunkt setzte, oder ein Kalbsrahmschnitzel, das die sanfte Melodie bis zum Finale eines Eisgugelhupfes fortsetzte. Zu allem war der passende Wein zu finden: ein Riesling aus der Ortenau, ein Spätburgunder vom Kaiserstuhl und ein Gewürztraminer aus dem Markgräflerland zum guten Schluß. Ich drang immer tiefer in badische Weinkeller vor; nur um eine Großkellerei schlug ich einen Bogen, nachdem ich in ihrem Ehrensaal ein Ehrenfaß entdeckt hatte, das von einer Zuckerfabrik gestiftet worden war.

Im Schwarzwald wurden mir Bachforellen serviert, die gebogen wie Barockschnörkel und eben nicht wie ein Gedankenstrich auf dem Teller lagen, deren noch nicht eingefallene Bäckchen zum Küssen einluden. Im Schwarzwald gab es hinreichend Wild und ansprechende Wildgerichte: Hasenpfeffer, Wildschweinbraten, Reh-rücken Baden-Baden und anderes mehr. Ich erinnere mich an eine Rehpastete im »Adler« im Glottertal und an ein Rehgeschnetzeltes im »Adler« in Hausen. Auch die Rehmedaillons im »Schwarzen Adler« in Oberbergen waren nicht zu verachten. Der König der Lüfte, das Sinnbild der Stärke, war ein Gütezeichen leistungsstarker Küche geworden. Dies galt namentlich für »Katzenberger's Adler« in Rastatt, wo Badisches verfeinert und vollendet geboten wurde, zum Beispiel Gänseleberpastete, Wildkraftbrühe mit Fasanenlebernockerln und Kalbszünglein mit Spargel.

In Baden war die Brotzeit nicht, wie in Altbayern, eine Bierzeit, sondern eine Weinzeit, was mir »sym-badisch« vorkam. Zum Schwarzwälder Schinkenspeck bevorzugte ich zwar Schwarzwälder Kirschwasser, das die fleischliche Substanz geradezu zu entmaterialisieren, ja zu vergeistigen vermochte. Ansonsten hielt ich mich an den Weißherbst und – noch lieber – an den Gutedel, zu Leberwurst, Schwartenmagen, Griebenwurst oder Zwiebelkuchen. In einer der Wirtschaften alter Art las ich den alemannischen Spruch:

»Ne Trunk in Ehre, wer will's verwehre?
Trinkt's Blümli nit sy Morgetau?
Trinkt nit der Vogt sy Schöppli au?
Am Werchtig hemmer geschafft,
Drum bringt der Rebesaft
Am Sunntig neui Chraft.«

Ich blickte um mich und sah nichts als bedächtige, ja andächtige Zecher, die sich schon am hellichten Werktag mit Gutedel zu stärken suchten.

Auch jenseits des Rheins, im Elsaß, war Alemannisches zu finden, mit französischem Akzent, der auch noch im Badischen zu vernehmen war, etwa in den Weinsaucen und der Kräuterwürzung. Um mir ihn an Ort und Stelle anzuhören, fuhr ich, sobald es möglich war, nach Straßburg hinüber, in die wunderschöne, die merveilleuse Stadt, in der eine zweisprachige Küche zu genießen war, mit deutschen Satzgegenständen und französischen Satzaussagen.

Par exemple: das Sauerkraut. Der Deutsche Uhland nannte es »ein deutsches Essen«, der Franzose Stendhal, der mit ihm jenseits des Rheins konfrontiert worden war, »ein verdummendes Gericht«. Im elsässischen Choucroute garnie ist ersteres nicht vergessen und wird letzteres widerlegt: Der Fleisch- und Wurstberg steht für Germanisches, das Sauerkraut ist à la française gewürzte und mit Weißwein veredelt.

Als ich das erstemal in Straßburg im »Maison des Tanneurs dite Gerwerstub« einkehrte, verlangte es mich nach Schnecken und ich bestellte »Six escargots«, weil ich mich auf französischem Boden der französischen Sprache bedienen zu müssen meinte. »Sechs Schnecke will'r«, rief der Kellner in die Küche und klärte mich damit auf, daß ich auf alemannischem Boden geblieben war. Davon angetan, ließ ich mich hinreißen, mir seine als Spezialität des Hauses empfohlene »Forelle mit Mandeln« kommen zu lassen. Ich wurde, was ich vorher hätte wissen müssen, nicht zufriedengestellt. Das Fischlein war nicht dem Forellenquintett entsprungen, lag stocksteif und bretteben auf dem Teller, und die dick aufgetragenen Mandeln beeinträchtigten den Geschmack des Fleisches. Das war mir dann doch trop sophistiqué, und ich nahm mir vor, mich nur noch an Forelle blau nach heimischer Art zu halten.

Einem Brathendl zog ich freilich einen »Coq au Riesling« oder gar eine »Poularde aux morilles et à la crème« vor. Mehr französisch als alemannisch parlierte die Gänseleberpastete, obwohl die die Grundsubstanz liefernden einheimischen Gänse dabei ein gewichtiges Wort mitsprachen. Sie wurde in Straßburg erfunden, als bereits das Lilienbanner über der Stadt wehte, vom Normannen Jean-Joseph Close, dem Küchenchef des Militärgouverneurs Marschall Contades. Der Maître gab der Gänseleber Konsistenz, hauchte ihr mit einer Trüffel aus dem Périgord die Seele ein, hüllte sie in Dessous aus gehacktem Kalbfleisch und eine Robe aus goldbrauner Teigkruste – voilà die »Pâté de foie gras Strasbourgeois«. Der Erfinder schloß mit der Witwe eines elsässischen Pastetenbäckers eine Vernunftehe par excellence, die der Vermehrung seiner Kreation diente; zweiundvierzig Arten wurden gezählt.

Dem gelungensten Sprößling begegnete ich im Straßburger Nobelrestaurat »Crocodile«: »Lobe de foie d'oie truffé cut tel un baeckeoffe«; er hatte vom Vater die französische Raffinesse und von der Mutter eine alemannische Zubereitungsart mitbekommen. Einen normalen Baeckeoffe, der nicht nur im Ofen überbacken war, sondern auch den traditionellen Inhalt – Schweinefleisch, Kartoffeln und Gemüse – aufwies, aß ich in der Winstub »Zum Strissel«. Und hinterher einen Munster-Käse, der mir – markig und robust und zugleich geschmeidig und mild – als eine geglückte Kreuzung von Vogesenwald und Douce France vorkam. Der Munster schmeckte mir so gut, daß ich ein großes Stück kaufte, um mich daheim daran zu delektieren. Ich tat dies nicht ein zweites Mal; denn im Eisenbahnabteil Erster Klasse rückte eine Dame naserümpfend von mir ab.

Elsässer Weine konnte man getrost mit nach Hause nehmen, obwohl sie an Ort und Stelle doch am besten mundeten. Mit dem Edelzwicker wußte ich wenig anzufangen, um so mehr mit einem kernigen Sylvaner, einem eleganten Riesling, einem anspruchvollen Muscat und einem nicht überzüchteten Gewürztraminer; auch mit dem roten Pinot noir konnte ich mich anfreunden. Zu Kirsch, Quetsch oder Mirabelle griff ich dann, wenn ich sie als »Eau de vie«, als »Lebenswasser« benötigte, um nach zu vielem, wenn auch gutem Essen die Verdauung zu erleichtern, auch das Leben danach erträglich zu machen.

Pfälzer Weine hatte ich bereits in der Pfälzer Weinstube der Münchner Residenz kennengelernt. Seinerzeit waren die meisten lieblich, als sollte den Bayern der Verlust der Rheinpfalz versüßt werden. Indes waren schlichte Zuspeisen wie Leberwurst oder »Weißer Käs« eher dazu angetan, die Trennung zu verschmerzen. Erst später lernte ich es, an Ort und Stelle Pfälzer Weine zu schätzen und auch Pfälzer Gerichte – etwa Dippehas, einen Hasen im Topf – nicht geringzuschätzen.

Mit dem Saumagen konnte ich mich nie anfreunden, auch nicht – und vielleicht erst recht nicht – als er als Leibgericht eines Kanzlers aus der Pfalz in vieler Munde war. Vergebens bemühte sich ein humanistisch gebildeter Freund ihn mir mit dem Hinweis schmackhaft zu machen, daß der Schweinemagen, mit einer Farce aus Fleisch, Eiern, Kartoffeln und eingeweichten Brötchen, nicht nur mit Salz und Pfeffer, sondern auch mit Majoran und Muskatnuß gewürzt, die rheinpfälzische Übersetzung eines altgriechischen Gerichtes, des homerischen Ziegenmagens sei. Im 18. Gesang der Odyssee heiße es:

»Höret, was ich euch sage, ihr edelmütigen Freier!
Hier sind Ziegenmagen, mit Fett und Blute gefüllet,
Die wir zum Abendschmaus auf glühende Kohlen geleget.«

Ich zog ein gebratenes, mit seinen Innereien gefülltes Spanferkel vor. Von einem Rebhuhn mit Weintrauben war ich angetan. Auch Wild, das der Jäger aus Kurpfalz in die Küchen getrieben hatte, hieß ich willkommen. Aber auch Schlichtes, zu gegebener Zeit und am richtigen Ort, verschmähte ich nicht, etwa geröstete Keschte (Edelkastanien) oder warmen Zwiebelkuchen. Dazu paßte ein solider und reeller Pfälzer aus der Literflasche. Selbstredend wußte ich die vornehmeren Kreszensen, vor allem Rieslinge, zu rühmen, auch wenn ich nicht ein Hohelied anstimmte wie der Dichtet Stefan Andres auf eine Deidesheimer Hohenmorgen Riesling-Trockenbeerenauslese: »Und nun die Musik aus den silbernen Posaunen! Der König des Abends erscheint: altgold die Farbe, schwerflüssig seine Gestalt, weinig sein Atem, markig der Körper, harmonisch die Süße und sein Wesen frisch und alterslos.«

Zugegeben, ein Mund, den ein edler Wein ausfüllte, konnte schon vor Begeisterung überlaufen. Johann Wolfgang Goethe, der Enkel eines Weinhändlers, hatte in Frankfurt frühe Bekanntschaft mit Tropfen aus dem nahegelegenen Rheingau und dem nicht weit entfernten Mainfranken gemacht, und trank im Alter bis zu drei Flaschen am Tag, gab als Grund dafür an:

»Trunken müssen wir alle sein!
Jugend ist Trunkenheit ohne Wein;
Trinkt sich das Alter wieder zur Jugend,
So ist es wundervolle Tugend.
Für Sorgen sorgt das liebe Leben
Und Sorgenbrecher sind die Reben!«

Als solche rief ich sie öfter an, wenn ich in der Goethestadt nicht so aß, wie ich es in der Heimatstadt eines Feinschmeckers erwartet hatte. Eingeräumt sei, daß ungünstige Erfahrungen primär beruflich bedingt waren: in der Kantine des »Hessischen Rundfunks«, der ich bei Einladungen nicht entgehen konnte, und auf Empfängen während der Frankfurter Buchmesse, bei denen mir die unvermeidlichen Kanapees zum Halse heraus hingen. Da mutete schon die in einem distinguierten Bürgerclub in der Villa Siesmayer zusätzlich gereichte Linsensuppe wie ein Labsal an, und im »Union International Club«, wohin die Deutsche Verlags-Anstalt zum Abendessen einlud, hielten sich Pflicht und Neigung die Waage.

Doch da war noch die schon von Goethe geschätzte Grüne Soße, die nordische Salsa verde, zu Ochsenbrust in einem die regionale Küche pflegenden Restaurant des »Frankfurter Hofs«, das es nun leider nicht mehr gibt. Auch eine rundum gelungene Frankfurter Roulade, mit Speck und Zwiebeln, Möhren und Gurken, Kapern und Petersilie gefüllt, ist selten zu bekommen, und auch die »Bethmännchen«, benannt nach einer Bankiersfamilie, ein Kleingebäck aus Mandeln, Rosenwasser und Puderzucker, scheinen sich hinter den Bankpalästen versteckt zu haben.

Als ein Zufluchtsort erschien Sachsenhausen, »dribbdebach«, jenseits des Mains. Jedenfalls fühlte sich dort der Folklorist in seinem Element, der Feinschmecker freilich fast im Fegefeuer. Zum »Frankfodder Gebabbel«, gepökelten Rippchen mit Sauerkraut, trinkt man »Babbelwasser«, Ebbelwei, und auch zum Handkäs mit Musik (Zwiebel, Pfeffer, Essig und Öl), die sich ein Rebenwein schwerlich anhören würde.

Aber der Rheingau war nicht weit mit seinem Bukett an großen Rieslingen (aus Hattenheim, Rauenthal, Kiedrich, Hallgarten und vom Schloß Johannisberg). Sie harmonierten mit gehobenen Gerichten in vornehmen Restaurants, ließen sich aber auch solo (was nicht allein heißen müßte) genießen, zum Beispiel auf der Johannisberger Terrasse oder im Gewölbe des Klosters Eberbach.

Am liebsten weilte ich in der »Krone« in Assmannshausen bei Rüdesheim, wo ich etwa bei Rehrücken und einem roten Assmannshäuser »Höllenberg«, direkt am Rhein saß, der in Richtung Köln floß, das für ein Vierteljahrhundert meine zweite Heimat wurde.

In Köln am Rhein, in der Colonia Agrippinensis, stand der Augsburger fast wie daheim in der Augusta Vindelicorum auf römischem Boden. In Sankt Andreas fand der Schwabe die Grabstätte eines Landsmannes, des Scholastikers Albertus Magnus aus Lauingen an der Donau. Im Hohen Dom sah ich das Grabmal eines Wittelsbachers, der ebenso wie ich über die Mainlinie vorgestoßen war.

An das, was der Kölner aß und wo er es zu sich nahm, mußte ich mich erst gewöhnen, brauchte aber dazu nicht lang. Bereits bei einem Spaziergang durch die Ehrenstraße konnte ich mich überzeugen, daß die Kölner im Prinzip ebenso wie die Münchner Wert auf Deftiges und Üppiges legten. Beim Metzger lockten Fleisch- und Wurstberge, in einer Käsehandlung waren Holländer-Laibe aufgetürmt, und die Bäckereien wetteiferten mit knusprigen und duftenden Kreationen aus Roggen- und Weizenmehl. So hoch im Norden fühlte ich mich beinahe in den tiefen Süden versetzt, nur daß es nicht, wie in Neapel, nach Pizzagewürzen, sondern nach Reibekuchenfett roch.

Die Kneipen unterschieden sich in manchem von den heimischen Wirtshäusern. Zwar rückten die Kölner wie die Münchner gern eng aneinander, aber weniger am Tisch als an der Theke, die ein Karnevalsschlager als »den schönsten Platz« bezeichnete. Auch hier wurde viel geredet, freilich in einem Singsang, den mitzusingen ich nie lernte. Der »Imi«, wie sie einen Nichtkölner nannten, wurde jedoch akzeptiert, wenn er sich an den Kneipenbrauch hielt, zum Kölsch einen Korn und ab und zu einen Happen, etwa ein Mettbrötchen, zu sich nahm.

Zunächst war ich verwundert, daß das Kölsch nur in fingerhutähnlichen Gläsern ankam, da aber der Köbes das beinahe in einem Zug leergetrunkene Glas stehenden

Fußes durch ein gefülltes ersetzte, mußte der aus Bayern stammende Gast nicht auf die erwünschte Quantität verzichten. Länger mußte er auf ein richtig gezapftes Pils warten, doch die Geduld brachte, wenn schon nicht Rosen, so doch Blondes mit cremigem Schaum.

Auch der Kölner ißt einfache Gerichte, doch in deren Bezeichnung neigt er zum Overstatement, als wolle er sich und anderen vormachen, daß er Gehobenes speise: so Kölsche Kaviar (Blutwurst) oder Halve Hahn (Röggelche mit Holländer Käse). Himmel und Äd (Erde) ist ein auf Blutwurst, Äpfel, Kartoffeln und Speck begrenzter, doch befriedigender Kölner Kosmos. Im »Reichard« schätzte ich Sauerampfer-Rahmsuppe nach bergischer Art, bei »Töller« Hämchen, die Kölner Version der Münchner Surhaxe und des Berliner Eisbeins, mit in Schmalz gebackenen Reibekuchen, im »Krützche« mit Rosinen und Mandeln akzentuierten rheinischen Sauerbraten, und im »Marienbild« Kalbsfilet mit Kalbsbries, eine Leibspeise des Kölner Konrad Adenauer wie des in Koblenz geborenen und in Wien amtierenden Fürsten Metternich. Dazu trank ich ein »Möselche«, wie ein richtiger Kölner, der den Moselwein für einen Artverwandten hält: einen Bonvivant, wenn er konveniert, und einen Filou, wenn er nicht ganz sauber ist.

Als ich das erstemal von Köln, der Domstadt, nach Bonn, in die Bundeshauptstadt, mit der Rheinuferbahn hinüberfuhr, wurde mir ein in Erinnerung gebliebener Genuß beschert. Am Martinitag hatten mich Freunde in ihr Stammrestaurant zur Martinigans eingeladen. Sie kam, mit einer Füllung, in der Äpfel und Maronen den Ton angaben, direkt aus dem Rohr auf den Tisch, neben dem ein paar Bouteillen roten Ahrweins bereitstanden, die »gute gebratene Gans« in Samt zu betten. Sie war noch nicht tranchiert, als die Tür aufging und Kinder vom Martinszug hereinkamen. Sie verschlangen die reichgedeckte Tafel beinahe mit ihren Blicken, schluckten das ihnen im Munde zusammengelaufene Wasser hinunter und hoben zu singen an: »Hier wohnt ein reicher Mann, der uns was geben kann«. Vom Braten bekamen sie nichts ab, doch so viel Geld, daß sie einigermaßen befriedigt von dannen zogen.

Ansonsten hatte ich in Bonn mehr politische als kulinarische Erlebnisse. Ich denke noch an den urigen »Bären«, in dem es in der Saison Alster Spargel und immer Rheinische Bratwurst gab. Der Berufsweg führte mich oft in das Bundeshausrestaurant, obgleich die dort aufgeschnappten Informationen mitunter nicht substanzieller als die Hervorbringungen der Küche waren. Im Presseclub konnte man immerhin den Blick vom wenig ansprechenden Teller zum Rhein erheben, der vor dem Fenster vorbeifloß. Wenn der französische Botschafter zum Diner lud, kam der Gourmet auf seine Kosten, weniger, wenn der amerikanische Botschafter eine Barbecue-Party gab. Hätte man die Erfahrungen mit beiden Küchen ins Politische übertragen, wäre man versucht gewesen, »Gaullist« und nicht »Atlantiker« zu werden.

Nach Düsseldorf, in die Hauptstadt Nordrhein-Westfalens, kam ich zu selten, um mir eine genaueres Bild von der Landespolitik wie von der dortigen Gastronomie zu verschaffen. Meist hatte ich nur Zeit, eine Altstadtkneipe aufzusuchen, einen Heringsstip oder eine Portion in Weißwein gedünsteter Miesmuscheln zu jausen, sie in frisch gezapftem Altbier schwimmen zu lassen und mir von Einheimischen Kritisches über »Die da oben« anzuhören.

In die westfälische Hälfte des Bindestrich-Landes kam ich noch seltener. Doch in Münster versäumte ich es nie, zu »Pinkus Müller« zu gehen, um mich in die gastronomische Volkskunde einführen zu lassen. Wenn ein Westfälischer Knochenschinken von richtiger Herkunft und in stimmendem Zustand war – vom Hinterschinken eines westfälischen Schweins, das mit westfälischen Eicheln gemästet war, entsprechend gepökelt, geräuchert und abgehangen, von kerniger Beschaffenheit und herzhaft-würzigem Geschmack, eben und nicht zu dünn aufgeschnitten –, dann mußte ich Brillat-Savarin recht geben, der diesen Schinken zu den großen Delikatessen der europäischen Tafel zählte.

Ich versuchte auch Grünkohl mit Mettwurst, Graute Baunen mit Speck, Pfefferpotthast, das westfälische Gulasch, und sogar Panhas, ein Schlachtfestgericht, einen Wurstbrei, kalt auf Schwarzbrot oder in Schmalz angebraten. Ich konnte nicht umhin, an den Freiherrn vom Stein, den Rheinländer und Wahlwestfalen zu denken, der klagte, daß diese Kost ihn um ein halbes Dutzend Jahre gebracht hätte, wenn er nicht – wie er es nannte – mit »Steinhaeger Oel« dagegengehalten hätte, dem Wacholderschnaps aus Steinhagen im Ravensbergischen.

In der Soester Wiesenkirche war eine Glasmalerei zu betrachten, eine westfälische Darstellung des Abendmahles: statt Lamm, Weißbrot und Wein standen westfälischer Schinken, Pumpernickel und Bier auf dem Tisch. Den Schinken schätzte ich, das Bier benötigte ich zum Löschen des durch westfälische Gerichte verursachten Durstes. Mit dem Pumpernickel konnte ich mich nicht so recht anfreunden. Ich neigte dazu, jenen zuzustimmen, die seine Bezeichnung auf den Kobold Nickel zurückführen, der im Bauche nach dem Verzehr des dunklen Roggenschrotbrotes zu pumpern, zu poltern anfange. Andere zitieren als Namengeber Napoleon I., der den ihm vorgesetzten Pumpernickel mit der Bemerkung zurückgewiesen habe: Ein solches Brot sei nur »bon pour Nickel«, für sein Pferd dieses Namens. Der Franzosenkaiser war nun einmal saturiert und nicht ausgehungert wie Simplicius Simplicissimus, der erzählte: In Westfalen »lernte ich das schwarze Brot fingerdick mit gesalzener Butter schmieren und mit Käse belegen, damit es desto besser rutschte.«

An Elbe und Spree

Nach München und Köln galt mir Hamburg als anziehendste deutsche Großstadt – auch des Essens wegen. »Die Hamburger sind gute Leute und essen gut«, bemerkte Heinrich Heine, und sein Zeitgenosse Jacob Gallois meinte, »die Hamburger müßten den Suppenlöffel am Ordensbande und die Gabel im Knopfloch tragen«. Inzwischen ist viel Wasser die Elbe hinuntergeflossen, Hamburg hat sich noch mehr Einflüssen aus aller Welt geöffnet, ohne sich den Zulieferungen aus dem Umland und der nahen See zu verschließen. Die Hansestadt ist eine Bürgerstadt geblieben, in der Großbürger wie Kleinbürger, je nach Geldbeutel, ihren Gaumen zu befriedigen wissen, ohne daß die Großen auf die Kleinen allzu hochmütig herabblicken und diese zu jenen allzu mißgünstig emporblicken – eben »die beste Republik«, die Heine in Deutschland zu finden vermochte.

In die Hamburger Küche, genauer gesagt, in von Hamburgern geschätzte Gerichte, die aus dem ländlichen Einzugsgebiet kamen und in der Stadt urbanen Schliff erhielten, aß ich mich, wie ich es in einer demokratischen Republik für angemessen hielt, von unten her ein. In der Souterrain-Kneipe »Hugo Horn« an den Colonnaden lernte ich Weißsauer als eine Variante eines bayerischen weißen Bauernpreßsacks kennen. Dazu gab es Bratkartoffeln, die gelungensten, an die ich mich erinnere. Die

Substanz, die Matthias Claudius in seinem »Wandsbekker Boten« als »Magenpflaster« bezeichnete, war zu jenem Gericht gediehen, das der Meisterkoch Alfred Walterspiel »zu den schönen Dingen« zählte. Eine Stufe höher in der Speisenhierarchie gelangte ich zum Holsteiner Katenschinken, der im Rauch von Buchenholzfeuer zu dunklem Rosa gereift war, zuerst der Nase schmeichelte und dann auf der Zunge dahinschmolz. Mit Hamburger Rauchfleisch machte ich zwiespältige Erfahrungen: Einmal schien des Dichters Heine Lob zuzutreffen, daß es »eine gute, für den Menschen heilsame Erfindung ist«, ein andermal kam das gepökelte, kaltgeräucherte Rindfleisch dem Verdikt des Gastrosophen Vaerst nahe: »Wenn es langsam am Feuer der Verdammten ausgelaugt ist, dann gehören Wolfszähne und Straußenmägen zu seiner Verarbeitung.«

Im »Ratsweinkeller« wurde mir gastronomisch demonstriert, daß die Hansestadt trotz sozialdemokratischer Administration ihren bürgerlichen Charakter zu bewahren verstand. In diesem kommunalen Kasino, dessen Inneneinrichtung senatorengemäß anmutete, wurde gutbürgerliche Küche zu eher kleinbürgerlichen Preisen offeriert. Die nicht zu eng aneinandergestellten Tische ließen zu weitgehende Volksnähe vermeiden; sogar Nischen für Eigenbrötler waren vorhanden. Angeboten wurde Hausmannskost Hamburger Art, etwa Schellfisch mit Senfsoße, Grünkohlpfanne oder Steckrüben süßsauer mit Schweinebauch und Kartoffeln, »Hamburger National« genannt.

Im neuen Rathaus saß ich im Kellergewölbe, im »Restaurant zum Alten Rathaus« im Parterre unter Spitzbögen. Im Backsteingebäude der 1765 »zur Beförderung der Künste und der nützlichen Gewerbe« gegründeten Patriotischen Gesellschaft, die eine Zeitlang die Hamburger Bürgerschaft beherbergte, wurde nun eine Kochkunst gefördert, die sich vom Hergebrachten nicht zu sehr abhob. Hamburger Bürger sprachen ihr zu, ohne darüber das Reden über »nützliche Gewerbe« zu vernachlässigen. Der Außenseiter, der sich nicht daran beteiligte, konzentrierte sich auf ihm zusagende Gerichte: die vorzüglichen Glückstädter Logger-Matjes, die dem neugotischen Gasthaus den Namen »Matjes-Kathedrale« eintrugen, eine gehaltvolle Krebssuppe, eine perfekte Finkenwerder Ewerscholle (mit Speckwürfeln und leicht säuerlichem Kartoffelsalat) und eine Rote Grütze, die – im Gegensatz zu so vielen unter dieser Bezeichnung angebotenen Desserts – ihrem Namen alle Ehre machte.

In Hamburgs großbürgerliche Stube fühlte ich mich bei »Peter Lembcke« am Holzdamm versetzt. Die Küche dieses 1910 gegründeten Gasthauses versuchte mit der Zeit zu gehen, ohne Traditionelles hinter sich zu lassen. Unter »Vorspeisen« las ich auf der Karte »Nizzaer Salat mit Knoblauchgeschmack«. Man wagte Mediterranes anzubieten und warnte zugleich vor dem Knoblauch, auf dessen Herkunft aus der Kirgisensteppe ein deutscher Gastrosoph, Karl Friedrich von Rumohr, gewisse barbarische Eigenschaften zurückführte, etwa, »daß er jenes übelriechende Aufstoßen bewirkt, welches den Knoblauch reinlichen Nationen so unbeliebt macht«. Ich aß Nizza-Salat in Nizza und nicht in Hamburg, wo ich mich an Landes- respektive Stadtübliches hiel: Hamburger Aalsuppe, in welcher der deftige Fisch und die herzhafte Schinkenknochenbrühe von Backobst, Gemüse und Schwemmklößchen kontrastiert wurden, einen Steinbutt gekocht mit zerlassener Butter, ein Filetmittelstück, das freilich etwas zu lange gebraten war, als sei es für einen

Etepetete-Hamburger gedacht. Die Rumtopfkirschen mit flüssiger Sahne beruhigten mich wieder.

Bei »Johann Cölln« (Brodschranken) stieg ich die Treppe mit dem blankgeputzten Messinggeländer in ein Souterrain hinab, das sich als gastronomisches Understatement erwies. Ich speiste, von Eingeführten eingeladen, in einem Chambre separée, die eher einem Kontor als einer Luststätte glich. In diesem Refugium der Großhandelsgesellschaft wurde auf Substantielles Wert gelegt, jeglicher Tüddelkram verachtet, den Magen allzu Belastendes, das die Geschäftsverhandlungen hätte beeinträchtigen können, nach Tunlichkeit vermieden; auf der Speisenkarte war bei jedem Gang der Kaloriengehalt angegeben. Serviert wurden Austern, Kaviar und Hummer und als Pièce de résistance »Hacksteak (nur Filet) mit Schwenkkartoffeln und frischen Tagesgemüsen«, sozusagen ein Luxus-Hamburger, der nicht, wie der Gewöhnliche, egalitären, sondern elitären Wesens war.

Noch distinguierter als in dieser Katakombe der Bourgeoisie war die Atmosphäre in einem exklusiven Club an der Alster, der mir einmal, ein einziges Mal seine Pforten öffnete. Was es zu essen gab, weiß ich nicht mehr, doch im Gedächtnis behielt ich die vorzüglichen Getränke: goldenen Sherry, weißen Burgunder, roten Bordeaux und alten Portwein.

Nach so viel Weltläufigem bekam ich Appetit auf Bodenständiges. Im »Old Commercial Room«, zu Füßen des »Michel«, könne ich es finden, wurde mir gesagt. Ich betrat einen Raum, der einer Kajüte glich, dekoriert mit Segelschiffbildern und Helmut-Schmidt-Devotionalien, und kam um die Spezialität des Hauses nicht herum: »Labskaus von Captain's Table«. Es war eine landfeine Version des klassischen Seemannsgerichtes, wie es auf einem Segelschiff wohl nie einem Matrosen, wahrscheinlich nicht einmal einem Kapitän vorgesetzt würde: mit Rinderbrust, »garantiert ohne Fisch«. Deftig und kräftig erfüllte es den beabsichtigten Sättigungszweck; auch nach der kleinen Portion war ich versucht, die Wanten hinaufzuklettern.

Jedenfalls war mein Bedarf an Sehnsucht nach der christlichen Seefahrt gedeckt. Ich ließ die angebotenen Dosen mit Labskaus stehen und beschloß, ein andermal an der Elbchaussee im »Landhaus Scherrer« Zanderklößchen auf Blattspinat zu speisen oder vielleicht in »Le Canard« in Eppendorf auf eine Barbarie-Ente zurückzukommen.

Da es mich dann doch wieder in die Nähe des Meeres und seines Segens trieb, fuhr ich zum »Fischereihafen-Restaurant« nach Altona hinaus, ließ das angebotene »regionale Fischmenü« mit Aalsuppe, Labskaus, gebratenem Ostseehering und Hamburger Pannfisch links liegen und verstieg mich zu Coquilles Saint-Jacques à la nage und einem Turbot mit Sauce Hollandaise. Ich hielt es mit Eugen von Vaerst, der fand: »Die Steinbutten werden von Gastrosophen allen ihren Verwandten vorgezogen und das mit vollkommenem Rechte, denn sie sind die Könige aller Fische«. Aber ich fiel vor dem meinen im »Fischereihafen-Restaurant« in Altona nicht wie der Baron Vaerst vor einem Turbot à la crème au gratin im »Rocher de Cancale« in Paris auf die Knie.

Berlin, die ehemalige Reichshauptstadt und künftige Bundeshauptstadt, lernte der Journalist als Frontstadt im Kalten Krieg kennen. Der ihm ungewohnten Gastronomie näherte sich der Feinschmecker auf einem dem Historiker vertrauten Weg: Er schlug zuerst in der

Küchengeschichte nach, bevor er sich in die Küchengegenwart begab.

Zu lesen gab es nicht nur Anziehendes. Friedrich der Große führte den Anbau von Kartoffeln ein und befahl, sie in ihrer »Montierung« zu kochen. Der König selbst mochte keine Kartoffeln, wohl aber den Hering, das andere Grundnahrungsmittel im preußischen Sparta: »Lasse er die Dragoner reiten und Grüne Heringe holen. Ich will sie täglich auf der Tafel sehen.« Kaffeetrinker raunzte er an: Er sei mit Biersuppe groß geworden, worin es ihm jeder seiner Untertanen gleichtun solle. Wenn er schon Kaffee trank, dann tat er Senf hinein, um, wie er meinte, einem Schlaganfall vorzubeugen. Mit dem politischen war der persönliche Appetit gewachsen. Noch mit Fünfundsiebzig verschlang er, zum Entsetzen eines Leibarztes, scharf gewürzte Fleischbrühe »mit einem großen Eßlöffel voll von gestoßenen Muskatblüten und gestoßenem Ingwer. Er aß sodann ein gutes Stück von nach russischer Art zubereitetem, mit einem Quant Branntwein abgekochtem Rindfleisch. Hierauf folgte eine große Menge von einem italienischen Gericht, das zur Hälfte aus türkischem Weizen und zur Hälfte aus Parmesaner Käse besteht; dazu gibt man den Saft von ausgepreßtem Knoblauch«. Zum Abschluß »nahm der Patient einen ganzen Teller voll einer heißen Aalpastete, die so heiß und würzhaft war, daß sie in der Hölle gebraten schien«.

Auch der andere Preuße, der das Gebiet des Königreiches vergrößerte, Otto von Bismarck, war ein großer Esser, deutlich gesagt, ein Vielfraß. Der Eiserne Kanzler muß einen eisernen Magen gehabt haben. Gerichte der Franzosen, denen er im Siebzigerkrieg die Butter vom Brot nahm, genügten ihm nicht: Schildkrötensuppe, Omelette mit Champignons, Fasan mit Sauerkraut in

Champagner, Ente mit Oliven. Zusätzlich ließ er sich in das Hauptquartier zu Versailles von zu Haus Pommersche Spickgänse und Reinfelder Schinken kommen. Wieder daheim, aß er mittags so viel vom Entbehrten, daß sein Oberförster Westphal, wie dieser staunte, 48 Stunden davon satt gewesen wäre. Abends hieb er nicht minder ein, legte sich wie eine Boa constrictor zu Bett und erklärte nach schlechtem Schlaf am Morgen: Er bedaure es, daß er nicht mehr wie früher elf hartgesottene Eier zum Frühstück verzehren könne, sich mit zwei begnügen müsse. Bismarck brachte 247 Pfund auf die Waage.

In der Gründerzeit wurde altpreußische Kargheit durch neudeutsche Üppigkeit überlagert. Mehr und mehr Berliner zogen der alten Bierstube, einem Gänseweißsauer und dem in Stangen, hohen und breiten Gläsern servierten Weißbier eine der gotischen Kirchenschiffen ähnelnden Bierhallen vor, in denen Frankfurter Würstchen gegessen und bayerisches Bier aus Krügen getrunken wurde. Noch gab es allerdings auch die Teegesellschaften bei Butterbrot und hauchdünnen Wurstscheiben.

Typisch wilhelminisch, das heißt hochgestochen und überladen, kam dann das Schnitzel à la Holstein daher: Kalbsschnitzel, Spiegelei, Sardellenring, garniert mit grünen Bohnen, Champignons und Weißbrotdreiecken, die mit Ölsardinen, Räucherlachs, Kaviar und Krebsschwänzen belegt waren. Dieses sybaritische Gericht stellte der Küchenchef des Nobelrestaurants »Borchardt« für einen Stammgast zusammen: den Geheimrat Friedrich von Holstein, die »Graue Eminenz« im Auswärtigen Amt der wilhelminischen Epoche.

Nach solcher Prasserei kam man schließlich wieder auf den Eintopf, in jener Zeit, als man »ein Volk, ein Reich, ein Führer« rief. Doch sein Erfinder war nicht Goebbels; schon Scharnhorst hatte befunden: »Die nationalen Frauenzimmer sollen ihre Familie schlicht sättigen und kräftigen, zum Ränzleinmästen sind sie nicht bestellt. Wozu der Töpfe viele, wenn einer genug ist.«

Nach dem Zweiten Weltkrieg sah ich in Berlin die Ruine des Reichstagsgebäudes, das von sowjetrussischen Kugeln durchlöcherte Bismarck-Denkmal und das Brandenburger Tor, hinter dem die DDR begann. Ich ging in das Berlin-Museum in der Lindenstraße, um mich in das alte Berlin zurückzubegeben und mich in dessen Eß- und Trinksitten einführen zu lassen. Eingestimmt wurde ich durch einen »Walzenkrug mit Zinnmontierung« mit dem preußischen Spruch: »Suum cuique« – »Jedem das Seine«, und durch eine Lithographie von Heinrich Zille, auf der ein Kneipenwirt seine Ware anpries: »Meine Wurst ist gut –/ Wo keen Fleesch is, da is Blut –/ Wo keen Blut is – da sind Schrippen –/ An meine Wurst is nich zu tippen!« Bessere Wurst fand ich in der sinnigerweise im Berlin-Museum eingerichteten »Alt-Berliner Weißbierstube«. Auch was sonst auf dem einem Hausaltar gleichenden Büfett aufgetürmt war, konnte sich sehen und schmecken lassen: Rollmops, eingelegte Soleier, Buletten, Hackepeter (Schweinehack), Heringssalat, Sülze, Spreewälder Gurken, Harzer Käse mit Kümmel und Zwiebeln, Schusterjungen (Roggenmehlmischbrötchen) – kalte Kleinigkeiten, sozusagen Berliner Fast Food, die mit in der Molle, einer Glasschale, serviertem obergärigen Weißbier hinuntergeschwemmt werden. Ein traditionsbewußter Berliner schätzt seine »kühle Blonde« mit »Schuß«, pappigem Himbeersaft, giftgrünem Waldmeister oder gar mit Kümmellikör und nennt das Mischgetränk »Champagne du Nord«.

Wenn ich einen Bärenhunger hatte, mir mit Happenpappen nicht gedient war und mich nach gut gezapftem Bier verlangte, ging ich in die Meinekestraße zu »Hardtke«. »Frische Wurst« verhieß die Fahne vor dem Schaufenster, in dem Musterexemplare zu besichtigen waren. Die Speisenkarte daneben versprach Hausmannskost, welche die Berliner alle Wechselfälle überstehen ließ: die Ungunst der Geographie (»Streusandbüchse«), die Unbilden des nordischen Klimas und auch das Unheil der Geschichte. Ich ließ mich an einem urban polierten rustikalen Tisch nieder, betrachtete ein Foto von Gert Fröbe und erkannte, daß man sich hier wie er herausfuttern konnte: so mit der Großen Schlachterplatte oder einem Eisbein mit Sauerkraut und Erbspüree, geradezu Gaumengranaten und Magenbomben, die nur durch doppelten und dreifachen Korn zu entschärfen waren.

Ein Franzose gestand mir, daß er, wenn er nach Berlin komme, als erstes Lokal »Hardtke« aufsuche, aber dann, nach dem gastronomischen Trommelfeuer, nur noch in Berliner Restaurants speise, deren Küche vornehmlich durch Franzosen kulinarischen Schliff bekommen habe. Die Hugenotten, behauptete er, hätten, um im märkischen Sand zu überleben, ihre Blanquette de veau mitgebracht und damit den Berlinern ihr klassisches Kalbsfrikassee beschert. Doch er mußte zugeben, daß dieses durch den Spargel aus eben diesem märkischen Sand seine besondere Note erhalten hatte. Die Haute Cuisine wie die Nouvelle Cuisine seien von Küchenchefs aus Paris nach Berlin eingeführt worden, und um dies zu beweisen, führte er mich zu »La Puce« in der Schillerstraße, wo durch Coquilles Saint-Jacques mit einem delikat gewürzten Tomatenpüree, Noix de gigot d'agneau, Charlotte mit Birnen, Pouilly-Fuissé und rotem Rully seine Behauptung mit beweiskräftigen Argumenten gestützt wurde.

Nicht nur Franzosen bereicherten die Küche in einer Stadt, deren Bewohner bei aller Bodenhaftung stets aufgeschlossen für Einflüsse von außen waren: zunächst aus preußischen Provinzen, dann aus Gliedstaaten des Reiches und schließlich aus Europa und der ganzen Welt.

So lieferte Ostpreußen Königsberger Klopse, Pommern lieferte Gänseschwarzsauer, Schlesien das Schlesische Himmelreich (Eintopf aus Backobst, Rindfleisch und Klößen), Westfalen den Knochenschinken, Schleswig-Holstein Kieler Sprotten, Hannover die Brägenwurst (mit Schweinehirn), Sachsen das Leipziger Allerlei, Baden den Schwarzwälder Schinkenspeck, Württemberg den Gaisburger Marsch (Eintopf mit Ochsenfleisch, Suppengemüsen, Kartoffeln und Spätzle) und Bayern die Weißwürste und den Leberkäs. Der Kasseler Rippenspeer kam jedoch nicht aus dem hessischen Kassel, sondern – daher sollte man ihn eigentlich mit C schreiben – aus der Schlachterei Cassel in der Potsdamer Straße zu Berlin.

Dies und noch mehr waren Bereicherungen der Volksküche der Reichshauptstadt. Die Haute volée verlangte nach Höherem. Die »Weinrestaurants«, so der Baedeker von 1912, »besucht man abends meist im Gesellschaftsanzug. Die Küche ist mehr oder weniger modifiziert französisch«. Zu Auguste Escoffier bemerkte Wilhelm II.: »Wir sind beide Kaiser – ich Kaiser aller Deutschen, Sie Kaiser aller Köche.« Nicht alle Köche, die seither ihr Wesen und auch Unwesen in Berlin trieben, hätte der Großmeister zu den Seinen zählen wollen, wahrscheinlich noch die italienischen, denen die französischen einiges verdankten, vielleicht kaum mehr die vom Balkan, aus der Türkei und darüber hinaus, die heute die Küchenszene so weit beherrschen, daß man ansprechende Restaurants mit traditionellen Berliner Milieu und überkommenen Berliner Gerichten suchen muß.

Ich wurde fündig. Im »Spree-Athen« in der Leibnizstraße saß ich in einem mit Nippes vollgestopftem Wohnzimmer der Gründerzeit, auf Stühlen, die preußische Haltung abverlangten, und bekam Havelzander und Bollenfleisch (Lammzwiebelfleisch) vorgesetzt. Nicht allein die Nostalgie, auch der Gaumen kam bei »Heinz Holl« in der Damaschkestraße auf seine Kosten: bei Kohlroulade und Kalbsleber Berliner Art (mit gedünsteten Äpfeln und Zwiebeln). Im »Alten Krug« in Dahlem, unter älteren Herrschaften aus dem besseren Wohnviertel, genoß ich Mastochsenbrust mit Bouillonkartoffeln und gespickte Hasenkeule in Wacholderrahm. In dem gepflegten Restaurant, zu dem eine Weinhandlung gehörte und deshalb auf der Karte nicht, wie so oft, nur »Weißwein« oder »Rotwein« angeboten wurden, waren auch die passenden Kreszenzen zu finden. Im »Restaurant Kempinski« am Kurfürstendamm bemühte sich der Küchenchef, »Köstliches aus der alten Berliner Küche«, wie er sein Kochbuch tituliert hatte, aufzutischen, zum Beispiel Schweinefilet in Weißbier und mit Teltower Rübchen oder Gänsebraten mit Rotkohl.

Nun, in dem zur Weltstadt gewordenen Berlin kann jeder nach seiner Küchenfaçon selig werden. Ob Kneipe, Bistro, Trattoria, Taverne, oder italienisches Luxusrestaurant – allerorten sind Gäste anzutreffen, die sich – selbst wenn sie ihn nicht in ihre Sprache übersetzen können – an den Alt-Berliner Spruch halten: »Lieba wat jutet, aba dafür en bisken mehr.«

Wiener Melange

Als Bub mit sieben fuhr ich zum erstenmal nach Wien. Noch interessierten mich die Löwen in Schönbrunn und das Riesenrad im Prater und nicht die Wiener Küche, der Mutter und Vater wacker zusprachen. Die Schwäbin lobte die Suppen, dem Augsburger mißfiel, daß so gewöhnliche Würste wie »Geschwollene« dort »Augsburger« hießen, und wunderte sich, daß Schweinshaxen dort Schweinsstelzen genannt wurden. Im Wurstlprater, bei einem von den Eltern heimlich informierten Bauchredner, sprach mich zu meiner Überraschung, ja Bestürzung, die Puppe an: »Ja, der Franzl aus Augsburg ist ja auch da!« Seiner Mutter, fuhr sie fort, sehe man es an, daß ihr die Mehlspeisen, und seinem Vater, daß ihm der Gansbraten schmecke; der Bub sei freilich noch etwas dünn, und deshalb müsse er lieber mehr als zu wenig essen.

Dem Erwachsenen mußte dies nicht mehr gesagt werden, obwohl man ihm die Befolgung dieser Aufforderung, schlank wie er dabei blieb, keineswegs ansah. Wen dies überraschte, dem wurde entgegnet: er sei eben kein Gourmand, eher ein Gourmet und vielleicht ein Gastrosoph nach der Definition des Eugen von Vaerst: »Der Gourmand ist begierig auf alles, was gut schmeckt, ohne Rücksicht auf die Gesundheit, auf das Maß und die Gesetze der Grazie ... Der Gourmet ist bloß lüstern, doch nach alldem, was Zunge und Auge anlockt. Aber der

Gastrosoph wählt aus dem Guten das Beste, in schönster Form, mit gewissenhafter Rücksicht auf Gesundheit und Schicklichkeit.«

So weit gediehen war ich noch nicht, als ich in der Nachkriegszeit für einen Tag wieder nach Wien kam. An diesem Tag des Herrn hätte ich in der gerühmten Phäakenstadt fast meinen Hunger nicht zu stillen vermocht. Am Vormittag war ich in der Stephanskirche und in der Hofburg gewesen, und glaubte, das kulturelle mit einem kulinarischen Erlebnis, einem guten Mittagessen, ergänzen zu können. »Sonntags geschlossen« stand an der Tür eines renommierten Restaurants, und dasselbe an der eines anderen. Ich beschloß, ein von einem aus Wien stammenden Kollegen empfohlenes Lokal am Westbahnhof aufzusuchen. Mit Mühe trieb ich ein Taxi auf, bat um beschleunigtes Tempo – und sah schon von weitem die heruntergelassenen Gitter. Der Taxifahrer zeigte Mitgefühl. Nach etlichen Insultationen gegen die Behörden im allgemeinen und die Gastronomen im besonderen begann das vielbesungene »goldene Herz des Wieners« zu schlagen. Auf nur geringfügigen Umwegen brachte er mich zu einem Beisel, eine jener schlichten Gaststätten, in denen echte Wiener und ihre einfach-gute Küche den Unbilden der Zeitläufe widerstehen.

Das Lokal – es hieß »Smutny« – war grün gekachelt, an den Wänden hingen Hirschgeweihe, und es war gerammelt voll. Man erbarmte sich meiner, rückte, um mir Platz zu machen, an einem der großen Tische enger zusammen. Das Menü, das ich nach Vorschlägen der Nachbarn und Empfehlungen der mütterlich besorgten Kellnerin wählte, erwies sich als sättigend und befriedigend: Leberknödelsuppe, deren Fettaugen den Hungrigen beschwichtigend anschauten, Lungenbraten (Rindslende) mit Rahmsauce und Semmelknödel, ein währschaftes Hauptgericht, und köstliche Schlosserbuben: Zwetschgen, die Mandeln anstelle der Kerne enthielten, in Backteig getaucht, in Fett schwimmend gebacken waren und mit Vanillecreme serviert wurden.

Ich kam noch oft und länger nach Wien, angezogen von der Geschichte des vergangenen Vielvölkerreiches und auch von dessen Küchen-Kosmos, der in der ehemaligen Reichszentrale die k. u. k. Monarchie überdauert hat: Szegediner Gulyas, Agramer Schindelbraten, böhmische Powidltascherln, Krakauer Wurst, Wiener Schnitzel, das ein rezipiertes Costoletta alla Milanese ist. Der Kern der Wiener Küche besteht nach wie vor aus Deutsch-Österreichischem: steirischem Sterz, Kärntner Kasfleischnudeln, Tiroler Leber, oberösterreichischem Selchfleisch, niederösterreichischen Knödeln und Salzburger Nockerln.

Die Zitadelle der Wiener Küchenfestung ist und bleibt das Rindfleisch, auch wenn es neuerdings in Verruf geraten ist und ein Tafelspitz nur noch selten von einem Pinzgauer Mastochsen stammt, der für das Gustostückerl lediglich fünf Kilo hergibt. Immer weniger Wiener können den Begriff Rindfleisch wie Eduard Pötzl spezifizieren: »Fotzmaul, Bibergoschen, Ohrwangel, Kamm, Halsdrüssel, Stich, fettes Meisel, mageres Meisel, Brustkern, Wadschinken, Bratzel, Zapfen, G'schnattes, Hüferschwanzl, Beiried, Lungenbraten, Rindhüfel, Bauchfleisch, Rostbraten, Zwerchried, dünnes Kügerl, dicker Spitz, schwarzes Scherzel, weißes Scherzel, Kruselspitz, Rieddeckel, Zwerchspitz, dickes Kügerl, Schulter, Schlepp«. Und es gibt nicht mehr allzu viele Wiener Restaurants, in dem der eine oder andere Teil des Ganzen so aufgetischt wird, daß man wie Pötzl vom »einzigen, delikaten, mürben, saftigen, unübertrefflichen, herrlichen, geliebten, ersehnten Wiener Rindfleisch« zu schwärmen vermöchte.

In einem dem Rindfleisch-Kult geweihten Gourmet-Tempel wurden einige Sätze der Litanei vom versierten Koch vor- und vom dankbaren Gast nachgebetet: Im »Hietzinger Bräu« der Plachuttas genoß ich das Trio von gesottenem Tafel-, Kruspel- und Kavaliersspitz, das in der Kupferpfanne mit Markknochen und Suppengemüse in seiner Bouillon auf den Tisch kam. Ich löffelte zuerst die Suppe (mit Lungenstrudel, der gewünschten Einlage), knabberte an der mit Mark bestrichenen Schwarzbrotscheibe und widmete mich schließlich den Gustostückerl, um dann nur noch Raum für Waldmeistermousse zu haben.

Vom Tafelspitz im »Sacher« war ich nicht so angetan wie Friedrich Torberg, der meinte, daß er in diesem Traditionshaus in Zuschnitt wie Zubereitung, mit Apfelkren, kalter Schnittlauchsoße und gerösteten Erdäpfeln »einen absoluten Gipfel der Kochkunst« darstelle. Doch der von mir hochgeschätzte Schriftsteller schien ohnehin zu Exorbitanz zu neigen. »Welche Auflage hat Ihre Biographie über Kaiser Franz Joseph in Österreich erzielt«, fragte er mich, und als ich antwortete, an die achttausend, entgegnete er: »Lieber Freund, dann hat sie sich jeder des Lesens kundige Österreicher zu Gemüte geführt.«

Ein respektabler Tafelspitz und andere ordentliche Rindfleischgerichte waren im »Café Imperial« zu bekommen, denen auch der aus einer Fernsehserie bekannte Hotelportier des »Sacher« gern zusprach. Wenn mich nach schlicht gesottenem Rindfleisch, »der Seele der Wiener Küche« (Joseph Wechsberg), verlangte, ging ich in Gaststätten, in denen nicht viel Aufhebens um Selbstverständliches gemacht wurde. Im »Marhold« am Fleischmarkt waren Beinfleisch und Hüferlspitz am Mittag in Bestform. Den Magen stimmte ich mit einer Fleischrouladensuppe ein, und auf das Hauptgericht setzte ich wie I-Tüpferl Brandteigkrapferl in Schokoladensoße. Am liebsten saß ich in der Gaststube zu ebener Erde, sah zu, wie an der einem Hausaltar gleichenden Theke das Budweiser vom Faß gezapft wurde, und amüsierte mich über die blonde Wirtin, die verspäteten Gästen mit treuherzigem Blick aus blauen Augen das eine und andere Gericht, das noch weg sollte, warm ans Herz legte, etwa Kalbsvögerl, die bereits flügellahm geworden waren.

Später entdeckte ich am Judenplatz das »Steh- und Sitzbeisel Scherrer«, in dessen kleiner, gemütlicher Stube ich mich noch lieber niederließ, um mich an Rindfleischspezialitäten, gesotten wie gebraten, luftig-leichten Topfennockerln und gekonnt ausgewählten österreichischen Weinen zu laben. Und da war die »Gaststätte Pfudl« in der Bäckerstraße, wo die Wirtin der Stamm- wie Laufkundschaft Wiener Hausmannskost auftischte und der Wirt gute Tropfen aus seinen Weingärten im niederösterreichischen Mailberg ausschenkte. Ein Vanillerostbraten ist mir aus zwei Gründen im Gedächtnis geblieben. Einmal, weil er einfach Spitze war, und zum andern, weil die »Vanille des kleinen Mannes«, wie in Wien der Knoblauch genannt wurde, mir aus allen Poren drang und mich im »Café Sacher«, wo ich anschließend verabredet war, in Verlegenheit brachte. Der befrackte Kellner rümpfte die Nase, die sich der Sachertorte widmende Dame am Nebentisch rückte, so weit es ging, von mir ab, und mein Gesprächspartner ließ durchblicken, daß er bei mir eine Vorliebe für das barbarische Gewürz nicht erwartet hätte.

Fürwahr, diese »Vanille« paßte nicht zu den Köstlichkeiten eines Wiener Kaffeehauses: Beugeln, Buchteln und Gugelhupf, Windbeutel, Cremeschnitten und Vanillekipferln, Schokoladentorten in den Versionen von Sacher, Demel und Imperial. Vielleicht unterlief mir der Fauxpas vom »Pfudl« zum »Sacher«, weil ich nie ein richtiger Kaffeehausgänger geworden bin. Ich zog einen doppelten Espresso einem Großen Braunen, Kapuziner oder Einspänner vor und deckte meinen Bedarf an Mehlspeisen beim Nachtisch, mit Marillenknödel, Palatschinken und der ganzen Strudelschar, Apfelstrudel, Mohnstrudel, Topfenstrudel, Milchrahmstrudel – lauter Glück und Segen.

Das Kaffeehaus, so Alfred Polgar, sei »kein Café, sondern eine Weltanschauung, und zwar eine, deren innerster Gehalt es ist, die Welt nicht anzuschauen«. Doch um sie anzuschauen, ging ich ab und zu dorthin, um ausliegende in- und ausländische Zeitungen zu lesen und Wiener zu betrachten, die, so Otto Friedländer, »allein sein wollen, ohne sich allein zu fühlen«. Diese Spezies war weniger in den von Touristen frequentierten Cafés wie »Sacher«, »Landtmann«, »Demel«, »Hawelka« oder »Central« als im »Prückel« am Stubenring zu finden, wo in einem nostalgisch anmutenden Interieur der fünfziger Jahre ältere Damen, mit Rouge auf den Wangen, Bridge spielten, und ältere Herren, die an einer Schale Gold und an einem Wasserglas nippten, Resignation wie Gestalten aus Joseph Roths Romanen im Gesicht trugen.

Unter Einheimischen wie Auswärtigen, die noch mitten im Dasein standen und voll ins Leben griffen, befand ich mich in Wiener Nobelrestaurants. In das »Palais Schwarzenberg«, das die Barockmeister Lucas von Hildebrandt und Fischer von Erlach für das Magnatengeschlecht erbauten, gelangte der Gast durch einen Nebeneingang, sozusagen durch die Domestikentüre, als sollte dem Eintretenden der Unterschied zwischen Durchlauchtigem und Gewöhnlichem bewußt gemacht werden. Für die großen Scheine, die er mitzubringen hatte, wurde ihm Grande Cuisine geboten. Die Kalbsmedaillons mit Krebsensauce und Tagliolini waren von jener fast morbiden Delikatesse, wie sie an einem solchen Ort angemessen schien. Die Powidltascherln freilich wirkten hier so deplaziert wie für Smetanas »Verkaufte Braut« kostümierte Choristinnen, die sich zum »Rosenkavalier« verlaufen hatten.

Das Debakel der Habsburgermonarchie zeitigte – jedenfalls auf kulinarischem Gebiet – durchaus Erfreuliches. Drei k. u. k. Husarenoffiziere ritten fortan nicht mehr für Kaiser und Reich, sondern setzten sich an die Spitze der Wiener Gastronomie, an der sie – heute freilich nicht mehr allein – geblieben sind. Die »Drei Husaren« pflegten Hergebrachtes wie Salonbeuschel oder Husarenrostbraten, wagten Neueres, etwa Kalbsrücken mit Broccoli und Pignoli. Ich saß im vorderen Raum, auf grünem Samtsofa, vor alten Büchern und Bildern, an einem mit Porzellan und Silber gedeckten Tisch und legte weniger Wert, wie so mancher aus der Haute volée, auf das Gesehenwerden als auf das Sehen, auf meinen wie auf andere Teller und die vier Hors-d'œuvre-Wagerl, jene mobilen Versuchungen, denen man, auch wenn man wußte, daß auf den Genuß die von einer gesalzenen Rechnung bewirkte Reue folgen würde, kaum zu widerstehen vermochte.

Nicht entgehen ließ ich mir – freilich aus pekuniären Gründen nur en passant – die beiden anderen Nobelrestaurants, die an den »Drei Husaren«, die sich mitunter wie Schwere Reiter bewegten, vorbei galoppierten. Das »Steirer Eck«, das von der Provinzbasis zur Weltklasse emporstieg, brillierte mit Waller-Shrimps-Pastete, Kalbsbries mit Morchelsauce und Brennesselnudeln und Mohnravioli mit Marillen. Die Spannweite des »Korso« im »Hotel Bristol« reichte von Kalbskopfsalat mit Kernöl über Lamm-Medaillons mit Nüssen und Linsen bis zu Buttermilchmousse mit gebackenen Kirschen.

In diesen Luxusrestaurants waren nicht nur ausländische, sondern auch inländische Hochgewächse zu verkosten. Ich bin stets der Meinung gewesen, daß österreichischer Wein – ob nun Grüner Veltliner, steirischer Sauvignon oder burgenländischer Blauburgunder – besser ist als sein Ruf. Davon brachte mich auch der Glykol-Skandal nicht ab. Ich behielt als »Weinbeißer« recht und konnte um Reinheit und Gesundheit besorgte Konsumenten beruhigen. Im Auftrag von »Capital« besorgte ich in Wien 32 Flaschen von Kreszensen meiner Wahl, die ein Kollege zum Institut Fresenius nach Wiesbaden brachte. Alle waren nicht nur frei von Dicthylenglykol, sondern wiesen auch positive Werte auf, mit denen so mancher Wein aus anderen Ländern nicht aufwarten hätte können.

Eine Flasche mit Wiener Heurigem war nicht dabei gewesen, nicht aus Befürchtung, daß er die Prüfung nicht hätte bestehen können, sondern aus anderem Grund. Bei Versuchen in Grinzing und Heiligenstadt war ich zu der Auffassung gelangt, daß der Heurige weniger ein Wein als eine Stimmung sei. Man trinke ihn nicht, bestätigte ein Wiener, »weil der Wein besonders gut ist, sondern weil die Welt so schön ist«. Und weil sie in Wien früher noch schöner war und nie mehr so schön sein würde.

Küchenlatein in Rom

Anfang der Fünfziger Jahre kam ich zum erstenmal nach Rom. Ich ging in eine bei der Statione Termini gelegene Pension, stellte den Koffer ins Zimmer und eilte der Altstadt entgegen. Die Ouvertüre der Oper Rom erklang auf dem Quirinalsplatz. Es war früher Abend. Die ockerfarbene Fassade des Palazzo del Quirinale, die der untergehenden Sonne zugewandt war und die Wärme eines langen römischen Tages aufgesogen hatte, strahlte in Festbeleuchtung. Im Westen, über dem Vatikanhügel, schwebte die Peterskuppel wie ein Ballon im Abendrot und schien dann in den Himmel aufzufahren, an dem die ersten Sterne funkelten.

Ich war begeistert, aber auch hungrig, denn ich hatte mich von dem dürftigen Speisenangebot im Zug nicht von der Aussicht auf ein erstes römisches Mahl ablenken lassen. So hastete ich den Quirinalshügel hinab und stürmte in der Nähe der Fontana di Trevi in die erste Trattoria, die sich als die erstbeste erwies. Den Namen des Lokals, das es schon lange nicht mehr gibt, habe ich vergessen, doch was ich zum Einstand gegessen habe, weiß ich noch: Bucatini all'amatriciana (dicke Spaghetti mit dünnem Loch mit Tomaten, Peperoncino, Schafskäse und Guanciale, den Schweinsbackenspeck, den man heute nicht mehr immer in dieser klassischen Pasta findet), danach Pollo alla romana (Huhn mit rotem und gelben

Paprika, in den Farben Roms, die ich als für mich gehißt empfand). Als Salat nahm ich Puntarelle all'acciuga, eine Zichorienart, mit Sardellensauce angemacht. Zum Nachtisch genehmigte ich mir Walderdbeeren aus Nemi. Alles war typisch römisch, sehr gut, aber riß ein Loch in mein Reisebudget; doch so viele Lire blieben noch, daß ich schon jetzt meinen Obolus in der Hoffnung auf ein baldiges Wiedersehen in den Trevi-Brunnen warf.

Am nächsten Morgen ging ich zum Campo dei Fiori, dem Stadtmarkt. Zwischen den gelbbraunen Häuserfassaden, die rissig und brüchig wie alter Parmesan anmuteten, waren Naturprodukte der Rom-Küche aufgehäuft: Artischocken und Melanzane (Auberginen), Erbsen, grüne und weiße Bohnen, Spinat und Mangold, Zucchini und Broccoli, Fenchel und Staudensellerie – ein Schlaraffenberg, gekrönt von Primizie, den Erstlingen der Saison. Auch Obststände gestatteten die Augenweide und warben um Kunden, vor allem römische Matronen, die ratschten, feilschten und mit ihren Hinterquartieren die Gänge versperrten. Am Ende des Platzes schienen viele pralle Fischernetze ausgeleert worden zu sein. Am Rande wurden Hühner, Lämmer und Innereien in Büdchen angeboten, in einem oder zwei das auf diesem Volksmarkt weniger gefragte Rindfleisch, das die Metzger fast wie Chirurgen sezierten.

Ich gewöhnte es mir an, nach Möglichkeit vor dem Mittagessen zur Einstimmung über den Campo dei Fiori zu schlendern und den die Mittagsstunde ankündigenden, auf der Engelsburg abgefeuerten Kanonenschuß abzuwarten – den Startschuß für den Gang zur Mittagstafel.

Der Neuling weiß nicht von vornherein, wohin er seine Schritte lenken soll. Restaurantführer werden zu Rate gezogen, der gesprächige, mitunter geschwätzige »Espresso« oder der wortkarge, doch zuverlässige »Michelin Italia«. Als Faustregel, auch wenn es Ausnahmen gibt, mag gelten: Man meide Lokale in Vierteln, in denen sich Touristen ballen. Wo sich viele Einheimische einfinden, kann sich auch der Fremde niederlassen. In jedem Fall studiere man vorher, sofern im Aushang, die Speisenkarte.

Hilfreich ist die Empfehlung eines Römers. Als ein Generalstreik für den nächsten Tag angekündigt wurde, wollte ich, von Existenzsorge getrieben, mich mit Salami, Käse, Brot und Wein eindecken. Das sei nicht erforderlich, sagte der Concierge im »Albergo Bologna«, den ich nach einer Salumeria fragte. Um die Ecke, in der »Trattoria Archimede«, seien zwar, wie morgen überall, die Rolläden heruntergelassen, aber auf mein Klopfen werde sich der Sesam öffnen. Am Mittag darauf befolgte ich den Rat. Ich pochte – und der Rolladen ging so weit hoch, daß ich darunter in das Lokal schlüpfen konnte, das voll von schmausenden Gästen war.

In meinen römischen Anfängen folgte ich gern den Spuren von materieller Atzung zustrebenden Geistlichen, vornehmlich römischer Kleriker in Soutane, die an jener Stelle eine Wölbung aufwiesen, die der Lateiner Venter nennt. Da man heutzutage selbst in Rom kaum mehr Soutanenträger antrifft, kann dieses Beispiel nicht unbedingt zur Nachahmung empfohlen werden. Ich selbst hatte glücklich bald mein Stammlokal gefunden.

Seit fast vier Jahrzehnten bin ich Cliente in der »Campana«. Zwei Hinweise im »Michelin Italia« hatten mich zu ihr geführt: Der Stern, der damals über ihr leuchtete und der für mich nicht ganz erloschen ist. Und die Bezeichnung »Trattoria d'habitués«, was auf eine Küche schließen ließ, die ihre Stammgäste ständig zufriedenzustellen hatte.

Den auf dem Campo Marzio versteckten Vicolo della Campana, den ich heute fast mit verbundenen Augen finden würde, mußte ich zum erstenmal lange suchen. endlich stand ich in der kleinen Gasse vor dem unscheinbaren Lokal, an dem keine Speisenkarte aushing. Ich betrat einen schmalen Raum, an dessen Ende, über dem Durchgang zur Küche, ein Madonnenbild beleuchtet war. An den Wänden hingen Veduten von Neapel, was mich verwunderte, als ich erfuhr, daß ich in der ältesten, seit 1518 nachgewiesenen Trattoria der Urbs angekommen war, und erst recht, da mich eine ursprüngliche, wenn auch verfeinerte römische Küche erwartete, die mit der neapolitanischen nicht das geringste zu tun hatte.

Schon mittags war das Lokal proppenvoll. Doch Umberto – der mich dann jahrelang als Cameriere mit allem Charme, den ein Mann aus den Abruzzen aufzubringen vermag, bediente und umsorgte – setzte mich an den Tisch des Padrone und seiner Familie. Signore Salvatore Jacobini verhielt sich zunächst reserviert, taute jedoch auf, als er gewahr wurde, daß ich mich richtig benahm und das Richtige zu bestellen wußte.

Ich machte mich über die Supplì al telefono her, die mir Umberto als Gaumenkitzler hingestellt hatte, jene Reiskroketten, deren Provatura-Käse, wenn man hineinbiß, jene langen Fäden zog, welche die Verbindung zum Folgenden herstellten. Der Padrone war von mir angetan, als ich, der Fremde, nach kurzem Blick auf die handgeschriebene Karte, mich für die Pasta-Spezialität des Hauses, Tonnarelli alla chitarra (mit Innereien), entschied, der ich ein Abbacchio arrosto folgen ließ, das ofenfrisch in einer Weihrauchwolke von Rosmarin und

Knoblauch erschien. Es war ein respektables Stück vom oberen Teil des Milchlammschenkels, was mir bewies, daß ich bereits als bevorzugter Gast behandelt wurde. Vollends war der Signore von mir eingenommen, als ich, da ihm die Signora ein Schnäpschen verwehrt hatte, meinen Sambuca-Likör in seine leere Kaffeetasse goß. Eine Art Einbürgerungsurkunde erhielt ich bald darauf von der Tochter, Signorina Ida: »Da Sie aus Augsburg, aus Augusta Vindelicorum kommen, sind Sie ein Civis romanus.«

Am Familientisch durfte ich weiterhin Platz nehmen und mir das Küchenlatein durchdeklinieren und durchkonjugieren lassen: Von Carciofi alla romana (Artischocken in Öl gesotten) über Rigatoni mit Pajata (Milchlammdarm in Weißwein), Mazzancolle (eine Garnelenart), Coda alla vaccinara (Ochsenschwanz, mit Sellerie und Tomaten geschmort), Piselli al prosciutto (zarte Erbsen mit Schinkenstückchen) bis Torta di ricotta (Schafsquark) und Zuppa inglese, eine Süßspeise, die viel mit Italien und wenig mit England zu tun hatte. Mittags bestellte ich gern, was der Padrone aß, und lernte es kennen und schätzen, daß in Rom nicht nur das Kirchenjahr, sondern auch die Küchenwoche geregelt abläuft: Am Donnerstag gab es Gnocchi (Kartoffelnockerln mit Tomatensugo), Samstag Trippa alla romana (Kutteln mit Tomatensugo und Schafskäse) und Sonntag, vor dem Milchlammbraten, Fettucine alla papalina (mit Butter, Schinken, Pilzen und Parmesan). Dazu wurde ein offener Weißer aus den Albanerbergen getrunken, der besser war als vieles, was in Rom unter der Bezeichnung »Frascati« angeboten wurde.

Die Hausgerichte waren eine Gaumenfreude und die Stammgäste eine Augenweide: Der Advokat, der dem

Klienten auch mit vollem Mund seine forensische Beredsamkeit zu beweisen suchte. Ein Pensionär, der seine Mütze aufbehielt, trank nur seinen eigenen, zu Haus in eine Bierflasche abgefüllten und in das Lokal mitgebrachten Wein und bestellte vom Fleischgericht nur eine Viertelportion, die er dann als halbe Portion bekam. Eine reife Dame, die nie ihren Pelzmantel ablegte und sich stets die Karaffe mit einem Viertel Weißwein im Eiskübel servieren ließ. Der Antiquar, ein gebürtiger Florentiner, der das römische Brot verschmähte, erschien immer mit einem Laib Toskanabrot unter dem Arm, ließ sich ein großes Messer geben und verzehrte zu jedem Gang eine Scheibe. Nach beendeter Mahlzeit, gemäß dem römischen Motto: »Primum vivere, deinde philosophare«, wurde er redselig, sprach mit mir über die Stadt und die Welt, über das, was sie zusammenhielt: das gute Essen und das dazu gehörige Trinken.

Das war einmal. Der Antiquar verschied mit Neunzig. Er war ein übermäßiger Esser; mitunter ließ er sich Bucatini mit einem Berg von Zwiebeln kommen und verschlang sie im Nu, vor den staunenden Gästen und Kellnern. Signore Jacobini und Tochter Ida, die den Augsburger als Provinzrömer gelten ließen, sind schon lange tot; vor einigen Jahren starb Signora Jacobini im Alter von 95 Jahren. Sie hatte sich in ein oberes Stockwerk des Hauses zurückgezogen und das Madonnenbild mitgenommen. Auch Umberto lebt nicht mehr, mein Cameriere, der mir stets das Tagesangebot wie eine Litanei herunterbetete und mich stets mit einem Amaro verabschiedete. Romolo, der Oberkellner, der so gemessen wie ein Maître d'hôtel auftrat und allein das Abbacchio tranchieren durfte, ist in Pension. Sein Nachfolger Angelo eilt ständig durch das Lokal, als befürchtete er, daß, wenn er nicht alles und jeden im Auge behielte, eine Katastrophe ausbräche. In Antonio, dem Mann aus den Abruzzen mit der untersetzten Gestalt und dem gesetzten Wesen, fand ich einen neuen Stammkellner. Ab und zu kommt sein Kollege Pietro an meinen Tisch und zitiert Gedichte über die Schönheiten der Ewigen Stadt und die Köstlichkeiten der römischen Küche.

Vom Zahn der Zeit sind beide angenagt. Auch in der »Campana« hat sich einiges verändert. Das Lokal wurde vergrößert, die neapolitanischen Veduten sind durch römische ersetzt worden. Vor der Eingangstür hängen Speisenkarten auf italienisch und englisch, sowie Hinweise auf Kreditkarten, die akzeptiert werden. Unter das römische Publikum haben sich zunehmend Touristen gemischt, die freilich am Abend viel früher als die Einheimischen kommen, so daß diese zu fortgeschrittener Stunde wieder unter sich sind. Die Platte mit verschiedenen Braten wird nicht mehr zur Begutachtung und Auswahl herumgereicht. Nun werden auch teure Spigole (Wolfsbarsche) angeboten, in immer fast gleicher Größe, was auf die Herkunft aus eines Meeresfarm schließen läßt. Doch die einfach-guten Hausgerichte sind weiterhin zu haben, und der Espresso, der ehedem aus der Bar nebenan geholt werden mußte, kommt nun aus hauseigener Maschine heiß und stark auf den Tisch.

»La Campana«, in der ich die Vorteile eines Cliente genoß und noch genieße, war und bleibt mein römisches Stammlokal. Ab und zu besuchte ich andere Trattorien und Ristorante. Ich bevorzugte solche, welche die römische Küche weiterpflegten, einschlägiger Fingerzeige von Altvorderen eingedenk geblieben waren, doch sie nur cum grano salis, mit der heutzutage gebotenen Einschränkung befolgten. »Wann werd' ich wieder selbstgepflanzten Kohl mit Speck / und dem Pythagoras verwandte Bohnen / auf meinem Tische sehen! O wahre Göttermahle!« hatte Horaz geseufzt, von Nostalgie zu Frugalität verführt. Auch Nachfahren verlangt es nach Schlicht-Vollkommenem, doch ihren Bedürfnissen nach einer »Vita beata« entspricht mehr Horazens Bericht, wie er Freunde und Nachbarn zu regalieren verstand: »Dann ging's hoch: nicht Fische, geholt aus der Stadt, nur ein Böcklein / schmausten wir oder ein Huhn. Dann kam zum prächtigen Nachtisch / stattlich die hangende Traube, die Nuß und die doppelt so große Feige«.

Ich fand, daß in manchen römischen Trattorien noch immer Horaz im Geiste mitaß. In der Via della Croce, unweit der luxuriösen Via Condotti, servierten in der »Fiaschetteria Beltramme« Crocetta und Luciano Gemüsegerichte, die Horaz beflügelt hätten, und ein Bollito manzo (gekochtes Ochsenfleisch), das einem Wiener allen Grant, nicht in seinem Stammbeisel essen zu können, vertrieben hätte. Im alten Ghetto, wo es immer angenehm nach Frittiertem roch, ergötzte ich mich an den einfachen Leckerbissen alla giudia, vor allem an in brutzelndem Öl gebackenen und in der Pfanne aufgebrochenen Artischokken, so daß sie knusprigen Rosen ähnelten. Die schönsten und besten bekam ich bei »Piperno«, gefolgt von Filetti di Baccalà fritti (gebackenem Stockfisch). Ein Gericht der Armeleuteküche, zu einem Hochgericht geadelt, war das »Gran fritto misto«, ein Potpourri aus Kürbisblüten, Supplì, Mozzarella und Baccalà. Ein besonderes Glück wurde mir zuteil: Gianna Bondi, die ihr vielfach ausgezeichnetes Restaurant in der Via delle Carceri aufgegeben hatte, lud mich zu sich nach Hause im Ghetto ein und verwöhnte mich mit ihrem berühmten Timballo di maccheroni und Stracotti di vitello con carciofi.

Stand mir der Sinn nach Fisch, ging ich zu »Cannavota« am Lateran. Dort traf man stets Prälaten von der gegenüberliegenden Kirchenbehörde an, aber auch Kapläne; denn die Speisen waren »onesto« und die Preise »modesto«. Auf den ersten Blick schien es, als könnte sich der Wirt, Sante Funari, genannt Cannavota, nicht satt essen; denn er war groß und überschlank, klapprig und chevalresk wie Don Quichote. Vielleicht hatte er aber auch wenig Zeit zum Essen; denn er kümmerte sich um jeden Gast, hielt die Kellner auf Trab, inspizierte alles, was aus der Küche kam – woran er kaum etwas auszusetzen hatte: etwa Pasta mit Frutti di mare und eine ansehnliche Scheibe Spigola. Hier konnte man jeden Tag – nicht nur wie in anderen Trattorien am Freitag – frischen Fisch bekommen. Und er blieb nicht – wie in manchen Restaurants – in Glassärgen ähnelnden Vitrinen aufgebahrt.

Dieses Eindruckes konnte ich mich kaum erwehren, wenn ich an gewissen Touristenlokalen in Trastevere vorbeischlenderte. Da konnte man schon meinen, daß das Meer, was die Frische und die Preise der angebotenen Fische betraf, sich nicht so nahe bei Rom, sondern am anderen Ende der Welt befände. Ohnehin ging ich – auch als die Vorstadt trans tiberim noch nicht von der Jeunesse salée in Besitz genommen worden war – nicht gerne zum anderen Ufer hinüber, das ein Kölner als »schäl sick« bezeichnet hätte. Und wenn schon, dann setzte ich mich, nach einem langen Blick auf die wunderschöne Fassade von Santa Maria in Trastevere, in Richtung Farnesina ab, wo ich, an der Nordgrenze der Vorstadt, zwei ansprechende Lokale gefunden hatte: »Romolo« im Hause der Fornarina, der Geliebten Raffaels, wo man – an Sommerabenden im rosenumrankten Innenhof – bei Fave fresche al guanciale (Saubohnen mit Schweinsbackenspeck) und Mozzarella alla Fornarina (frittiert, mit einem Tupfen Schinken und einem Hauch Sardelle) von der Romanze des Malers mit der schönen Bäckerin träumen konnte, ohne sich vom Boden allzuweit abzuheben. Mit beiden Beinen blieb man auf ihm stehen, wenn man zu »Umberto« hinüberwechselte, wo man bei römischer Hausmannskost unter Einheimischen saß.

Wo ich auch mein Mittagsmahl einnahm, stets stellte sich die Frage, wo ich Siesta halten könnte. Nach reichlich Speis und Trank im alten »Angelino«, dem Stammlokal Reinhard Raffalts, zog sich der Kollege in seine nahegelegene Wohnung zurück. Aber wo sollte ich der Mittagsruhe pflegen? An diesem sonnigen Tag ging ich in das nahegelegene Forum Romanum, zahlte den damals üblichen Eintrittspreis von 200 Lire, stieg am Tempel des Antoninus und der Faustina die steile Treppe hinauf und setzte mich auf die Basis einer der mächtigen korinthischen Säulen. Ich warf einen Blick auf den Weinstock, den Ölbaum und die Weizenähren neben dem legendären Grab des Romulus, schlief ein und träumte, daß diese Grundelemente der Agrikultur der Grundstock der römischen Küche auf immer und ewig blieben.

Sich zur Siesta in einem Café niederzulassen, war in Rom nicht so ohne weiteres möglich wie in Wien oder in Paris. Zwar konnte man jederzeit an der Theke einer Bar einen Espresso trinken; ich nahm oft einen lungo amaro bei »Tazza d'oro« vor oder bei »Camilloni a Sant Eustachio« hinter dem Pantheon. Zum Sitzen im Freien gab es »Rosati« an der Piazza del Popolo oder – wenn man die Welt und Halbwelt nicht scheute – das »Casino Valdier« auf dem Pincio.

Schwierig wurde es an kalten Tagen. Der Salon des »Giolitti« beim Parlament hatte den Charme eines Wartesaales Erster Klasse, und Gelato, die Hausspezialität, hielt ich bei solcher Witterung nicht für angebracht. Das »Antico Caffè Greco« zog den Historiker, nicht den Kaffehausgänger an, dieses Museum der Rom-Romantik, in dem auch Espresso getrunken werden darf, in dessen Preis der Eintrittspreis enthalten ist. Deutsch-römische Künstler, wie sie Felix Mendelssohn-Bartholdy im 19. Jahrhundert beschrieb, sind nur noch auf Bildern anzutreffen: »Was der Bart vom Gesicht freiläßt, das versteckt die Brille, und so trinken sie Kaffee und sprechen von Tizian und Pordenone, als säßen die neben ihnen und trügen auch Bärte und Sturmhüte!« Heute trifft man deutsche Touristen im Freizeit-Look an. Japaner fallen ein, streben aber schnell wieder hinaus, nachdem sie sich per Selbstauslöser beim Eislöffeln abgelichtet haben. Und Amerikaner sind da, die nach dem Bild von Buffalo Bill suchen, der auch hier gewesen war, und die sich ungewöhnlich still verhalten, sei es aus Ehrfurcht vor dem Genius loci oder aus Furcht, durch geöffneten Mund den Staub von vorgestern zu inhalieren.

Da war, nach üppigem Mittagsmahl, doch ein Verdauungsspaziergang vorzuziehen, bei dem man Notwendiges mit Angenehmem verbinden konnte. Einmal stieg ich, bevor ich wieder Arrivederci Roma sagen mußte, auf den Pincio. Begleitet wurde ich von einem Römer, der mich zum Abschiedsessen eingeladen hatte. Nach Supplì, Spaghetti alla carrettiera (mit Thunfisch, Pilzen und Tomaten), Abbacchio alla cacciatora (in einer Sauce aus Knoblauch, Rosmarin, Weißwein, Sardellen und Peperoncino), Misticanza (einem gemischtem Salat) und Crostata di ricotta (Quarktorte) fiel uns der Aufstieg, den auch der reichlich genossene Albano nicht zu beflügeln vermochte, ziemlich schwer. Endlich auf der Terrasse über der Piazza del Popolo angekommen, atmete mein Commendatore auf, grüßte mit Cäsarengeste die uns zu Füßen liegende Urbs und sprach: »Dies ist das Schönste, was ich kenne, wenn ich gut gegessen habe.«

Sempre Toscana

Immer wieder fuhr ich nach Rom, ohne den Fehler zu begehen, den Goethe gemacht hatte. Um möglichst rasch »in dieser Hauptstadt der Welt« anzukommen, hatte er Florenz »eiligst durchlaufen« und »eilte so schnell heraus wie hinein«. Immerhin bemerkte er auf der Fahrt durch die Toskana bei Arezzo »eine herrliche Plaine«, wo der Weizen »recht schön« gedeihe und Ölbäume, die er für »wunderliche Pflanzen« hielt. Immerhin wurde er auf Grundelemente der toskanischen Küche aufmerksam: Weizenmehl und Olivenöl, ohne deren Grundakkord in der Fett'unta gewürdigt zu haben: eine Scheibe ungesalzenes Weizenbrot, mit Knoblauch eingerieben, mit Olivenöl getränkt und auf Holzkohlenglut geröstet.

Die Ölbäume, so Goethe, »sehen fast aus wie Weiden, verlieren auch den Kern, und die Rinde klafft auseinander«. In seiner »Italienischen Reise« klafft ein Mißverhältnis zwischen der verständlichen Hochschätzung Roms und der unverständlichen Geringschätzung der Toskana. Dabei hätte er Arkadien, das er mit der Seele suchte, kaum anderswo finden können als hier: eine Kulturlandschaft, in der die Antike in der Renaissance weiterlebte, eine klassische Landschaft in der Klarheit der Konturen wie in der Verhaltenheit der Bewegungen, das reinste Italienisch und eine Küche, die dem Wesen des Toskaners entspricht, der über einen sicheren Geschmack verfügt und unnötige Verzierungen verabscheut. »Es ist eine leichte, fettarme, wohlschmeckende Küche, duft- und geistreich, wie geschaffen für intelligente, aufgeweckte Leute«, charakterisierte sie ein Toskaner, »eine Küche, die niemals einen Gedanken an Risotti verschwendet, auch nicht die Maccheroni erfunden und tierische Fette stets ferngehalten hat; eine Küche, die sich Spieß und Rost mit der reinigenden Flamme der Holzkohlenfeuers erhalten konnte und Gebratenes wie Gebackenes ohne Saucen bevorzugt«.

Wie hätte man einem Toskaner die »Nouvelle Cuisine« erklären sollen? Was deren Adepten als der Küchenweisheit letzten Schluß hinstellten, war dort von jeher eine Binsenweisheit gewesen: Frische Produkte von bester Qualität, in einer angemessenen, nicht durch exaltierte Saucen oder extravagante Maskeraden verfälschten Zubereitung – in Harmonie von Substanz und Form, wahr und gut, klassisch eben. Dieser Küchenstil wurde auch, wie ich fand, in dem allem Neuen aufgeschlossenen Gourmettempel »Enoteca Pinchiorri« in Florenz weitergepflegt: etwa mit Insalata di coniglio (Kaninchen) al basilico oder Fegato di vitello (Kalbsleber) ai cuori de sedani (Sellerie) fondenti.

Die Toskana, die ich suchte, fand ich auf der Fahrt zur Entgegennahme des Premio Internazionale di Cultura in Anghiari. Von der »herrlichen Plaine« bei Arezzo ging es die Berge hinauf, zunächst durch Olivenhaine und Weinberge, dann durch die Wälder der Alpe di Catenaia, und wieder abwärts, der »Plaine« von Sansepolcro entgegen. Davor, am Rande des oberen Tibertales, auf einem Bergrücken lag Anghiari: ein mittelalterliches Städtchen, das vom Quattrocento und Cinquecento wenig in Mitbürgerschaft und von der Neuzeit kaum in Mitleidenschaft gezogen worden war. Mein Zimmer im Albergo »La Meridiana«, dem einzigen am Ort, glich einer Mönchszelle, doch der Speisesaal war geräumig, und der Duft von an Holzkohlenfeuer gegrilltem Fleisch versprach toskanische Genüsse.

Sie wurden mir zuteil, nachdem die Feier vor dem Palazzo Pretorio überstanden war. Sie dauerte ziemlich lange, denn die Rede des der KPI angehörenden Bürgermeisters wurde ein paarmal vom Glockengeläut der nahegelegenen Kirche übertönt und unterbrochen, als sollte den Gästen aus dem In- und Ausland demonstriert werden, daß in Anghiari Don Camillo und Peppone noch präsent waren.

Endlich ging es zum Festmahl im »Ristorante La Nena« in der Viale Gramsci, außerhalb des Ortes, mit Ausblick auf den Katzenbuckel der Altstadt. Doch mehr zogen den Hungrigen die auf Tischen ausgebreiteten Platten mit toskanischen Vorspeisen an: Crostini, geröstete Brotscheibchen mit pikantem Aufstrich, mit Hühnerleber und – classico – mit Milz; Sedano in Pinzimonio, Selleriestangen, die in Schälchen mit Öl, Salz, Pfeffer und etwas Zitrone zu tunken waren; Finocchiona, Salami mit Fenchelsamen; Prosciutto del Casentino, ein herzhafter Schinken; Panzanella, ein Brotsalat mit Tomaten, Zwiebeln, Sardellen, Basilikum und Olivenöl.

Dieses Antipasto verlangte nach keiner Pasta, sondern gleich nach dem Hauptgericht: Arrosti misti – Rind, Lamm, Huhn und Täubchen, die von den in der Küche waltenden Matronen so ausgezeichnet gebraten waren, daß sie den Rotisseur-Adel verdient hätten. Wenn Brillat-Savarin mit am Tisch gesessen hätte, wäre er wahrscheinlich von einem Prinzip der französischen Küche abgerückt, daß es die Sauce sei, die das Gericht hebe, und hätte die Sache an sich genossen, die Kunst des vorsichtigen, zurückhaltenden Würzens mit einheimischen Kräutern bewundert. Die Beilagen waren ebenfalls typisch toskanisch: Fagioli all'uccelletto, gedünstete weiße Bohnen in einem Soffritto aus Tomaten und Öl, mit Salbei und Knoblauch gewürzt. Und Tortino di carciofi, ein Artischockenomelett.

Ein Tischnachbar, Fabiano aus Anghiari, erläuterte die einzelnen Speisen und machte mir durch Hinweise auf andere Spezialitäten den Mund noch wäßriger. Als er merkte, daß mir der rote Karaffenwein nicht besonders mundete, verschwand er für eine Weile und kehrte mit einer Kostbarkeit aus seinem Keller zurück: einer Flasche Chianti classico Riserva Castello di Verrazzano 1975. Damit gab er den letzten Anstoß zu meinem Vorhaben, einen Abstecher in das Zentrum des toskanischen Weinbaus zu machen, zu einer ersten Stipp- und Trinkvisite.

Die Chiantigiana, die Straße Nummer 222, auf der ich in das Gebiet des Chianti classico fuhr, lag am Morgen noch im Nebel. Die Sonne hatte ihn bald verquirlt und ich sah Hügel, die wie Paradekissen auf einem Sofa lagen. Allmählich wuchsen sie sich zu Bergen aus, ohne den sanften Charakter zu verlieren, das Zurechtgeschüttelte und Glattgestrichene. Über den Weinhängen trugen sie Waldkappen, was hübsch aussah und darauf verwies, daß hier nicht überproduziert wurde wie in manch anderer Weingegend, wo Weinstöcke alle Bäume verdrängt hatten, was weder dem Naturfreund noch dem Weinfreund behagt – denn auch bei der Weinerzeugung zeigt sich in der Beschränkung der Meister.

Eine Tafel wies den Weg zum Castello di Verrazzano, dem Weingut, dessen Riserva 1975 ich in Anghiari gekostet hatte. Wie auf dem Flaschenetikett war auf der Tafel der hier 1485 geborene Giovanni da Verrazzano abgebildet. Nach ihm, dem Seefahrer, der einiges von Nordamerika erkundete, ist in New York die über die Narrows zwischen Staten Island und Brooklyn geschlagene Brücke benannt. Geschmacklich weit gespannt war die gekostete Riserva 1971: von asciutto, was nicht nur trocken, sondern auch herb heißt, bis samtweich und körperreich.

»Locanda Giovanni da Verrazzano« hieß die Trattoria in Greve, in der ich mir die notwendige Grundlage für weitere Weinverkostungen verschaffte: Pappardelle sulla lepre (Bandnudeln mit Hasenragout) und Stracotto al Chianti (Rinderschmorbraten), angereichert mit jenem Wein, um den sich dort alles dreht. Noch im Lokal hätte ich Chianti classico aus über fünfzig Fattorien probieren können: von Badia a Coltibuono und Le Bocce über Fontodi, Monte Vertine, Riècine und Savignola Paolina bis Vignavecchia und Castello di Volpaia. Ich hätte anschließend im Hause übernachten können, doch ich zog es vor, nach und nach die eine und andere Kreszenz an Ort und Stelle zu degustieren. Als ich das Hotel-Restaurant verließ und in das Schaufenster der Metzgerei »Falorni Bencistà« blickte, war ich versucht, mir Salumi Chiantigiani als Reiseproviant mitzunehmen. Aber ich verschob es auf ein andermal, denn – nachdem ich Chianti geleckt hatte – war ich entschlossen, des öfteren wiederzukommen. Zunächst wollte ich die Fattoria besuchen, die mir vor Greve aufgefallen war: das über seinen Weinbergen thronende Castello di Uzzano.

Durch ein Spalier von Zypressen fuhr ich zur Burg hinauf, gelangte durch einen Torturm aus dem 13. Jahrhundert in einen Arkadenhof aus dem 16. Jahrhundert, zu einem Park, der einer Vision Eichendorffs glich, und schließlich in die Kellergewölbe, in denen ein großes und altes Eichenfaß neben dem anderen lagerte und Jahrgang auf Jahrgang die Kontinuität des Schloßweins demonstrierte, der 1398 erstmals erwähnt wurde. Der Schloßherr, Conte Briano Castelbarco, erinnerte mich daran, daß schon die Langobarden und dann deutsche Ritter dagewesen waren. Kellermeister Valerio Mazzuoli, den man heute zu recht als Önologen bezeichnen würde, verstand es, Spitzenweine zu kreieren, so die Riserva 1975: brillantes Rot, dezentes Bukett, und im Geschmack von einer fast ätherischen Eleganz – sozusagen das toskanische Wesen in die Flasche gebannt.

Als letzte Riserva genoß ich eine 1985er, die sich noch nach einem Jahrzehnt voll entfaltete, indessen mit einem leichten Nachgeschmack nach welken Blättern. Dies war nicht ohne Vorbedeutung. Ein Castello di Uzzano war selbst in wohlassortierten Enotheken nicht mehr aufzutreiben. Auch andere herausragende Weine, die ich als typische Toskaner kennen- und schätzengelernt hatte, waren immer schwerer zu finden.

Die Einführung von Bordeaux-Barriques und französischen Rotweintrauben wie Cabernet Sauvignon und Merlot in die von Sangiovese dominierte Chianti-Region hat vieles verändert. Zweifellos sind neue, sehr gute und sehr teure Weine entstanden, zum Beispiel Sassicaia (Incisa della Rocchetta), Solaia und Tignanello (Antinori), Guado al Tasso (Tenuta Belvedere), Cabernet Sauvignon (Isole e Olena), Ser Lapo Riserva (Castello di Fonterutoli), Vigneto Rancia Riserva und Fontalloro (Felsina), Vigna del Sorbo Riserva (Fontodi) und Vigna l'Apparita (Castello di Ama).

Das sind Spitzenweine, aber ich konnte nicht umhin, Rolf Kriesi, dem Herausgeber von »Vinum«, zuzustimmen: Von »alerten, allmächtigen Önologen« seien »mit geschickter Hand Italo-Softies« zusammengemischt worden: »Tiefdunkle Farbe fürs Auge, würziges Eichenholz für die Nase, Fruchtkonzentrat für den Gaumen (was zwangsläufig mit alkoholischer Schwere einhergeht), pompöses Finale«. Dies gelang indessen so manchem Önologen nicht, der in der zweiten oder dritten Reihe auf der Barrique- und Bordeaux-Mode mitschwamm und die Blößen seines Tropfens mit einem vanillebetonten Eichenholzmantel zuzudecken suchte.

Wo sind sie geblieben, die originären und originellen, soliden und reellen, traditionellen und typischen Chianti-Weine? Noch sind solche zu finden, bei denen man nicht das Entzücken professioneller Degustatoren nachempfinden muß, deren regionale Typizität nicht auf der Strecke geblieben ist, die sich damit begnügen, nach Toskana zu schmecken und nicht à la Bordeaux munden zu wollen, die man jeden Tag zu jedem, auch einfachem Essen trinken mag. Solche Alltagsbegleiter und Alltagströster waren weiterhin zu finden: etwa der Chianti Classico der Fattoria Vignavecchia (Radda), von dem ich mehrere Flaschen mit nach Hause nahm, der Chianti classico La Quercia der Fattoria di Montagliari (Panzano), mit dem ich im rustikalen Milieu der hauseigenen Trattoria Pappardelle mit Wildschweinragout und Arista, einen nach Rosmarin duftenden Schweinsrückenbraten, trefflich begoß.

Noch nicht modischer Vinifizierung anheimgefallene Weine entdeckte ich in Montecarlo (Lucca). Der Ort erinnert an Karl IV., den deutschen König, der sich in Rom die Kaiserkrone holte und unterwegs, wie es in der Vita Caroli IV. heißt, »eine herrliche Burg und eine von Mauern umgebene Stadt auf der Spitze des Berges errichtete, der zehnmal tausend Schritte von Lucca gegen das

Valdinievole liegt«, und ihm »den Namen Mons Caroli« gab.

Die Burg ist verfallen, der Name blieb, und der alte einköpfige Reichsadler, der als Markenzeichen an den Flaschen der Weine angebracht ist, die in den Weingärten zu Füßen des Städtchens heranwachsen: Ein Weißer, den der Lokaldichter Redi als flüssiges Gold besang, der aber nicht mit Gold aufgewogen werden muß, und ein Roter, der erst in unseren Tagen die Grenze von der Prosa zur Poesie überschritt. Montecarlo Bianco und Montecarlo Rosso – für mich sind sie Musterbeispiele gelungener und ansprechender Terroirweine, vornehmlich aus der Fattoria Michi. Auch sie hat, wie so viele Keller in der Toskana, zu experimentieren begonnen. Typisch jedoch sind die einfachen, keinesfalls eintönigen Weißen und Roten geblieben, die ich an Ort und Stelle so schätzen lernte, daß ich mich bei jeder Visite damit für den häuslichen Tisch eindeckte.

Zwei Restaurants in Montecarlo lockten zum Verkosten und Verweilen. Das »Forassiepi«, das am Tag des Herrn mit Arrosti girati brillierte: Fasan, Hase, Taube, Rebhuhn, Ente. Und »La Nina«, ein beliebtes Ausflugsziel, das mit dem Toskaner so teuren Suppen (etwa Minestrone mit frischen Gemüsen oder Pappa col pomodore, einer dicken Suppe aus Brot und Tomaten) und – in der Saison – mit Cinghiale alle brace (Wildschwein) oder einem Filetto funghi porcini (Steinpilzen) aufwartete.

Noch lieber fuhr ich in das nahe Pescia, zu »Cecco«. Ich betrat eine Art »Durchhaus«: in der Mitte die offene Küche, an beiden Enden Speiseräume; in jenem an der Flußseite saßen die Stammgäste, die ich darum beneidete, hier ständig essen zu dürfen. Ich kam oft genug, um mich durch die toskanische Speisenkarte durchzuessen.

Höhepunkte waren die weißen Bohnen aus dem nahen Sorana, die – mit Olivenöl aus Lucca vermählt – zur Hochzeitsfeier einluden. In der Saison brillierten Asparagi giganti di Pescia, grüner, von der Sonne wachgeküßter Spargel, natürlich al dente.

Der Wertschätzung des Pescia-Spargels verdankte ich das Wohlwollen des Publizisten und Historikers Indro Montanelli. Ich begegnete einem Toskaner, der seiner Beschreibung des Toskaners nahekam: »Er ist groß, mager, blauäugig und manchmal sogar rothaarig«, eben – wie er behauptete – ein Nachfahre der Franken, Langobarden und »der mit Karl dem Großen, den Heinrichs oder Ottos ins Land gekommenen Räuberhorden«. Der in Fucecchio, einem Landstädtchen in der Nähe von Lucca und Pescia, geborene Montanelli fühlte sich primär als Toskaner und erst sekundär als Italiener, und er schien jedem geneigt zu sein, der wie er die Vorzüge seiner Heimat, auch in kulinarischer Hinsicht, zu würdigen wußte.

Ich hatte das Glück, daß Montanelli auf mich bei einem Essen aufmerksam wurde, das der Verlag Rizzoli anläßlich der italienischen Ausgabe meiner Biographie »Kaiser Franz Joseph von Österreich« bei »Savini« in Mailand gab. Er war der Einladung gefolgt, weil ihn alles interessierte, was mit der habsburgischen und damit auch der toskanischen Geschichte zusammenhing. Er schien am Werk »Francesco Giuseppe« wie an der Person des Autors Gefallen gefunden zu haben, jedenfalls trug er durch Empfehlungen zur Verbreitung meiner Bücher in Italien bei. So schrieb er im Vorwort zur italienischen Ausgabe meiner Metternich-Biographie, ich sei »eine Art Magier, der fähig ist, vier Knochen zu nehmen und eine Handvoll Staub und ihnen Leben zu geben, Körper und

Atem, so daß Menschen der Vergangenheit ... uns ihr in Vergessenheit geratenes Geheimnis erzählen«.

Diese Eloge führte ich nicht zuletzt auf den Eindruck zurück, den er noch mehr als vom Historiker vom Kenner der italienischen Küchen gewonnen zu haben schien. Als ich, während des Mahles bei »Savini«, hörte, daß er mit einem italienischen Gast heftig darüber diskutierte, wo die besten Spargel auf der Apenninenhalbinsel wüchsen, gestattete ich mir den Zwischenruf: Vorzuziehen seien die Asparagi giganti von Pescia, mit Olivenöl von den Hängen des Valdinievole beträufelt und im Wonnemonat Mai verzehrt, wenn die Linden in voller Pracht dastünden. Dieses Urteil des aus dem Norden gekommenen Paris, das sich mit dem seinen deckte, nahm Indro Montanelli mit Dank entgegen, und ehe er sich noch mit Rezensionen revanchierte, ließ er zum Digestif eine Batterie von Grappa-Flaschen auffahren, um mir deren Genuß zu erschließen.

Grappa, der veredelte Tresterschnaps, ist keine Spezialität der Toskana, sondern des italienischen Nordens. Bei »Savini« gab es auch keine toskanischen, sondern lombardische Gerichte, die in diesem Luxusrestaurant gepflegt wurden: Bresàola di Chiavenna (luftgetrocknetes Rinderfilet), Risotto alla Milanese (mit einer Prise Safran), Costoletta alla Milanese (paniertes Kalbskotelett) und Gorgonzola. Man müsse die Küchen feiern, wie sie fallen, meinte Montanelli, der sich in Italien von Regionalküche zu Regionalküche durchgegessen hatte, aber am liebsten toskanisch speiste, beispielsweise im »Solferino« in San Macario in Piano bei Lucca. Sein Bild grüßte mich von der Wand, als ich dort einkehrte. Die urbanisierte Rustikalität, die für die Toskana typisch ist, gefiel auch mir: Garmucia lucchese (eine Suppa aus Saubohnen, Erbsen, Artischocken und Spargelspitzen), Tacconi alla Solferino (Teigfladen mit Fleischragout), Anitra ripiena (getrüffelte Ente) alla Puccini, der von seiner Geburtsstadt Lucca die Musikalität mitbekommen hatte.

In Lucca, das sich seinen Charme hinter Wällen erhalten hat, trank ich in Puccinis Stammcafé an der Via Fillungo einen Campari (aus der Flasche, nicht aus dem Fläschchen), holte mir Appetit beim Betrachten der Auslage der Salumeria Marzetto, überlegte, ob ich mir zum zweiten Nachtisch bei Taddeucci an der Piazza San Michele Buccellato (Hefekranz mit Rosinen und kandierten Früchten) oder ein Eis in der Gelateria Santini an der Piazza Citadella holen sollte, – und lenkte derweil meine Schritte zum »Ristorante La Buca di Sant'Antonio«. Das Interieur erschien mir zu folkloristisch, doch was auf den Tisch kam, war genuin toskanisch, vor allem Capretto garfagnino allo spiedo, ein Zicklein aus der Gegend am Spieß gebraten.

Und immer wieder eilte ich nach Florenz, aber nicht so schnell wieder hinaus wie Goethe. Ich weilte gerne in der Metropole der Toskana, und nicht nur des Kunstgenusses wegen. Ich flanierte in der Via Tornabuoni, schaute bei der Buchhandlung Seeberg vorbei, wo man mich nicht nur als Autor des »Francesco Giuseppe«, des »Napoleone Bonaparte« oder der »Maria Luiga«, sondern auch der »Storia del Buon Gusto in Cucina« willkommen hieß, trank einen Aperitivo bei Doney, probierte ein Trüffelbrötchen bei Procacci und war für das Mittagessen eingestimmt: Ribollita (Gemüsesuppe mit Bohnen, Schwarzkohl und gerösteten Brotscheiben) und Trippa alla fiorentina (Kutteln mit Tomaten und Parmesan) in der »Osteria del Coco Lezzone« oder Prosciutto di cinghiale (Wildschweinschinken) und Agnello al forno con piselli (Lammbraten mit Erbsen) in der Trattoria »La Maremma da Giuliano«.

Am Abend mußte es nicht unbedingt die alt-toskanische Küche bei »Sabatini« oder die neu-toskanische Küche in der »Enoteca Pinchiorri« sein. Ich schätzte »Il Profeta«, wo ich gemütlich saß, Pasta con ceci (Kichererbsensuppe mit Nudeln) und Stufatino (geschmortes Rindfleisch in pikanter Rotweinsauce) aß und damit weder den Magen noch den Geldbeutel belastete.

Einmal war es mir vergönnt, in der »Villa San Michele« in Fiesole zu tafeln und zu nächtigen. Sie war als Kloster für Franziskaner errichtet worden, die freilich einen Hang zum Exklusiven hatten: Sie engagierten Michelangelo als Architekten. Ich erging mich in dem von Zypressen behüteten und Pinien beschirmten Park, nahm am Kamin ein Glas Vernaccia di San Gimignano Terre di Trufi und genoß unter dem Wandfresko des Cenàcolo ein toskanisches Luxusmahl, das in einer perfekten Bistecca alla fiorentina gipfelte. Das Fleisch kam von einem Jungrind aus dem Chianatal, die Hochrippe war so geschnitten, daß sie in der Mitte den Knochen und im Anhang das Filet hatte, und war auf dem Rost über Holzkohlenglut so gegrillt worden, daß es außen knusprig und innen »al sangue« geblieben war. Noblesse oblige, und so ließ ich das toskanische Hochgericht von einem toskanischen Klassewein eskortieren: einem Brunello di Montalcino 1983 von Biondi-Santi.

Dann begab ich mich in meine Michelangelo-Suite, warf einen Blick auf die Lichter von Florenz, gelangte, dank der an den Stufen diskret angebrachten Leuchten, ohne Stolpern in das Himmelbett, schlief tief und träumte, daß ich immer wieder nach Florenz zurückkehren dürfte.

Ein reich gefüllter Stiefel

Italien sei nur ein geographischer, kein staatlicher Begriff, meinte Metternich zum Mißfallen der Patrioten. Aber auch sie schätzen es, daß Italien zwar politisch ein Einheitsbegriff geworden, aber gastronomisch ein Pluralbegriff geblieben ist. Die Küche der Hauptstadt ist keine Zentralküche, nur eine von mehreren Regionalküchen. In Rom jedoch können die aus den verschiedenen Landesteilen Zugezogenen nach heimischer Küchenfaçon selig werden – in auf ihre von Haus aus gewohnten Gerichte spezialisierten Restaurants. In Rom, das mein Stützpunkt war und blieb, habe ich Kostproben von Regionalküchen bekommen, zuerst erlebt, wie reichhaltig der italienische Stiefel gefüllt ist.

Venezianisch, köstlich und kostspielig, tafelte ich bei »El Toulà«: Insalata di granchi e gamberi (ein Meerkrebspotpourri), Pasta e fagioli (ein Beweis, wie die rustikale Bohnensuppe urbanisiert werden kann), Risotto con spugnole (mit Morcheln), Fegato al balsamico e fonduta di cipolla (eine Nobelversion der Kalbsleber auf venezianische Art). Höhepunkte im regionalen Weinangebot waren ein weißer Soave Classico La Rocca und ein roter Breganze Cabernet Fratta.

Kaum weniger gut, aber für weniger Soldi speiste ich in der »Taverna Giulia« ligurische Spezialitäten: Pansotti al sugo di noci (mit Ricotta und Kräutern gefüllte Teigtaschen und Walnußsauce), Stoccafisso alla genovese (mit einer Tomaten-Sellerie-Pinienkern-Sauce veredelter Stockfisch), Coniglio (Kaninchen) cremolato und Stinco al forno, eine extraordinäre Kalbshaxe. Dazu paßten der leichtere weiße Vermentino wie der schwerere weiße Pigato und der Rossese di Dolceacqua, ein trockener Rotwein, den schon Napoleon Bonaparte schätzte.

Sardisch aß ich im »Ristorante Il Drappo« unter einer himmelbettartigen Allerweltsdekoration althergebrachte Inselgerichte: Buttàriga (Thunfischrogen) auf Carta da musica (hauchdünnen Dauerbrotfladen, der eisernen Ration sardischer Hirten), Malloreddus (»kleine Stiere« genannte, mit Safran gewürzte Grießklößchen) al corallo d'aragosta (mit Mark der Languste, die an Sardiniens Küsten wohlgerät) und Porceddu (Spanferkel) arrosto al mirto (Myrte). Beim Wein hatte ich die Wahl zwischen einem schlanken weißen Nuragus und einem vollen weißen Vernaccia, und zum Braten mundete der trockene rote Oliena.

In der »Tana del Grillo« bekam ich einen ersten Eindruck von der Küche der Emilia-Romagna, genau gesagt, jener von Ferrara in der Emilia: Salama da sugo (in Wein getränkt), Cappellacci con la zucca (mit Kürbismark, Ei und Butter und Parmesan gefüllte Teigringe), Pasticcio di maccheroni alla ferrarese (Mürbeteig-Pastete, gefüllt mit Maccheroni, Kalbshirn, Hühnerleber und Steinpilzen) und eine Eloge herausforderndes und verdienendes Bollito misto, gemisches Gekochtes: Rindfleisch, Truthahnbrust, Kalbszunge, Kalbskopf, Zampone (gefüllter Schweinsfuß), Cotechino (Schweinswurst), begleitet von Salsa verde (grüner Sauce), Senffrüchten und Mostarda di Carpi (Obstmostrich). Damit harmonierten einheimische Weine, der weiße, trockene Albana di Romagna, ein frischer, schäumender roter Lambrusco di Sorbara und der rassige rote Sangiovese di Romagna Riserva superiore.

Mein Wunsch wuchs, regionale Spezialitäten an Ort und Stelle zu genießen, in Übereinstimmung mit dem Genius loci. Dazu bedurfte es freilich einer Mobilität, die mir nicht gestattet war. Nur in die Toskana kam ich immer wieder, und zwei weitere Eßlandschaften lernte ich etwas näher kennen: Kampanien und Ligurien.

»Sie wollen wirklich nach Neapel?« staunte der Römer, neben dem ich in einer Trattoria bei Fettucine und Abbacchio saß, und seine zusammengezogenen Brauen bekundeten Unverständnis, ja Unwillen. »Ich möchte die Stadt und ihre Küche kennenlernen«, begann ich zu erklären, aber er unterbrach mich mit einer Geste, deren Entschiedenheit ahnen ließ, warum die Römer einst ferne Länder eroberten, und in der zugleich Resignation mitschwang, weil es ihnen nicht gelungen war, das nahe Neapel zu zivilisieren. »Hinter Rom ist Italien zu Ende«, bemerkte der Römer. »Wenn ich in Neapel geschäftlich zu tun habe, was sich leider nicht immer vermeiden läßt, kaufe ich mir Mailänder Salami und esse auf dem Hotelzimmer.«

Ich ließ mich von meinem Vorhaben nicht abbringen und fuhr ohne Reiseproviant in die Stadt am Vesuv. Bereits am Bahnhof erhielt ich eine erste Lektion in neapolitanischer Lebenskunst. Es war am frühen Nachmittag, sehr heiß und der Koffer schwer, so daß ich mir einen Gepäckträger leisten wollte. Ich ging auf einen auf seinem Karren hockenden Facchino zu, der mein Gepäck musterte und mich abschlägig beschied: Er sei nicht mehr im Dienst, denn er habe heute schon gegessen.

Das Geld, das ich mir gespart hatte, legte ich – man schrieb das Jahr 1953 – in meiner ersten Pizza an. Das Lokal war klein, fast bis auf den letzten Platz besetzt, und der belegte Hefebrotfladen, der aus dem Holzkohlenofen kam, schmeckte mir so gut, daß ich fürderhin zögerte, auf die Produkte von Allerwelts-Pizzabäckern zurückzukommen. Es war eine Pizza Margherita, die der Neapolitaner Peppino Brandi als Huldigung für die italienische Königin in den italienischen Farben kreierte: mit roten Tomaten, grünem Basilikum und weißer Mozzarella. Diesen Käse aus Milch von Büffelkühen lernte ich auch solo schätzen, ganz frisch, mit etwas Pfeffer bestreut und mit Olivenöl beträufelt, und als Mozzarella in carrozza: eine Scheibe Bufala zwischen zwei Weißbrotscheiben gelegt, in verschlagenem Ei gewälzt und in schwimmendem Öl ausgebacken.

Sempre presente waren Spaghetti. Zwar sah ich sie nicht mehr, wie der neapolitanische Schriftsteller Giuseppe Marotta, »auf jedem Balkon zum Trocknen hängen, an allen Ecken und Enden der Stadt im Freien zubereitet und im Freien verzehrt«. Und meine erste Begegnung in Neapel mit dem Leibgericht seiner Bewohner war eher enttäuschend. Von Bella-Napoli-Gesang, Mandolinengeklimper und dem Blick auf Meer und Vesuv verlockt, ließ ich mich in einem Terrassenrestaurant in Santa Lucia nieder. Am Nachbartisch wurde ein Gast gefragt, wie er seine Spaghetti haben wolle. »Natürlich classico«, entgegnete er dem Kellner, also nur mit Tomatensugo. Ich tat es dem Norditaliener gleich, mit dem Ergebnis, daß wir beide nach dem ersten Bissen ein Gesicht schnitten; denn das klassische Gericht schmeckte weniger nach frischen und reifen Tomaten als nach Tomatenmark. Andere Köche machten den Schaden wieder gut, nicht nur mit korrekten Spaghetti con pomodoro, sondern auch mit Spaghetti alla marinara (mit schwarzen Oliven, Kapern, Knoblauch und Petersilie) und Spaghetti con le vongole (mit Venusmuscheln), die ich »in bianco« vorzog, mit Öl, Knoblauch und Petersilie.

Nach der Enttäuschung in Santa Lucia ging ich nur noch – jetzt und bei späteren Visiten – in Lokale, die abseits der Touristenströme lagen, und wagte mich an Timballo di maccheroni (Nudelauflauf mit Pilzen und Hühnerklein), Baccalà alla napoletana (Stockfisch, mit Tomaten, Oliven, Kapern und Knoblauch geschmort), Parmigiana di melanzane (Auberginenauflauf), Ragù alla napoletana (Rindfleisch, Speck, Tomaten, Rotwein), das, wie König Ferdinand II. befand, in einem irdenen Topf auf kleiner Flamme vor sich hinzubruzzeln habe. Daher wird es auch Türhüter-Ragù genannt, weil nur ein Portier, ein Auge auf die Pforte, das andere auf den Topf, den langwierigen Prozeß überwachen könne.

In einer Trattoria bei der Piazza dei Martiri bestand unser Abendessen aus Calzonelli (mit Ricotta und Salami gefüllte und in Olivenöl ausgebackene Teigtäschchen), Zite (dicke Maccheroni mit Tomaten und Basilikum), Fritto di pesce (Calamari, Gamberetti, Triglie und Merluzzi) und noch warmen Sfogliatelle (kleine, mit Ricotta und kandierten Früchten gefüllte Blätterteigtaschen). Dazu sprachen wir einem weißen Ischia-Wein, Biancolella Casa D'Ambra, reichlich zu. Mein deutscher Tischgenosse, der mir widerstrebend in das Gassengewirr der Altstadt und in die nur von Einheimischen aufgesuchte Trattoria gefolgt war, glaubte mich vor »neapolitanischen Ladroni« warnen zu müssen und mir die vorher gekaufte Elfenbeinminiatur nur unter dem Tisch zeigen zu dürfen. Als wir dann zu später Stunde durch die menschenleere Straße zum Hotel zurückgingen, merkten wir, daß sich uns jemand von hinten im Eilschritt näherte. »Vorsicht«, raunte mir mein Begleiter zu, »wir sind im Lande Rinaldo Rinaldinis!« Doch es war der Kellner aus der Trattoria, der ihm das kostbare Kunstwerk, das er im Lokal liegengelassen hatte, nachtrug und sich mit dem dürftigen Finderlohn – mein Freund war ein württembergischer Schwabe – zufrieden zeigte.

Einmal fuhr ich mit dem Schiff von Neapel nach Positano, genoß von Deck den Ausblick auf Sorrent, Capri und das Meer – und bekam Appetit auf Meeresfrüchte. In Positano, kaum gelandet, setzte ich mich auf die Terrasse des Restaurants »Buca di Bacco« und aß mich, ab und zu den Blick vom Teller zum blauen und weiten Gabenspender erhebend, durch ein Fischmenü: Antipasti di mare, Linguine ai Calamaretti, Orata vom Grill. Dazwischen nahm ich einen Salat von kleinen süßen Tomaten und hinterher eine Zuppa inglese alla napoletana. Ich trank einen Ravello Bianco Gran Caruso, der mich anregte, seinen Ursprungsort aufzusuchen. Im fast vierhundert Meter hoch gelegenen Ravello waren die Ausblicke auf Küste und Meer freilich weit bemerkenswerter als die Einblicke in die Teller. Doch der Wein – Weiß, Rosé und Rot – gaukelte mir vor, ich hätte in dem im sarazenischen Stil erbauten Palazzo Rufolo das von Wolfram von Eschenbach erwähnte Wunderschloß Klingsors gefunden.

Die italienische Riviera »ist eine der sanftesten, darum heilsamsten Landschaften der Welt, in der sich die stärkende Meeresluft mit beglückendem Blütenduft mischt, in der Sonne, Regen und Wind fast immer Maß halten und der Mensch so wonnig gewiegt wird, wie er sichs nur wünschen kann«. Das las ich 1958 in Eckart Peterichs »Italien. Ein Führer«, im klassischen Reisebuch der Deutschen, die es über die Alpen an das blaue Gestade zog, wo Zitronen blühen und Zypressen stehen.

Doch schon damals begann sich die Romantik im harten Raum der Realitäten zu stoßen: Im schmalen ligurischen Küstenstreifen zwischen La Spezia und Ventimiglia drängten sich zwischen Bergen und Meer über eineinhalb Millionen Einwohner, zu denen sich von Saison zu Saison zunehmend mehr Touristen gesellten. Den alten Grandhotels wuchsen Bettenburgen über den Kopf, die Hänge wurden mit Treibhäusern bepflastert, und die Strände begannen Sardinenbüchsen zu gleichen. Dennoch war die Riviera nach wie vor eine Reise wert: auch der dortigen Küche wegen, in der überkommene Gerichte weitergepflegt werden.

Ihre Basis ist und bleibt das Einfach-Gute. Selbst in Portofino, das sich zu einem ligurischen Königswinter entwickelte, war es noch zu finden. Unweit von auf betuchte Ausländer und italienische Ausflügler spekulierenden Etablissements entdeckte ich ein eher als Osteria denn als Trattoria zu bezeichnendes Lokal. In der offenen Küche war die Padrona am Werk, der Padrone brachte auf die vier Tische das Tagesgericht, Stoccafisso in agro-dolce, gedünstet in Traubensaft und dem ligurischen Olivenöl, das auch dem schlichtesten Volksgericht Eleganz und Delikatesse verleiht.

Auf einem vollbesetzten Schiff, das auf der rechten Seite, von der die Steilküste des Vorgebirges zu bewundern war, Schlagseite bekam, fuhr ich von Portofino nach San Fruttuoso, dem ehemaligen Benediktinerkloster, das in einer engen Bucht wie ein Schwalbennest an die Felswand geklebt ist. Nachdem ich die Abteikirche, den

Kreuzgang und die gotischen Grabmäler des genuesischen Herrschergeschlechtes der Doria besichtigt hatte, übermannte mich der Mittagshunger. Frustriert schlich ich um wenig einladende Eßlokale herum, die wie Pfahlbauten am Strand errichtet waren. In einem war das Personal, junge, sympathische Leute, noch beim Essen. Was sie mit sichtlichem Appetit verzehrten, fand auch ich so appetitlich, daß ich mir stantepede einen Platz reservierte: Trenette col pesto, eine Art eckige Spaghetti, die besser als runde den Sugo annahmen, die sämige grüne Sauce aus Basilikum, Knoblauch, Pinienkernen, Pecorino und Parmesan, im Mörser zerstoßen und mit Olivenöl zusammengerührt. Ich war nicht fehlgegangen: Der Pesto in San Fruttuoso war der beste meines Lebens.

Auch in den Cinque Terre, auf dessen hoch über dem Meer gelegenen Wanderwegen es wie auf dem Trimmdich-Pfad am Rande einer deutschen Großstadt zuging, konnte der Feinschmecker mithalten. Auf der malerischen Piazzetta von Vernazza, zu früher Mittagszeit, da die Wandervögel beim Picknick waren, kehrte ich in der »Trattoria Gianni Franzi« ein und erfreute mich an Acciughe (Sardellen) al limone, einer Zuppa di Datteri (Meerdatteln genannte Muscheln, die so aussehen, wie sie heißen) und einem Fritto misto di mare, der hier dank des ligurischen Olivenöls besonders gut schmeckte. Natürlich trank ich dazu den lokalen Weißwein, einen Cinque Terre aus der Cooperativa Agricola der fünf Berggemeinden Riomaggiore, Manarola, Corniglia, Vernazza und Monterosso, und ich verstand, warum er von Petrarca besungen worden war.

Weiter westlich, näher an Genua, gefiel es mir in Camogli, das eine Seefahrerstadt gewesen war und ein Fischerstädtchen geblieben ist, wo der Segen des Meeres auch dem Besucher zugute kam. Im Restaurant »Vento Ariel« an der Calata Porto schienen die Fische direkt vom Hafen in die Küche geschwommen zu sein, von weiterher der Branzino (Spigola, Loup de mer) und aus nahen Gewässern Occhiata und Scorfano. Davor schmeckten die Spaghetti scogliera (mit Meeresfrüchten) und danach die Torta di mele, ein warmer Apfelkuchen. Den Fisch ließ ich in einem frischen Vermentino schwimmen, das Dessert tränkte ich mit einem bernsteinfarbenen Sciacchetrà aus Riomaggiore. Wie gut, daß ich mein schwer gewordenes Haupt in einem der angenehmsten Hotels der Riviera zur Ruhe betten konnte, dem in einem Park am Meer gelegenen »Cenobio dei Dogi«.

In San Remo, an der Blumenriviera, wo einst russische Großfürsten und englische Lordschaften die Winter überstanden, begegnete ich Überbleibseln der Belle Epoque: pompösen Villen, einer russisch-orthodoxen Kirche, dem Luxushotel »Royal« an dem nach der Zarin Maria Alexandrowna benannten Corso Imperatrice. Unter Palmen wandelten einst Aristokratinnen mit Reiherfederhüten und Sonnenschirmen und bummelten nun junge Damen in Jeans und mit Stöckelschuhen, und am Spielcasino fuhren Ferraris vor.

Auf Haute Cousine, die diesem Ambiente entsprochen hätte, hatte ich keine Lust. Einen Kompromiß zwischen Hochfliegendem und Bodenständigem fand ich bei »Giannino«: Trenette al nero di seppia (mit schwarzem Saft des Tintenfisches); Cappon magro, einen »Fastenkapaun« genannten Salatberg aus Gemüsen, Fischen und Meeresfrüchten, hier auch mit Languste; Coniglio (Kaninchen) ai profumi di erbe, ein einfaches Grundprodukt, von Meisterhand vervollkommnet. Noch näher am Ligurischen war ich bei »Paolo e Barbara« mit Ciupin, dem inhaltsreichen Fisch-»Süppchen«, und bei »Bagatto« mit Pansotti (Nudeltaschen) di carciofi al ragù bianco di coniglio.

Die rustikale Seite zu ländlich-sittlichen Preisen lernte ich im Bergdorf Apricale (Provinz Imperia) in der »Trattoria La Capanna da Baci« kennen: Verlockende Antipasti, vor denen man sich halten mußte, um sich nicht schon zu Beginn satt zu essen, Ravioli – ein ligurisches Stammgericht –, hier mit Salbei, und Capra e fagioli (Ziegenbraten mit Bohnen).

In Ligurien, nicht weit entfernt vom Trüffelparadies Alba, delektierte ich mich des öfteren im Spätherbst auch an einem Gericht, das ich – wenn man mir nur noch ein einziges auftischte – wählen würde: Taglierini (schmale Bandnudeln) mit hauchdünn gehobelter weißer Trüffel, Trifola bianca.

Wieder in Meeresnähe war ich in Camporosso Mare im »Ristorante Gino« angelangt, an der Hauptstraße zwischen Ventimiglia und Bordighera: mit Insalata di crostacei, Buridda (Fischsuppe mit Tintenfischen und Artischocken), Branzino al forno con capperi e olive, und einem reichbestückten Dessertwagen. Wäre ich schon zu Beginn der Mahlzeit auf ihn aufmerksam gemacht worden, hätte ich für seine Köstlichkeiten etwas mehr Platz im Magen gelassen. Der weiße Vermentino der Tenuta Giuncheo aus Camporosso belastete diesen nicht, vielmehr beschwingte er mich, am Nachmittag den Giardino Hanbury aufzusuchen. Dort hat im 19. Jahrhundert ein durch Orienthandel reich gewordener Engländer, Sir Thomas Hanbury, mit Hilfe des deutschen Gärtners Ludwig Winter einen Garten Eden angelegt: Tausende von Pflanzenarten auf vierzig Hektar, eine jede beschildert, wie es nordischer Bildungstrieb verlangte, und mit vielem, was nordische Südsehnsucht begehrte: Palmen und Pinien, Bougainvillea und Rhododendron, von Zypressen bewachte Bänke, die zur Siesta einluden, und grünumrahmte Ausblicke auf das blaue Meer, das zu neuer Fahrt verlockte.

Ich hatte mir – wie die Franzosen, mit denen ich bei »Gino« ins Gespräch gekommen war – fest vorgenommen, mich noch in Italien mit dort preiswerteren Spirituosen einzudecken, beließ es aber bei einer Flasche piemontesischer Grappa Levi, dank derer ich noch länger einen Geschmack der Bella Italia auf der Zunge und am Gaumen behielt.

Nach Paris des Essens wegen

Meine kulinarischen Erfahrungen in Paris begannen dort, wo sie beginnen sollten: in den alten Hallen. Als ich, nach Mitternacht, in der Gare de l'Est ankam, beschloß ich, mir das Schauspiel anzusehen, auf das mich die Reiselektüre, Émile Zolas »Bauch von Paris«, neugierig gemacht hatte: die Verproviantierung der Millionenstadt, der als Phäakenstadt das Beste gerade gut genug war, der Hauptstadt Frankreichs, der alle Provinzen eines mit Naturprodukten gesegneten Landes ihre Tribute zu entrichten, sie in den Hallen aus Eisen und Glas, die Sackbahnhöfen glichen, abzuliefern hatten.

Das Vorspiel erlebte ich in der Rue Saint-Denis. Von Lastwagen, welche die enge Straße verstopften, luden Männer unzählige Kisten und Körbe ab: Obst und Gemüse, »die Spinatbündel, die Artischockensträuße, die Bohnen- und Erbsenhaufen«, die – wie Zola zu hören vermeint hatte – »alle Noten des Grüns« sangen. Am Zinc eines Bistro standen Großhändler, tranken mit Marc verstärkten Kaffee, blickten durch den Qualm der Gauloises zu ihren Gehilfen hinaus, die sich wie in einem Schattenspiel bewegten.

In der Morgendämmerung begann das Hauptspektakel, gleichzeitig auf mehreren Bühnen. In den Pavillons der Zentralmarkthalle, in den umliegenden Straßen, an Ständen, in Läden und unter Gewölben. In schier endlosen Räumen hingen geschlachtete, kopflose und ausgeweidete Rinder, Schweine und Schafe. Metzgerburschen in weißen, mit Blut verschmierten Kitteln schleppten sie zu den Lieferwagen, die bereit standen, sie in den Stadtvierteln zu verteilen. Heerscharen von Hühnern, Poularden, Enten, Tauben, Fasanen, Rebhühnern und Wachteln waren vor den Käufern aufmarschiert. In der Wildbret-Halle paradierten Hasen und Wildschweine, Rehe und Hirsche. Unweit davon quollen die Stände vom Segen des Meeres über, Schalen- und Krustentieren, Seefischen aller Arten und Größen. In einem anderen Pavillon schienen alle 483 Käsesorten Frankreichs, die Experten gezählt hatten, angehäuft worden zu sein.

Schon vom Schauen war ich so übersatt geworden, daß ich einen Digestif benötigte, einen doppelten Calvados, den ich mir in einem Tag und Nacht geöffneten Hallenlokal genehmigte, unter Händlern, Handlangern und Dirnen, die ihr Nachtwerk vollbracht hatten, und amerikanischen Touristen, die nach durchbummelter Nacht mit Zwiebelsuppe gegen das Morgengrauen ankämpften. Ich ging in ein nahegelegenes Hotel, verfiel in einen kurzen Schlaf und träumte so schwer, als hätte ich mich mit übervollem Bauch zu Bett gelegt.

Kaum aufgewacht, am späten Vormittag, trieb es mich wieder zu den Hallen. Das Markttreiben war verebbt. In der Rue Montorgueuil wischte ein Geistlicher mit überlanger Soutane Obstschalen und Papierfetzen zur Seite. In den Lebensmittelläden versorgten sich später, aber noch nicht zu spät aufgestandene Hausfrauen. In den Bäckereien erstanden sie das Brot für das Mittagessen, um am Nachmittag wiederzukommen, um das Brot für das Abendessen zu holen, chaque à son goût: Baguette, Ficelle, Restaurant, Pain de campagne oder – wenn Austern vorgesehen waren – Pain de seigle. Ungeduldige knabberten auf dem Heimweg die Stangen oder Laibe an, Geduldige konnten warten, bis sie, beim Aufschneiden, das Knirschen des frischen Brotes zu hören bekamen, diesen von ihnen – und auch von mir – so sehr geschätzten Wohllaut.

Zunächst verlangte es mich nach einem Apéritif. Ich schlürfte einen Pastis bei »Robert Vattier« in de Rue Coquillière, wo es zu dieser Zeit still geworden war. An die Marktorgie erinnerten nur noch die Bilder an der Wand, darunter das Konterfei einer Hallenfrau, die Lisa Quenu, der Hauptfigur in Zolas »Ventre de Paris« zu gleichen schien: »Sie ist schön, gesund, sie schwitzt Glück aus; ... sie ist für die Regierung, die jeweils obsiegt, unterstützt sie, wenn sie wankt, bewahrt ihr den Dank des Bauches für alle Rindersteaks, die sie gegessen oder verkauft hat.«

Den Apéritif hätte ich mir sparen können, denn der Appetit war bereits hallenmäßig angeregt, und es bestand Aussicht, ihn hallenmäßig zu befriedigen – an Ort und Stelle in Bistros, in denen frische Marktprodukte ohne Umwege und Umschweife in die Küche und von da – möglichst naturnah belassen – auf die Tische kamen.

Zum Einstand wählte ich »Le Grand Comptoir« in der Rue Pierre Lescot, nachdem ich erfahren hatte, daß dieses Bistro beinahe so alt war wie die um die Mitte des 19. Jahrhunderts nach Plänen Baltards errichteten Hallenpavillons. Auch fand ich es eher einladend, daß ich, um in das zwischen Lebensmittellagern gelegene Lokal zu gelangen, über leere Gemüsekisten und Käseschachteln steigen mußte. Zunächst stieß ich auf die lange Theke, von der »Le Grand Comptoir« seinen

Namen hat. Auf ihr prangte ein üppiger Blumenstrauß, dessen Duft sich nicht gegen den Geruch des Rotweins durchzusetzen vermochte, der den auf dem Schanktisch nebeneinander stehenden Rotweinflaschen entwich. Der Patron war eben mit bereits gerötetem Gesicht dabei, den neuen Beaujolais-Jahrgang durchzukosten: von Brouilly, Chénas, Chiroubles, Fleurie, Juliénas, Morgon, Moulin-à-Vent bis Saint-Amour – um seine Hausweine, die typischen Bistroweine, auszusuchen. Denn in einem solchen Lokal trank man keine großen Millésimes, sondern schlichte und solide Terroir-Tropfen, die zur gebotenen Hausmannskost trefflich paßten.

Am Ende des Schankraumes, in dem ich am liebsten verweilt und mich an der Beaujolais-Probe beteiligt hätte, gelangte ich in den Eßraum, der sich mit Goldstuck und Wandspiegeln den Anschein eines Speisesalons der Belle Époque gab. Auf dem mir von Mademoiselle Buisson, der Wirtin, angewiesenen Platz saß ich in Tuchfühlung mit Hallenleuten, die noch ihr Arbeitsgewand trugen und wie Mähdrescher die Tagesgerichte verschlangen: Boeuf à la ficelle (in Gemüsebrühe gekochtes Rindfleisch) oder Cassoulet Toulousain (weiße Bohnen mit Speck, Knoblauchwurst und Gänsefleisch) und sich danach über einen Plateau de fromage hermachten, der, weil von Käsehandlungen von nebenan bestückt, seinesgleichen suchte und wie ich ihn seither kaum noch gefunden habe.

Man hatte die Qual der Wahl zwischen einem guten Dutzend à point angebotenen Sorten, darunter das Musterexemplar eines Camembert, von dem ein frommer Normanne gesagt haben würde, er rieche wie die Füße des lieben Gottes. Es gab auch einen kräftigen Pont-L'Evêque, einen pikanten Livarot, einen Munster mit delikatem Erdgeschmack, einen Fourme d'Ambert mit blauen Schimmeladern und einen ebenso zarten wie herzhaften Brie-de-Meaux, bei dessen Genuß ich Baron Vaerst zustimmte, der diesen Fromage für den ersten der Welt hielt.

»Le Grand Comptoir« blieb am Abend geschlossen, wie es dem Zeitrythmus des Hallenviertels wie den Eßgewohnheiten von Franzosen entsprach, für die das Mittagessen die Hauptmahlzeit war und blieb. Wer morgens nur ein oder auch zwei Croissants in den Milchkaffee gestippt zu sich genommen hatte, war gegen Mittag hungrig wie ein Wolf geworden. Ein Pariser, der wie einer seiner bäuerlichen Vorfahren früh aufgestanden war und sich am Abend mit einer mehr oder weniger inhaltsreichen Suppe begnügte, mußte mit dem Mittagsläuten mit der Hauptnahrungsaufnahme beginnen.

Der Drang zum Mittagstisch kann einen Pariser dazu treiben, vieles, ja alles andere zu verdrängen. Dies wurde mir eines Tages demonstriert, als ich kurz vor zwölf ein Antiquariat in der Rue de Seine betrat und in den Mappen mit Kupferstichen zu blättern begann. Die Unentschlossenheit seines einzigen Kunden verfolgte der Inhaber, ein alter Herr mit weißem Schnauzbart, mit wachsender Ungeduld. Wenn ich gelauscht hätte, wäre mir sicherlich das Knurren seines Magens aufgefallen. Schließlich fragte er mich, keineswegs unhöflich, ob ich mich noch länger in seinem Laden umzusehen gedächte. Als ich dies bejahte, bat er mich freundlich, ein Stündchen auf seinen Laden aufzupassen, denn nebenan, »Chez Augustin«, erwarte ihn sein Mittagstisch. Ich willigte ein, Monsieur eilte von dannen, kehrte beschwingt gegen ein Uhr zurück und klopfte mir auf die Schulter, weil ich inzwischen einer Engländerin eine Ansicht von

Notre-Dame zum darauf vermerkten, etwas überhöhten Preis verkauft hatte – und überließ mir eine Vedute der Hallen zur Hälfte des angegebenen Preises.

Am anderen Mittag ging ich wie er zu »Augustin« in der Rue de Seine Nr. 27. Es war eine schlichte Kneipe, die wie ein Aschenputtel zwischen Galerien und ihrem Vernissagen-Publikum stand und schon bald – wie auch mein Antiquariat – von der Bildfläche verschwand. Der Fußboden des kleines Lokals war mit Sägemehl bestreut, an der Wand gab es Fächer für die Servietten der Stammgäste, Papierdecken lagen auf den Marmortischen, auf die aus der winzigen Küche stattliche Portionen kamen. Ich entschied mich für den Plat du jour, Blanquette de veau (Kalbsfrikassee mit Champignons in einer Sauce mit Weißwein und Vermouth). An anderen Mittagen versuchte ich Tripes à la mode de Caen (Kutteln in Cidre und Calvados gedünstet) oder Boeuf gros sel (gekochtes Rindfleisch mit Lauch und Karotten) sowie weitere Platten aus der Palette der soliden und reellen Küche der Pariser Bistros, die im Laufe der Jahre leider an Quantität wie an Qualität abgenommen haben.

Die Rue de Seine im Quartier Latin war und blieb eine meiner Pariser Lieblingsstraßen. An ihrem unteren, zur Seine hin gelegenen Abschnitt, stand das Institut de France, der Sitz der Académie Française, für geistigen Genuß, und im mittleren, an den Boulevard Saint-Germain grenzenden Abschnitt, stimmte ich mich an Marktständen und in Lebensmittelläden auf kulinarisches Vergnügen ein.

Zu Fuß waren Gaststätten zu erreichen, in denen der Appetit angemessen befriedigt werden konnte. »Chez Allard« in der Rue Saint-André-des-Arts zog schon durch sein Äußeres an, mit einem bräunlichen Anstrich der Fassade, in jener Farbe, an der man ein klassisches Bistro erkannte, von der vielleicht auch der Name herkommt: bistre heißt schokoladenbraun. Die Schokoladenseite der Bistro-Küche lernte kennen, wer sich im Schankraum an einem der kleinen Tische niederließ und sich an den Wochenfahrplan von Madame Fernande Allard hielt: Montag – Cassoulet Toulousain. Dienstag – Veau à la Berrichonne (in Rotwein gekochtes Kalbsragout). Mittwoch – Coq au vin. Donnerstag – Navarin aux pommes (Lammragout). Freitag – Boeuf à la mode (mariniertes Rindfleisch mit Karotten, in Rotwein geschmort). »Chez Allard« aß man gut, doch nicht billig, zumal wenn man sich außer der Reihe Turbot (Steinbutt) au beurre blanc oder Gigot d'agneau aux flageolets (kleine weiche weiße Bohnenkerne) genehmigte. Die Bistro-Nostalgie war mit steigenden Preisen und mit der Tisch-Nachbarschaft von ausländischen Touristen zu bezahlen, die eher das Milieu als das Menü zu schätzen schienen.

Nicht so teuer und genau so gut aß ich in der Rue des Fossés – Saint-Bernard, gegenüber den »Halles aux vins«. Diese sind verschwunden, doch »Chez Moissonier« ist ein bodenständiges Bistro geblieben und nicht ein Edelbistro geworden, das sich um das Prädikat »petite maison, grande table« bemüht. Monsieur und Madame Moisonnier haben sich zwar zur verdienten Ruhe gesetzt, aber Tochter und Schwiegersohn sorgen dafür, daß die vertrauten Gerichte aus dem Lyonnais und der Franche-Comté weiterhin in gewohnter Güte angeboten werden. Nach wie vor rollt zum Hors d'oeuvre der Wagen mit den »Saladiers Lyonnais« heran, reichbestückt mit Würsten, Sülzen, gekochtem Rindfleisch, marinierten Heringsfilets und verschiedenen Gemüsesalaten. Mit zunehmenden Jahren ließ ich ihn immer häufiger vorbeifahren, begnügte mich mit ein paar Scheiben Breuzi de Franche-Comté, einer Art Bündnerfleisch. Ich mußte Platz für Bevorzugtes lassen, etwa Gras-double sauté Lyonnais (Kuttel-Ragout) oder eine rosig gebliebene Kalbsniere, die nach Begleitung durch den im Pot, also offen servierten Chiroubles verlangte. Da ich als Stammgast anerkannt war, erhielt ich stets meinen Platz im heimeligen Erdgeschoß, wurde nicht wie die Laufkundschaft in den folkloristisch herausgeputzten ersten Stock geschickt.

In einem solchen Lokal hätte sich auch Kommissar Maigret wohlgefühlt, der sich durch Pariser Bistros aß und in einer Concierge-Loge am liebsten die vor sich hinköchelnde Suppe versucht hätte. Von der »ehrlichen« Concierge-Küche war schon Balzac angetan gewesen. Gibt es aber eine »echte« Pariser Küche? Die Urbanisierung der Île-de-France hat Äcker, Wiesen, Gärten und Ställe verdrängt, »und damit auch einen Teil der traditionellen Küche, denn ohne Erzeugnisse des eigenen Bodens gibt es keine entsprechende Küche«, meinte die französische Gastrokoryphäe Robert J. Courtine. Immerhin ließ er als »typisch pariserisch« einige Gerichte gelten: die Gratinierte Zwiebelsuppe der Nachtschwärmer; die Lauch-Kartoffel-Suppe der Concierges; die Côtes de porc charcutière (Schweinekoteletts mit einer Sauce aus Tomaten, Cornichons und Schalotten), die man sich fertig beim Metzger holte; die Friture aus kleinen Fischen (Gründlingen, Weißfischen, Rotaugen), die Maigret in Lokalen an der Marne schnabulierte; das Boeuf miroton (gekochtes Rindfleisch mit Zwiebeln), das Balzac bei Madame Pistelet speiste; die Sauce à la Bercy, nach den Weinlagern von Bercy und daher auch Sauce Marchand de vin genannt, eine Rotweinsauce, die ein noch blutiges Entrecôte urbanisiert.

Es gibt wenige originäre Pariser Gerichte und viele originelle Pariser Lokale. Dazu zählte ich die »Brasserie Stella« an der Avenue Victor-Hugo, dort, wo die vornehme Wohn- und Geschäftsstraße einen volkstümlichen Anstrich bekam, in einem Eckhaus, das auch im Quartier Latin hätte stehen können. Dieser Ort war dafür geschaffen, die, wie gesagt wurde, »Kantine des Seizième« zu werden, ein Treffpunkt der schicken Leute dieses Arrondissements. Die mit Austern, Langoustines und Hummern wohlassortierte Bank vor dem Lokal verwies darauf, daß den Eintretenden nicht nur Imbisse erwarteten. Die Marennes-Austern zuckten beim ersten und einzigen Tropfen Zitrone zusammen, und an der meerfrischen Sole à la meunière waren das Mehl der Müllerin und die Butter des Kochs nur diskret beteiligt.

Altbewährte Brasserie-Gerichte wurden in keineswegs altmodischer Form geboten: das am Tisch schmackhaft angemachte Tatar, eine Choucroute, die verfeinerten Pariser Gaumen entgegenkam, und stets perfekt nach Wunsch gegrillte Rindersteaks von bester Qualität. An Sommermittagen saß man auf der Terrasse zwischen Personal umliegender Büros und Boutiquen, an Winterabenden zwischen Herren mit dem Band der Ehrenlegion im Knopfloch des dunklen Zweireihers, und gestylten Damen, die über die Stuhllehnen ihre Nerze gehängt hatten.

Paris sei die Stadt der Welt, wo man am vorzüglichsten esse und trinke, wo aus den besten Grundstoffen der größte Genußgewinn erzielt werde, befand der Gastrosoph Grimod de la Reynière zu Beginn des 19. Jahrhunderts. Im fortgeschrittenen 20. Jahrhundert erklärte der unter dem Pseudonym La Reynière schreibende Gastro-Kolummnist von »Le Monde«, Robert J. Courtine: Zur kulinarischen Hauptstadt sei Paris weniger durch die Pflege des Ursprünglichen und Eigenständigen der Île-de-France geworden, sondern durch die »importierten« Produkte, aus denen Pariser Küchenchefs großartige Gerichte kreierten.

Was alles an Viktualien eingeführt wurde, hatte ich in den Hallen erfahren. Das beste lieferten die Provinzen des großen und reichen Frankreichs. Aus ihnen waren auch zahlreiche Bewohner der Hauptstadt gekommen, die ihrer Heimat verbunden blieben. Viele behielten dort ein pied-à-terre, die meisten hielten an ihrer heimischen Küche fest, am häuslichen Herd oder in einer der zahlreichen Gaststätten, die auf regionale Gerichte spezialisiert waren.

Was die Administration betrifft, mag Paris zentralistisch sein, in der Gastronomie ist es eine föderalistische Gemeinde. Bürger der »einen und unteilbaren Nation« dürfen als Angehörige ihrer Heimatprovinz nach deren Küchenfaçon selig werden, und Ausländer können in der Metropole mit allen Küchenzetteln der »Grande Nation« Bekanntschaft machen und Freundschaft schließen. À la Lyonnais – was ich am liebsten tat – tafelte ich beispielsweise bei »Moissonnier«, à la Franche-Comté bei »Maître Paul«, provenzalisch im »Petit Navire«, auvergnatisch in der »Ambassade d'Auvergne«, nach Art des Südwestens in »La Truffière«, bretonisch im »Ty Coz«, normannisch bei »Pharamond« und elsässisch im »Runtz«.

Aus dem Berry stammten Monsieur und Madame Picot, die Patrone des »Voltaire«, in dessen intimem Speisesalon ich besonders gern saß, zu Füßen einer Kopie der Houdonschen Statue Voltaires. Sein Lächeln ermunterte mich, der vom ihm praktizierten Lebenskunst nachzueifern, aber er schien einen gewissen Futterneid nicht verbergen zu können, wenn ich mich an Wildgeflügel aus dem Berry, gar einer Bécasse (Schnepfe), sichtlich und vielleicht auch hörbar delektierte. Der Stammplatz der deutsch-französischen Schriftstellerin Annette Kolb lag nicht der Nähe der Statue. Vielleicht wollte sie nicht daran erinnert werden, daß Voltaire in diesem Haus gestorben war, es jedenfalls vermeiden, daß er ständig auf ihren Teller schaute.

»Le Voltaire« gehörte zu den Lokalen, die das Prädikat »petite maison, grande table« verdient hatten. Ab und zu tafelte ich in Restaurants, die als »großes Haus, großartige Küche« zu preisen waren. Bei »Lucas-Carton« an der Madeleine schmauste ich Canard à la rouennaise, die jener verwandt war, die einst der Marquis de Rougé bestellt hatte: »Ich möchte eine gebratene Ente nach Art von Rouen, die innen noch blutig sein muß, Monsieur. Sie sollen die Brust in dünne Scheiben schneiden, über das Ganze ein wenig Salz und Pfeffer geben; Sie sollen den Rumpf auspressen und die Brustfilets mit dem eigenen Saft des Vogels ehrerbietig begießen.« Dieses Hochgericht der Haute Cuisine wurde bei »Lucas-Carton« in angemessenem Goldrahmen präsentiert, im Dekor der Belle Époque.

Von »Taillevent«, unweit des Arc de Triomphe, blieb mir mehr als das Aufgetischte die Gastgeberin in Erinnerung: Madame Baudrier, die charmante Intendantin des Französischen Rundfunks und Fernsehens. Anderen Granden des ORTF verdankte ich eine Einladung in den »Tour d'Argent«, zu Claude Terrails berühmtem Caneton samt Ausblick vom Petit Salon auf den dezent angestrahlten Chor von Notre-Dame. Im »Bristol« am Faubourg Saint-Honoré, in dem Konrad Adenauer zu logieren pflegte, im ovalen Speisesaal im Régence-Stil, speiste ich à la nouvelle, wovon mein Convive, Professor Pinau, der als Architekt eine Vorliebe für Klassisches hatte, nicht so angetan war. Am Kalbsbraten nach Großmutter-Art, der im »Ledoyen« an den Champs-Elysées aufgetischt wurde, hätte er wohl wie ich Gefallen gefunden.

Am liebsten sah ich die Sterne im »Grand Véfour« aufgehen. Den Historiker interessierte die Geschichte des Hauses. Jean Véfour war der Koch des Philippe-Égalité, der ihm in seinem dem Publikum geöffneten Palais-Royal ein Lokal einrichtete. Das »Café de Chartres« (der Orléans war Herzog von Chartres) wurde unter dem Direktorium eines der ersten und besten Restaurants in Paris, in dem sich der Guillotine Entronnene ihres Lebens erfreuten. Im Interieur hat sich der Stil des Directoire erhalten: eine Decke wie nach einem alten Limoges-Design, pompejanische Ornamente, auf das Dekor abgestimmte Tischdecken, Porzellan und Spiegel, welche die Pracht vervielfachen.

Im historischen Rahmen genoß ich Kreationen von Raymond Oliver, dem ein gastronomischer Brückenschlag zwischen der Vergangenheit und der Gegenwart gelungen war: Soufflé de grenouilles (ein Froschschenkel-Gericht), Timbale (Füllpastete) de homard Palais-Royal, Pigeon (Taube) Prince Rainier III, der wie Jean Cocteau Habitué gewesen war, und ein fast schwereloser Civet de lièvre (Hasenpfeffer) Aristide Briand, mit einem Hauch Chartreuse, wie es der Staatsmann und Lebemann liebte. Die Aschenbecher hatten die Form geöffneter Hände, als sollte von vorneherein darauf aufmerksam gemacht werden, daß dem Gast, auch wenn er nicht zu tief in den Bordeaux-Keller zu schauen beabsichtigte, beträchtliche Summen abverlangt werden würden.

Rund um das Palais-Royal, das für mich ein historischer wie kulinarischer Mittelpunkt war und blieb, aß man auch mit geringerem Aufwand kaum weniger befriedigend, in Lokalen, deren Küchen auf dem Boden der »France profonde« geblieben waren. Ihrem heimatlichen Aveyron im östlichen Aquitanien waren die Nouyrigats verhaftet geblieben, nicht ohne im »Pierre Traiteur« (zwischen der Rue Richelieu und der Rue Montpensier) auch Spezialitäten anderer Regionen in ihr Repertoire aufgenommen zu haben: Foie gras (Gänseleber) in terrine, Cèpes (Steinpilze) farcis à la rouergate, Galette de boudin (Blutwurst) aux oignons (Zwiebeln), Chou farci (gefüllter Weißkohl) à la bourguignonne, Gigot d'agneau (Lammkeule) rôti au gratin dauphinois – begleitet von einem der Hausweine, dem roten Bourgueil. »Tante Marie«, die Verfasserin des Kochbuches der Großmütter, ließ grüßen. Enkel und Enkelinnen, die es anders haben wollten, konnten mit Mousseline de rougets (Rotbarben) au fenouil oder Blanquette de lotte (Seeteufel) aux petits légumes zufriedengestellt werden.

»Pierre Traiteur« lag zwischen dem Denkmal Molières und der Comédie Française. Ständig waren Schauspieler anzutreffen, selbst am Ultimo; denn die Preise bewegten sich in jenem »juste milieu«, das der in der Nachbarschaft, im Palais-Royal residierende Bürgerkönig Louis-Philippe angestrebt hatte. Das kam auch mir zugute, vor allem in den frühen Jahren, als ich mit einem Mißverhältnis zwischen kulinarischen Ansprüchen und pekuniären Möglichkeiten konfrontiert war. Später konnte ich mir häufigere Besuche und üppigere Menüs leisten, auch von Deutschland aus ein Telegramm mit der Bitte um einen reservierten Platz im stets vollbesetzten Haus. Einmal hatte ich übersehen, daß der Tag meiner Rückkehr nach Paris, den ich mit einem Mittagsmahl bei »Pierre Traiteur« zu feiern gedachte, in Frankreich ein Feiertag war. Noch den Koffer in der Hand, mit knurrendem Magen stand ich vor der geschlossenen Tür, an der mein Telegramm angeheftet war, mit einem Zusatz des Wirtes, in dem er sein Bedauern ausdrückte und mir Trost zusprach: Morgen sei wieder geöffnet und es gebe eine Spezialität aus dem Bourbonnais, Râble de lièvre (Hasenrücken) à la Duchambais, mit jener Sahne-Schalottensauce, die jedes Wiederkommen wert war.

Das war einmal. »Pierre Traiteur« wurde unter einem neuen Besitzer – nouvelle noblesse oblige – in »Pierre au Palais-Royal« umbenannt. Auch »Chez Pauline« in der nahegelegenen Rue Villedo hatte sich einiges verändert. Immer noch war das klassische Interieur des Edel-Bistros da, aber nicht mehr Madame Pauline Génin, die den Eintretenden willkommen hieß, und auch nicht Monsieur Paul Génin, der mit hoher weißer Kochmütze aus der Küche kam, um sich nach dem Befinden seiner Gäste zu erkundigen und das eine oder andere seiner Gerichte zu empfehlen. Auf den Tisch kamen nicht mehr die riesige Butterbemme, der aufgetürmte Jambon persillé und die wagenradgroße Käseplatte. Sohn André kochte moderner als der Vater, etwa ein leichtes Émincé d'agneau à l'estragon (Lammgeschnetzeltes) oder eine nicht zu schwere Mariage de champignons sauvages et gibier (Wild mit Waldpilzen). Doch er bot weiterhin Klassiker seines Vaters an: Terrine de lapereau (junges Kaninchen) au pouilly en gelée, Ris de veau (Kalbsbries) en croûte, Entrecôte à la moelle (mit Markscheiben) – comme en Beaujolais, woher die Génins gekommen waren und das Beste aus dessen Küche und Keller mitgebracht hatten.

Dieser regionalen Spezialitäten wegen kehrte auch der französische Eßpapst Maurice Saillant alias Curnonsky »Chez Pauline« ein. Eine Gedenkplatte markierte seinen Stammplatz, auf den ich mich setzen durfte und an sein Vermächtnis denken konnte. Lange vor dem Aufkommen der Nouvelle Cousine hatte er den Köchen nahegelegt, nur beste und frischeste Produkte zu verwenden, und an der verblassenden Haute Cuisine ausgesetzt, daß sie jenen nicht immer ihren besonderen Geschmack beließen, deren einfach-gute Eigenart verfälschten, und die Neigung kritisiert, das von der Natur Kreierte mit oft nur vermeintlicher Kreativität zu verschlimmbessern.

Er habe niemals besser gegessen als bei den Winzern im Anjou, bei den Bauern in den Landes, bei bretonischen Fischern, bei Canuts (Seidenwebern) in Lyon und bei Pariser Arbeitern, erklärte Maurice Saillant, der »Vorkämpfer der einfachen und ehrlichen Küche«, genau gesagt, der regionalen Küchen des Gottesgartens und Genießerparadieses Frankreich, wo die Gastronomie untrennbar mit der Kultur, die Agrikultur inbegriffen, verbunden sei.

»Es genügte nicht, zu wissen, wo Montaigne oder Ronsard gelebt hatten, wo der Sandstein für Kathedralen gebrochen worden war, aus welchem Fluß der Dunst aufgestiegen war, der über den Bildern der großen Landschaftsmaler liegt«, hatte ich in Friedrich Sieburgs »Unsere schönsten Jahre« gelesen. »Nein, Frankreich war nicht vollständig, wenn nicht ausgesprochen wurde, wo die besten Pilze wuchsen, wo man Weißkohl mit Speck und Karotten füllte, wo die saftigsten Hühner gebraten und der beste Feldsalat mit weißen Bohnen bereitet wurde.«

Wenn ich »Pauline« verließ, etwas beschwert vom Gâteau de riz (Reispudding mit Karamel) und leicht beschwingt vom roten Fleurie durch die von Nacht umhüllten und von Nostalgie erfüllten Galerien des Palais-Royal wanderte, träumte ich von Reisen durch das französische Schlaraffenland. Träume wurden wahr: Nach und nach führte mich mein Weg von Region zu Region, zu ihren Kirchen und Schlössern, Küchen und Kellern.

Bei Brillat-Savarin zu Haus

In »La France profonde«, das tiefe Frankreich, tauchte ich zum erstenmal in der Bresse und im Bugey ein, die zu Burgund wie zu Savoyen gehört hatten und eine Kulturlandschaft par excellence sowie – worauf Maurice Saillant verwies – »das Tabernakel der erlesenen Küche« geblieben waren. Von dort war Anthelme Brillat-Savarin gekommen, der berühmte Verfasser der »Physiologie des Geschmacks«, die für mich ein gastronomisches Brevier geworden war.

Ich begann die Reise – culture oblige – bei Bourg-en-Bresse, in der Kirche von Brou, in deren Flamboyant die Gotik noch einmal aufleuchtete und die Renaissance aufging, in den Grabmälern erglänzte: des Herzogs Philibert von Savoyen, seiner Gemahlin Margarethe von Österreich, einer Tochter Kaiser Maximilians I., und ihrer Schwiegermutter Marguerite von Bourbon, der Großmutter des französischen Königs Franz I. Die Künstler stammten aus den Niederlanden, Deutschland und Italien, und die Bestatteten erinnerten daran, daß Frankreich aus eigenständigen, mit Europa verbundenen Teilen zusammengewachsen und zusammengeschmiedet worden war.

Im Klostergebäude von Brou ist ein Museum eingerichtet worden. In einem der Säle fühlte ich mich in einen Hühnerhof versetzt: gemalte, gezeichnete, gewebte und modellierte Hühner, im Mittelpunkt ein stolzer Hahn: »Le coq, maître de Bresse«. Diese Provinzausgabe des gallischen Hahnes beherrscht im Land zwischen Jura und Saône die Ökonomie wie die Gastronomie. Bresse-Hühner, mit Weizen und Mais aufgezogen und mit einem Gütesiegel versehen, bekunden ihren Adel zwar nicht mit blauem Blut, aber mit blauen Füßen.

Ich hatte Appetit auf ein Poulet de Bresse bekommen, und da auch dortzulande die Wirtschaft neben der Kirche liegt, war er rasch und gut zu befriedigen. Der Name »Auberge Bressane« hielt, was er versprach: Die »Heimstätte« bot eine Küche »archi-bressane«. Ich begann mit einem Gratin d'écrevisses, Süßwasserkrebsen, die noch nicht tiefgefroren aus östlichen Ländern, sondern pumperlfrisch aus der Gegend gekommen waren. Beinahe wäre ich um den Hochgenuß einer Poularde en demideuil (in Halbtrauer), mit schwarzen Trüffelscheiben versehen, gekommen. Für eine Person sei die Portion zu groß, beschied mich die Bedienung, doch sogleich meldete sich ein Gast am Nebentisch, der die Hälfte übernehmen wollte. Als Wein wurde Roussette de Seyssel empfohlen, ein lebhafter Weißer mit leichtem Trüffelaroma, der vollends angetan war, die »Halbtrauer« in helle Freude zu verwandeln.

Von Bourg-en-Bresse fuhr ich weiter nach Nantua, zu einem Rendezvous mit einer zweiten Spezialität der Region: Quenelle de brochet Nantua: Hechtklößchen mit einer Sauce aus Süßwasserkrebsbutter, Süßwasserkrebsschwänzen und Crème fraîche. Ich ließ sie in einem weißen Arbois aus dem Jura schwimmen, bei dem auch ein einheimischer Käse, Bleu de Gex, in seinem Element war.

Kulinarisch eingestimmt, gelangte ich nach Belley im Bugey, der Heimat Brillat-Savarins. Zuerst ging ich in die

Grand-Rue, um mir das Haus anzuschauen, in dem er am 1. April 1755 geboren worden war. In der Hauptstraße des 8000-Seelen-Ortes fielen mir die vielen Lebensmittelläden auf, in denen Gaben des Landes den Städtern offeriert wurden: Blutwürste und Geflügel, Bohnen, Auberginen und Melonen, die im Bugey besonders gut gediehen. Auf Nummer 60 fand ich das stattliche Geburtshaus des Gastrosophen, das in der Häuserzeile, in der bürgerlichen Ordnung, nicht mehr Platz als seine bescheideneren Nachbarn beanspruchen durfte.

An der Place de la Victoire stieg ich bei »Pernollet« ab. Seit 1821, als der Kostverächter Napoleon I. auf Sankt Helena starb und der Richter Brillat-Savarin sich in Paris immer noch den Freuden der Tafel hingab, waren Hotel und Restaurant im Besitz der gleichnamigen Familie. Ich kam in einen jener gehobenen Landgasthöfe, in denen die Regionalküche gepflegt und die Landeskultur gehegt wurde. Eine Saaltochter in schwarzem Kleid stand bereit, dem Gast den Koffer auf das Zimmer zu tragen und ihn dann im Restaurant zu bedienen. Zunächst führte sie mich über knarrende Treppen und durch labyrinthische Gänge in mein Gemach, das vom Grand lit beinahe ausgefüllt war, und zeigte mir die Salle de bains, in der eine Badewanne stand, die für Tauchübungen geeignet gewesen wäre.

Auf dem Weg zum Speisesaal sah ich eine an der Wand hinter Glas angebrachte Menü-Karte vom 5. Oktober 1895: »Hors d'oeuvres – Forellen in Sauce riche – Bresse-Geflügel nach Königin-Art – Hasenrücken mit Pfeffersauce – Krebsschwänze in Sauce Nantua – Maraschino-Sorbet – Drossel-Ragout – Morcheln à la crème – Gebratene, getrüffelte Rebhühner – Eisbombe und weitere Desserts«. Nein, so viel auf einmal konnte und wollte ich nicht essen, aber ein Menü sollte es schon sein. Von der Patronne beraten, entschied ich mich für Lavaret (Blaufelchen) in Weißweingelee, Filet truffé mode bugiste (Filetsteak mit Trüffeln und Kartoffelgratin), Tomme de Belley, einen Ziegenkäse, und – mehr war nicht mehr zu schaffen – eine Tarte au citron. Dazu trank ich Terroir-Weine: weißen Virieu und roten Montagnieu, und schloß mit einem Marc de Bugey, einem Traubentresterschnaps, der die Farbe des Fasses, in dem er herangereift war, angenommen hatte.

Danach fühlte ich mich so, wie es Brillat-Savarin beschrieben hatte: »Nach einem trefflichen Mahle erfreuen sich Geist und Körper eines ganz besonderen Wohlbefindens. In physischer Hinsicht erheitert sich das Antlitz, während das Gehirn sich erfrischt, das Gesicht sich rötet, die Augen glänzen und eine sanfte Wärme alle Glieder durchzieht.« Als ich am nächsten Morgen weiterfuhr, sah ich am Straßenrand eine Frau, die einen Behälter aus Drahtgeflecht mit geputztem und gewaschenem Kopfsalat wie ein Weihrauchfaß hin- und herschwenkte. Ich schied von Belley in dem Bewußtsein, einem kulinarischen Hochamt beigewohnt zu haben.

Es erwartete mich noch mehr, was mich »wie Gott in Frankreich« fühlen ließ. Durch die Dombes, vorbei an von Enten und Fröschen bevölkerten Teichen, gelangte ich zur Mittagszeit nach Thoissy, zum »Chapon Fin« von Paul Blanc, einem feinen, für die Gegend fast zu eleganten Restaurant. Vor mir lag die Saône, die mich mit einer Assiette Val de Saône begrüßte (ein Assortiment von Süßwasserfischen mit kleinen Gemüsen), und hinter mir das Département Ain, das mich mit Fricassée de volaille aux morilles (Morcheln) verabschiedete – und mit viel, viel zu viel Crème das Scheiden erleichterte.

Über die Brücke, die ein Provinz-Eiffel errichtet zu haben schien, gelangte ich über die Saône in das Beaujolais, wo es mir dermaßen gefiel, daß ich des öfteren wiederkam. Ich hatte ein französisches Arkadien gefunden. Fast hätte ich es mit geschlossenen Augen am Geruch nach Rotwein und Kuttelwurst wiedererkennen können. Doch ich öffnete die Augen weit, um alles in mich aufzunehmen: die Bergkette, die Widriges abzuhalten schien, und die nahen Weinhänge, die nur wenig Platz für die sich um ihre Kirchen drängenden Dörfer ließen. Und das »Trinket Augen, was die Wimper hält, von dem goldenen Überfluß der Welt!« war durch Trinken aus unerschöpflichen Rotweinfässern und durch ein es verträglich machendes, weil währschaftes Essen zu vervollständigen.

Ich fuhr zunächst zu der auf einem Hügel gelegenen Windmühle, um mir einen Überblick über die beschwingte Landschaft und im daneben liegenden »Château Portier« eine Kostprobe des nach ihr benannten Weines zu verschaffen: des fülligen und rassigen, hochwertigsten und langlebigsten Cru des Beaujolais: Moulin-à-Vent. Den kleinen, doch kaum weniger beachtlichen Bruder lernte ich im nahegelegenen »Château-de-Chénas« kennen: den feinnervigen und anschmiegsamen Cru Chénas. Ich kam an einer Charcuterie vorbei, deren im Schaufenster aufgetürmte Würste mich darauf aufmerksam machten, daß es Zeit für ein landesübliches Mittagessen wäre. Zu »Daniel Robin« war es nicht weit, von dessen Terrasse ich die Weinberge nicht aus den Augen verlor, während ich mich seinen Spezialitäten widmete: Andouilette (Kuttelwurst) aux herbes, Pièce Charollaise, Steak vom weißen Charollais-Rind in einer Rotwein-Schalotten-Sauce, und Chevrotin du Beaujolais

(Ziegenkäse). Dazu paßte »Domaine des Brureaux«, der Chénas von Daniels Vater Émile. Man war en famille; das Hotel, das mir der Wirt empfahl, gehörte Schwester und Schwager.

»Les Maritonnes« in Romanèche-Thorins lag nahe der Bahnstrecke Paris-Lyon. Die vorbeidonnernden Züge störten mich kaum. Sie fuhren der großen Welt entgegen, der ich in eine kleine Welt ausgewichen war; überdies hatte mich der Beaujolais in einen gesegneten Schlaf gewiegt. In diesem Landhotel gefiel es mir so gut, daß ich es zum Standquartier erkor, auch Guy Fauvin's Küche wegen: Grenouilles (Froschschenkel) sautées fines herbes oder Cassolette de queues d'écrevisses (Süßwasserkrebse), wozu die weißen Saint-Véran oder Poilly-Fuissé aus dem benachbarten Mâconnais harmonierten. Zu Canard sauvage aux girolles (Wildente mit Pfifferlingen) oder Côte de boeuf à la beaujolaise paßte der rote Chénas von Émile Robin. Aus Romanèche-Thorins, von Vincent Jacoulot, kam ein außergewöhnlicher Digestif: Marc extra egrappé.

Ganz nahe lagen die Weinkeller von Georges Duboeuf, des »Monsieur Beaujolais«, der ganz Frankreich und die halbe Welt mit ausgesuchten und ausgezeichneten Beaujolais-Weinen versorgt. Ich war beeindruckt, als ich durch das schier endlose Lager wanderte, doch ich stürzte mich nicht auf seine Schätze, etwa einen fruchtigen Beaujolais-Villages, einen frischen und munteren Côte-de-Brouilly oder einen bukettreichen und tiefgründigen Juliénas aus der »Domaine de la Seigneurie«. Da ich sie auch daheim bekommen konnte, machte ich mich lieber auf den Weg zu Winzern und Genossenschaften.

Vom Hotel »Les Maritonnes« war es nur ein Katzensprung nach Fleurie. Sein Cru ist besonders elegant, fruchtig und duftig, ein Damenwein, wie man vor der Epoche der Emanzipation gesagt hätte. Die »Cave Coopérative des Grands Vins de Fleurie« wurde von Maître Chabert, einem Winzer und Charcutier, gegründet. Seine neben dem Genossenschaftskeller liegende Metzgerei lieferte unter seinem Schwiegersohn und Nachfolger weiterhin die Dauerwurst-Spezialitäten Rosette und Saucisson sec. Chaberts Tochter Marguerite führte den Keller; nach ihr war sein Spitzenprodukt »Cuvée Présidente Marguerite« benannt.

Beschwingt kam ich in die »Auberge du Cep« in Fleurie, wo Gérard Cortembert für Speisen sorgte, welche die Mitte zwischen der Küche der Region und jener eines Gourmettempels hielt: Mousseline chaude de sandre (Zander), Coq au vin de Fleurie, Pigeonneau (Täubchen) en cocotte aux échalotes confites und, nach der Käseauswahl, Entremets moka nougatine.

Auf der »Tour de dégustation« ließ ich das hochgelegene Dorf Chiroubles mit seinem geschmeidigen und süffigen, jung zu trinkenden Cru nicht aus. Dann ging es – doch nicht im Qualitätsniveau – abwärts nach Villié-Morgon, an die Quelle des Cru Morgon. Er »morgonniert«, das heißt, er nimmt den Ton des Schieferbodens an, wird zu einem kräftigen, langsam heranreifenden, eigentlich für das Beaujolais untypischen Wein. Nicht sicher, wozu er ihn trinken sollte, fragte selbst ein Kenner wie Raymond Dumay einen Einheimischen, und erhielt die Antwort: »Damit sollte man ein Bauernfrühstück aus dem Charollais servieren, oder auch ein Schweinsfrikassee. Natürlich meine ich ein Frikassee im November, um neun Uhr morgens, mit ein bißchen Nebel über der Saône«. Nun, mir mundete der Morgon von Pierre Piron auch im Frühherbst, zur Mittagszeit und bei Sonnenschein zum Hahnenpfeffer im »Relais des Caveaux«.

In ein Beaujolais à la Clochemerle kam ich in Saint-Lager, im Bistro »Au Goûtillon«, im Haus der Großeltern von Louise Ruet, die noch so kochte wie anno dazumal. Ich saß unter Feuerwehrmännern, die ihren Brand mit Brouilly löschten, nicht gerade einem Millésime des »Château de La Chaize«, und Hausgerichte verzehrten: Saucisson frais à La vigneronne (in Rotwein), Hahn (in Rotwein) und Fromage fort du Beaujolais, ein pikant gewürztes Käsegemisch, das nach Rotwein schrie. Ich folgte ihrem Beispiel, betrachtete ihre vom Brouilly geröteten Gesichter und ihre von Eßlust glänzenden Augen, vernahm ihr ungeniertes Schmatzen und vermeinte Gestalten aus Gabriel Chevalliers Roman »Clochemerle« vor mir zu haben.

Zum – ersten – Abschied vom Beaujolais fuhr ich auf den Mont Brouilly. Die Kapelle, zu der im September Winzer pilgern, um Erntesegen zu erflehen, war geschlossen, denn nun waren sie mit einer vielversprechenden Traubenernte beschäftigt. Ich blickte zurück auf die Weinberge und Weindörfer, freute mich auf den neuen Jahrgang – nicht auf einen Primeur, sondern auf einen Gereiften – und schaute auf die Ebene, in der die Saône der Rhône entgegenfließt, nach Lyon, wohin – wie man dortzulande sagt – ein dritter Fluß strömt, der Beaujolais, mit dem mitzuschwimmen ich mich anschickte.

Den Mont d'Or und den Tempel von Paul Bocuse ließ ich links liegen und strebte der Innenstadt mit ihren Bistros und Restaurants zu, in deren Küchen »Mütter« Hergebrachtes bewahrten, »Väter« das Bewährte durch Verbessern erhielten und den »Söhnen« Neuerungen nicht verwehrten.

Köchinnen seien die Vestalinnen der traditionellen Gastronomie, las ich bei Raymond Oliver, und im »Miniguide Lyon Gourmand«, die »Präsenz der Frauen ist ein Symbol der Küche in Lyon«. Robert J. Courtine empfahl »Léa«: »Man muß in ihre Küche sehen, wenn sie an allen Herden gleichzeitig hantiert. Das ist das Geheimnis von Léa Bidault: Sie macht alles selbst – und mit Liebe«.

So ging ich zunächst zu »Léa à la Voûte«, an der zwischen der Place Bellecour, dem Zentrum der Stadt, und dem Pont Bonaparte gelegenen Place Antonin-Gourju. Der Weg zum Speiseraum führte durch die Küche, wo die Mère kurz von ihren Töpfen aufschaute und mich prüfend anblickte, als wollte sie sich versichern, daß der Fremdling ihren Kochkünsten wie ihren Stammgästen würdig wäre. Man schien mit mir zufrieden gewesen zu sein, weil ich die Spezialitäten des Hauses bestellte und sichtlich genoß: Tablier de sapeur, das »Schürze des Pioniers« genannte Kuttelgericht mit einer würzigen Sauce Gribiche, und Poulet au vinaigre mit Makkaroni-Gratin. Diese typische Pasta haben wohl Seidenweber aus Italien nach Lyon mitgebracht, wo sie à la française rezipiert wurde. Als ich zum zweitenmal zu »Léa« kam, wurde ich fast schon wie ein Habitué angesehen, zumal ich mich dem großen Menü zuwandte: Rosette de Lyon und hausgemachte Terrine – Sauté de champignons – Pintadeau au choux (Perlhuhn mit Weißkraut) – Käseplatte – Schokoladenkuchen. Vom Beaujolais her verwöhnt, hätte ich mir eine bessere Auswahl an regionalen Weinen gewünscht, und so beschloß ich, ein andermal mich einer »Mutter« anzuvertrauen, die dem Keller dasselbe Augenmerk wie der Küche schenkte.

Bei »Mère Brazier« in der Rue Royale saß ich mittags in einem holzgetäfelten Salon, in Distanz zu anderen

Tischen, worauf die Herren in dunkelblauen Zweireihern, die dort Platz genommen hatten, Wert zu legen schienen. Den Tellergucker, der ich nun einmal war, störte dies nicht lange; ich merkte bald, daß fast alle – mich eingeschlossen – das gleiche speisten, die Spezialitäten der »Mère Brazier«: Artischockenböden mit Gänseleber, Volaille demi-deuil (getrüffeltes Huhn) oder Côte de veau à la crème, hinterher Saint-Marcellin, einen milden, leicht säuerlichen Kuhkäse aus dem Département Isère – und all das sanft begleitet von einem guten Chiroubles. Die Rechnung wurde noch wie ehedem auf Briefblockpapier geschrieben, doch die Endsumme war zeitgemäßen Gebräuchen angepaßt.

Von der »Mère« zog es mich zu einem »Père«: zu Jean-Paul Lacombe in das Spitzenrestaurant »Léon de Lyon« in der Rue Pléney. Da angemeldet, geleitete mich Madame, die Mutter des Wirtes, in das Mezzanin, die Loge der gastronomischen Kammerspiele, in denen klassische wie moderne Stücke gegeben wurden. À la lyonnaise war Saucisson chaud, ein Gericht, das sich zu einer aus Bayern gewohnten warmen Lyoner wie eine Prinzessin zur Magd verhielt. Die erste, ohnehin von feinerem Wesen, war obendrein mit Trüffeln und Pistazien geadelt und erschien mit einer Suite von kleinen und feinen Linsen aus Puy. Auch Grasdouble, die sautierten Kutteln, traten in höfischem Gewande auf. Die Hauptformation bildete ein Entrecôte poêlé mit Markscheiben und Rotweinsauce. Die Lyonnaiser Prozession wurde von Cervelle de canut (Hirn des Seidenwebers) beschlossen. Alles war durch einen Côtes du Rhône der Domaine Sainte-Anne in roten Samt gehüllt.

»Mon dieu, je vous remercie de ce repas! / Faites que l'autre ne tarde pas«, stand an die Wand geschrieben.

Auch ich dankte für diese Mahlzeit und säumte nicht, zu einer neuen wiederzukommen. Diesmal wendete ich mich Lacombes »Cuisine du Marché« zu, die einen Mittelweg zwischen Großer und Neuer Küche einhielt: Filets de rouget mit einer Crèmesauce auf der Basis der Rotbarbenleber, Sauté de gigot d'Agneu aux fèves nouvelles (jungen dicken Bohnen) und eine deliziöse Charlotte aux poires (Birnen). Wie geschaffen dazu waren der weiße Condrieu und der rote Chiroubles, den Georges Duboeuf für »Léon de Lyon« ausgesucht hatte.

Bei Jean-Paul Lacombe war ich bei einem jung gebliebenen »Père« gewesen, im »Tour Rose« lernte ich in Philippe Chavent einen »Fils« kennen und schätzen. Das nach dem »rosenfarbenen Turm«, einer Attraktion der Altstadt, benannte Restaurant hatte sich in einem Renaissancepalast eingerichtet. Der Speisesalon im Rez-de-chaussée erschien mir wie eine überdimensionierte Chambre separée des Fin-de-siècle, und ich war versucht, Kreationen der Küche als Art nouveau zu bezeichnen: Bisque d'oursins (Seeigel); Rouget pôelé aux artichauts sautés mit einem fast ätherischen Curry-Sößchen; Vinaigrette de volailles aux jeunes légumes, beinahe eine Entmaterialisierung des ansonsten in handfester Sauce angebotenen Bresse-Geflügels; Filet de lièvre (Hase) mit Salbei, ein hochzivilisiertes Wildgericht. Stimmig dazu waren ein weißer Pouilly-Fuissé aus dem Mâconnais und ein roter Givry von der Côte Chalonnaise. Als ich mit der Rechnung konfrontiert wurde, schaute mir eine Büste des römischen Kaisers Caracalla über die Schulter, und als ich mich zu ihm umdrehte, vermeinte ich ihn lächeln zu sehen; seine Orgien waren weit teurer gewesen.

Nach so viel Finesse und Richesse verlangte es mich nach einfacherer und weniger kostspieliger Kost. Da schien »Le Bistrot de Lyon« in der Rue Mercière die richtige Adresse zu sein. Im nachempfundenen Dekor von 1900, in einer eher sentimentalischen als naiven »Ambiance lyonnaise« traf man tout Lyon an, an langen Tischen, bei offenem Beaujolais und all den »Cochonnailles«, den ebenso nahrhaften wie gesellschaftsfähigen »Schweinereien« dieser Stadt der Gourmands. Gerichte aus der Armeleuteküche wurden in verfeinerter Art unter hochtrabender Bezeichnung angeboten, so ein »Véritable Steak Tatare de cheval« (Pferd), assaisonné, (gewürzt und schmackhaft gemacht) en cuisine, der Küche der Patrone Jean-Paul Lacombe und Jean-Claude Caro. In diesem In-Lokal wurde ich nicht von einer »Mère«, sondern von einem hübschen Mädchen in Latzhose empfangen, was dem Traditionalisten nicht mißfiel.

Genuine »Ambiance lyonnaise« war bei der Familie Borgeot im »La Tassée« in der Rue de la Charité zu finden, einem Lokal, das noch eher ein »Bouchon«, wie man dort ein Bistro nennt, als ein Restaurant war und zu den »Immuables«, den Unveränderten und Unveränderlichen der Lyoner Gastronomie gehörte. Mittags war es proppenvoll mit schmausenden Einheimischen, die den zu bescheidenen Preisen offerierten Spezialitäten zusprachen: Salade aux lardons (mit Speckwürfeln), Pied de veau (Kalbsfuß) rémoulade, Saucisson chaud grillé, Andouilette in Senfsauce, Pommes de terre à la lyonnaise (mit viel Zwiebeln), aber auch Gehobenerem wie Feuilleté de boudin (Blutwurst) oder Canard aux pêches (Ente mit Pfirsichen). Nomen est omen: »Tassée« heißt das kleine Gefäß, aus dem der Wein probiert und goutiert wird. Père Borgeot, der »Premier sommelier de France« gewesen war, hat so viel gekostet und ausgesucht, daß er dem Gast nur Gutes anzubieten vermag. Über seinen

Chiroubles stimmte der Liebhaber dieses Beaujolais ein Loblied an.

Als ich Lyon »Auf Wiedersehen!« sagen mußte, war ich versucht, wie weiland Asterix und Obelix Saucissons und Quenelles mitzunehmen – auf meine Tour de France, die mich, wie die beiden Gallier, zum nächsten Etappenziel an das Mittelmeer führte.

Von Marseille nach Nizza

In Marseille ging ich zum Einstand in der Hafenstadt an den Vieux Port und zur Einstimmung auf die provenzalische Küche zu »Maurice Brun« am Quai Rive-Neuve. Ich betrat ein altes Haus, gelangte in einen Speiseraum, in dem sich Rustikalität und Urbanität die Waage hielten. Zugegen war der Geist von Frédéric Mistral, dessen literarischen Regionalismus Maurice Brun in einen gastronomischen Regionalismus übertrug: in seinem »Menu type«, mit dem er in die Küche der Provence einführte, genau gesagt, in deren zwei Küchen, die des Binnenlandes und die des Küstenstreifens, die durch vier Elemente verbunden sind: das Öl (und die Oliven), die Tomaten (und weitere Gemüse), den Knoblauch (und andere Kräuter und Gewürze) und den Wein (rot, rosé, gris, weiß, herb und lieblich).

Einige typische Gerichte und Kreszensen lernte ich kennen, wenn auch nicht alle schätzen. Zum Apéritif gab es Clairette de Die, einen nach Muscat schmeckenden, mir zu süßen Schaumwein. Die Vorspeisen verwiesen darauf, daß die ursprüngliche Provence kein südliches Paradies ist, sondern ein von der Sonne ausgeglühtes, vom Mistral ausgefegtes Land, mit kargen Bergen, windigen Ebenen, kräuterduftenden Weiden, steinigen Feldern und schütteren Ölhainen. Und mit einem Meer, das wenig edle und viele einfache Fische hergibt.

Als »Hors-d'œuvres provençaux« gab es Tapenado (schwarze Oliven, Anchovis und Kapern, zerstoßen, mit Olivenöl getränkt), Tartines de poutargue (Fischrogen), Quichet (Brot, mit Anchovis belegt, und überbacken), Huile d'olive gelée. Der Fisch war eine Dorade, gegrillt und ohne Salz, vielleicht deshalb, weil minderbemittelten Provenzalen das mit einer Steuer belegte Salz zu teuer gewesen war. Die Artichauts bérigoulo (mit Champignons, Schinken und Anchovis gefüllt und mit Kräutern in Weißwein gedünstet) gefielen als eines der 67 gezählten provenzalischen Gemüsegerichte. Am Pintadeau à la broche (Perlhuhn am Spieß) war bemerkenswert, daß es vor den Augen des Gastes am Kaminfeuer gebraten wurde. Ziegenkäse und dann Süßigkeiten aus der Region, Calissons (Mandelplätzchen) und Nougats, beschlossen das »Menu type«. Den Vorsatz zu weiterer Bekanntschaft weckten die dazu ausgeschenkten Weine: ein weißer Cassis von Paternel, ein roter Châteauneuf-du-Pape del'Oratoire, und zum Dessert ein Muscat de Beaumes de Venise.

Nach dreistündiger Einführung in die Küche der Provence, die einer kultischen Handlung glich, gelangte ich zu der Überzeugung, daß ich einem mehr folkloristischen als kulinarischen Hochamt beigewohnt hatte. Am nächsten Mittag begnügte ich mich nach einem Apéritif – dem üblichen Pastis – bei »Barone« in der Rue Vacon mit einer Dégustation von Bouzigues-Austern aus dem Mittelmeer, Violets (Seeveilchen-Muscheln) und Oursins (Seeigel). Dabei saß ich nicht unter Touristen, sondern neben Einheimischen, welche die Meeresfrüchte wie die Endsilben ihres provenzalischen Französisch genüßlich kauten.

Am Abend ging ich zu »Michel« in der Rue des Catalans, nur einen Steinwurf vom Meer entfernt, und genehmigte mir eine Bourride. Diese provenzalische Fischsuppe besteht nur aus Fischen mit festem weißen Fleisch, vornehmlich Seebarbe und Seeteufel, in Stücke geschnitten, in einer Court-bouillon pochiert, die zu einer cremigen Sauce gedeiht – mit Zusatz von Aïoli, jener Knoblauchmayonnaise, von der Frédéric Mistral sagte, sie sättige den Körper und beflügele den Geist. Die Bourride, begleitet von einem weißen Palette des Château Simon, schmeckte mir so gut, daß sie meine bevorzugte Fischsuppe wurde, auch wenn ich sie nicht immer in derselben Qualität wie bei »Michel« bekam.

Die Bourride habe mit der berühmteren Bouillabaisse einiges gemeinsam, hatte ich bei Raymond Oliver gelesen, »nur daß die Bourride keinerlei Leidenschaften aufwühlt«. Ihre bekanntere Schwester erregt nach wie vor die Gemüter: von Köchen in ganz Frankreich, die sich um die richtige Zusammensetzung streiten, und von Konsumenten, die sich an der Mittelmeerküste über unter ihrem Namen angebotene minderwertige Fischsuppen beklagen. Maurice Brun zählte die Bouillabaisse nicht unter die schätzenswerten »Mets de Provence«, bezeichnete sie als Verwertung von übriggebliebenen »Ausschußfischen« und bestand darauf, daß edle Fische auf den Rost gehörten. Dieser Ansicht mochte ich mich, nachdem ich tiefer in die Küche dortzulande eingedrungen war, nicht verschließen.

In der klassischen Bouillabaisse sind keine edlen Fische anzutreffen. Hinein gehören – nach dem Rezept von Mère Terrats – Serrans, Galinettes, Merlans, Girelles, Congres und unbedingt Rascasses, die kleinen Seekröten, die giftig genug sind, um ihre etwas langweiligen Suppengenossen aufzuputschen. Beteiligt sind Knoblauch, Zwiebel, Safran, Tomaten, Fenchel, Porree, Olivenöl und ein Schuß Meerwasser. Tout Provence klingt zusammen – das Meer und das Land.

Eine Bouillabaisse, die diesen Namen verdiente, bekam ich im »Calypso« in der Rue des Catalans in Marseille, direkt am Meer, mit Blick auf karge Felsen und das Château d'If, wo der Graf von Monte Cristo gedarbt hatte, und genoß meine Fischsuppe, bei der sich der Koch cum grano salis an das Rezept der Mère Terrats gehalten zu haben schien.

Weniger klassisch, reich und üppig war die Bouillabaisse, die ich später bei »Tétou« in Golfe-Juan speiste. Sie wurde zelebriert. Eine Madame in Schwarz legte die Suppenteller auf, eine Mademoiselle mit weißem Schürzchen brachte die Suppenschüssel auf den Tisch, neben dem eine gut gekühlte Flasche Bandol Rosé der Domaine Tempier und auf dem Rouille bereitstand, die gelb-rote Mayonnaise aus Knoblauch, Pfefferschoten und Olivenöl, die darauf wartete, auf die Croûtons gestrichen und in der getrennt von den Fischen aufgetragenen Suppe versenkt zu werden. Die Saaltochter präsentierte die Platte mit der Meeres-Melange, bevor sie die verschiedenen Fische zerlegte, das Langustenfleisch herausbrach und das Ganze zum Warmhalten auf den Suppentopf stellte. Als er ausgelöffelt war, wurde das Meeresgetier serviert. Auch wenn, in Erinnerung an das ursprüngliche Volksgericht, eine Schale mit Kartoffeln bereitstand, so handelte es sich doch um eine Luxus-Bouillabaisse, und nicht nur der Languste wegen.

Der ländlichen Provence und ihrer weniger kostbaren, aber kaum minder köstlichen Küche begegnete ich in der Camargue. Ich war von einem Manadier, einem Herdenbesitzer, auf sein Gut eingeladen worden. Nachdem ich seine weißen Pferde und schwarzen Stiere bewundert hatte, kam ich im Herrenhaus in den Genuß eines provenzalischen Mahles. Zum Auftakt gab es Anchoïade, Sardellenpaste auf getoastetem Landbrot, und der dadurch gesteigerte Durst des Sonnentages wurde mit Listel, einem leichten »Sandwein« aus der Camargue gelöscht. Die Brandade de morue, ein Stockfischpüree mit schwarzen Trüffelscheibchen, verlangte nach einem kräftigeren Rosé, dem Tavel aus der Gegend von Avignon. Die Daube de boeuf à la provençale (Rindfleischstücke, im Topf mit Rotwein, Gemüsen und Gewürzen stundenlang gegart) wurde von einem roten Bandol der Domaine de Pibarnon eskortiert, der auch zum Banon aus Schafmilch paßte.

Alles war ländlich-sittlich nach Gutsherrenart. Ich dachte oft daran, wenn ich an der Côte d'Azur in einem dem Charakter der Ferienküste angepaßten Lokal saß oder – was öfter vorkam – nach einem Blick auf die Speisenkarte gar nicht erst hineinging. Zwischen Saint-Tropez und Monte Carlo kann man feudal wie einst russische Großfürsten und heute russische Mafiosi prassen, noch raffinierter als früher in Nobelrestaurants schlemmen, über denen Sterne leuchten und renommierte Küchenchefs – wenn sie nicht gerade anderswo beschäftigt sind – am Herd stehen. Sie ausfindig zu machen, genügt ein Blick in diesen oder jenen Restaurantführer. Ehe man sie aufsucht, muß man in die Brieftasche schauen, ob man sich den Luxus leisten könnte, jedenfalls erwägen, ob man, statt auf die Höhen der Haute Cuisine oder zu den Spitzen der Nouvelle Cuisine zu entschweben, sich nicht besser in eine auf dem regionalen Boden gebliebene Gaststätte begeben sollte.

Eine solche zu finden, ist schwerer, und noch schwerer, nicht nur gesättigt, sondern auch befriedigt vom Tisch aufzustehen. Die meisten Restaurants der mittleren Preisklasse berücksichtigen Wünsche ausländischer Touristen oder das Verlangen französischer Ruheständler, die das Klima des Südens dem Wetter des Nordens vorgezogen haben, aber von zu Hause gewohnte Gerichte nicht missen wollen. Und so mancher Koch, der Bodenständiges anbietet, scheint mit Gästen zu rechnen, die auf Knoblauchwolken in den mediterranen Küchenhimmel aufsteigen zu können glauben.

Doch selbst in Cannes vermochte ich mich in das Regionalprogramm zu vertiefen, beispielhaft bei »Mère Besson« in der Rue des Frères-Pradignac. Schon Lou Mesclun, der gemischte Feldsalat mit Ei und Knoblauch-Croûtons, zeigte an, daß ich die richtige Adresse gefunden hatte. Das Wochenprogramm lohnte ein Durchprobieren: Montag – Estouffade à la provençale (Rindsragout in Rotwein). Dienstag – L'Aïado (Lammschulter mit Knoblauch). Mittwoch – Lou Piech (mit Mangold gefüllte, geschmorte Kalbsbrust). Donnerstag – Lapereau (junges Kaninchen) farci aux herbes de Provence. Freitag – Aïoli (Stockfisch, Gemüse und Knoblauchmayonnaise). Samstag – Ossobuco (Kalbshaxenscheiben, mit dem Goût der Provence, nicht der Lombardei).

An jedes Gericht schmiegten sich Rosés der Côtes-de-Provence an, die – dank des Fortschrittes in den regionalen Kellern – nicht in einem ins Rötliche spielenden Rosé, sondern in einem hellen Lachston erschienen, zum Beispiel jener der Domaine La Bernarde in Le Luc oder des Château Minuty in Gassin. Sie waren genau das Richtige an einem heißen Sommertag und bei einem strapaziösen Cannes-Aufenthalt; nicht von ungefähr empfahl ihn Doktor Eyland aus Bordeaux in seinem Buch »Le Vin et la Santé« als Medizin bei nervlichen Erschöpfungszuständen. Zum Lamm genehmigte ich mir einen Spitzenroten aus Flassans: Commanderie de Peyrassol »Cuvée Marie Estelle« aus Cabernet-Sauvignon, Grenache und Syrah.

In Antibes schlenderte ich oft über den malerischsten Markt an der Côte d'Azur, auf dem Erzeugnisse aus der Provence und der Grafschaft Nizza miteinander konkurrierten; auch ein Stand mit Würsten und Schinken aus Korsika beteiligte sich am Wettbewerb. Südfranzösisches und Westfranzösisches klangen an der Rue République bei »Oursin« in bis heute nachhallenden Wohllauten zusammen.

Vor dem Lokal standen Bänke mit Austern und Muscheln von der Atlantikküste und allerlei Meeresfrüchten des Mittelmeeres, in einer Menge und Güte, die selbst in Paris nicht häufig anzutreffen ist. Zwei Écaillers waren mit dem Öffnen von Austern beschäftigt; eine Platte nach der anderen wurde von flinken Garçons in das Restaurant hineingetragen. Da es an diesem Mittag ausgebucht war, konnte ich erst am Tag darauf meinen reservierten Platz in dem einer Kajüte ähnelnden Parterreraum einnehmen, Table dix-huit, an der ich dann so oft gesessen bin. Denn ich hatte einen Hafen gefunden, in dem Neptuns Schätze anlandeten und möglichst originär und nicht verkrampft originell auf den Tisch kamen.

Bei den Austern genügte ein Tropfen Zitrone, um zu bemerken, daß sie zusammenzuckten, und um Genugtuung zu empfinden, daß sie meerfrisch geblieben waren. Ich konnte es nie verstehen, daß der eine und andere Franzose seine Austern in Zitronensaft baden ließ oder gar mit Schalottensauce überschwemmte. Diese Unsitte mochte aus jenen Zeiten herrühren, als mangels Kühltechnik und Transportmöglichkeit die Austern im Binnenland nie ganz frisch waren und nach einer Tünche verlangten. Ich widmete mich – nach dem Zitronentest, der eigentlich im »Oursin« nicht erforderlich gewesen wäre – ohne Umschweife meinen Austern, bevorzugt schlanken und ranken Fines de Claires Marennes Oléron, deren Schalen zum Befingern einluden, mit denen man den Goût des Meeres schlürfte, den ein Muscadet de Sèvre-et-Maine sur lie unterstrich.

Auch die Moules de Bouchot à la marinière schmeckten nach Atlantik, während die Moules farcies in einer provenzalischen Knoblauchwolke erschienen. Von regionalem Charakter war die mit Rouille gewürzte, in einem Haus mit beträchtlichem Umsatz besonders substantielle Soupe de poisson. Die in gutem, häufig gewechseltem Olivenöl knusprig frittierten Tintenfische waren stets preiswert und preiswürdig. Tiefer in die Tasche greifen mußte man für perfekt mit Fenchel auf Holzkohlenfeuer gegrillte Edelfische, Dorade royale oder Loup de mer, die nach einem gehobenen Weißwein der Provence verlangten, aber sich auch mit dem Sancerre des Hauses vertrugen. Fingerlange Rougets bevorzugte ich à la meunière, damit sie Saft und Kraft bewahrten, die Haut nicht an Eigengeschmack verlor. Ganz selten leistete ich mir eine Languste, die sich, noch lebend hergezeigt, zappelnd gegen ihr Ende im Kochtopf zu wehren suchte. An Ultimo begnügte ich mich schon mal mit gegrillten Sardinen, aber das Geld, das man dabei sparte, mußte dann zum Durstlöschen ausgegeben werden.

Davor, dazwischen und danach kam ich mit anderen Stammgästen ins Gespräch. Da war der soignierte Herr, der jedesmal betonte, er komme aus Cannes wegen des stimmigen Preis-Leistungs-Verhältnisses zu »Oursin« nach Antibes. Die ältere Dame, die stets zu viel Rouge aufgelegt hatte, wunderte sich ständig, daß ich, nachdem ich mir zum letztenmal den Mund abgewischt hatte, die Serviette zusammenfaltete und nicht, wie sie, zerknüllte; daran erkenne man den Deutschen, pflegte sie zu sagen. Der junge Mann, der immer Friture aus winzigen Fischen verzehrte und dazu Bier trank, wunderte sich, daß der Bavarois den Wein dem Bier vorzog. Ein Ehepaar aus Nice, das einmal in der Woche kam, lobte das in Antibes Aufgetischte und rühmte das Essen in der Grafschaft Nizza, die bis 1860 zum Königreich Sardinien-Piemont gehört und in der Küche Italienisches, genau gesagt Ligurisches bewahrt hatte. Im Hinterland der Großstadt könne man sie noch unverfälscht genießen, vor allem »Chez Roux« in Laghet.

So überschritt ich denn den Var, die alte Grenze zwischen Frankreich und Italien und begab mich nach Laghet, zu einem Sonntagmittagessen. Am Tag des Herrn, war mir bedeutet worden, sei in diesem Wallfahrtsort die Küche in Hochform, und sie war es. Ich saß bei »Roux« in einer bäuerlichen Stube, unweit des Kamins, in dessen Feuer – auf den Bergen war es noch kühl – ein dicker Ast knatterte, unter Ausflüglern aus Nizza, die nicht zum erstenmal dagewesen waren. Die junge Wirtin bediente, der junge Wirt, unterstützt von Mutter und Großmutter, waltete in der Küche. Ich speiste landesüblich und ausgiebig: Pissaladiera (Zwiebelkuchen mit Anchovis und »petites niçoises«, kleinen schwarzen Oliven), Ravioli (mit Mangold gefüllt und in einem Sugo aus Waldpilzen), Lapin au civet (Kaninchenragout in Blut-Rotwein-Sauce) und Tarte de blettes (Mürbeteigkuchen mit Mangold und Korinthen, mit Vanillezucker bestreut). Der Vater des Wirts, der sein Schwätzchen dazu gab, zeigte auf eine Photographie an der Wand: Darauf stand er als

Bub vor dem Lokal, das schon damals eine Pilgerstätte für schlichte und schmackhafte Kost schätzende Großstädter gewesen zu sein schien.

Auch in Nizza mußte ich nicht lange nach der verloren geglaubten Zeit suchen; ich traf sie noch an, in der italienisch geprägten Altstadt. Durch die Rue Saint-François-de-Paule, vorbei am Fin-de-siècle-Opernhaus, den Bergen von kandierten Früchten im Schaufenster der »Confiserie Auer«, den Flaschenbatterien besten Olivenöls bei »Alziari«, am Blumenmarkt und den Weinfässern der »Caves Caprioglio« gelangte ich in die Hauptader von »Vieux Nice«, die von der Rue Marché bis zur Place Garibaldi führte und von Anfang bis Ende ein einziger Basar war. Grissini und Ravioli sorgten für italienisches Flair, in einer Metzgerei ringelte sich ein Strang Trulet, der einheimischen Blutwurst, wie die Schlange um den Baum der Versuchung, in »La Poissonerie« zählte ich ein halbes Dutzend Klippfischarten, und auf dem Fischmarkt an der Place Saint-François war frischer Fang aus dem vor der Haustüre liegenden Meer angelandet.

Der erste Hunger war in der Kneipe »Socca« zu stillen, mit dem gleichnamigen dünnen Pfannkuchen aus Kichererbsenmehl, einer Scheibe Porchetta (gebratenes, mit seinen Innereien und Knoblauch gefülltes Spanferkel) oder einem Pan Bagnat, dem Sandwich à la niçoise, einem kleinen runden Weißbrot mit Nizza-Salat. Salade niçoise ist weltbekannt, Einheimische freilich sind ungehalten, daß ihre Spezialität außerhalb der Stadt, ja schon außerhalb der Altstadt nicht immer so zusammengemischt sei, wie es sich gehöre: aus Tomaten, Gurken, weißen Bohnen, Artischocken, Basilikum, Knoblauch, Olivenöl, Anchovis-Filet und den kleinen schwarzen Oliven der Gegend. Thunfisch könne, aber müsse nicht sein, und das Salatblatt habe nur als Dekoration zu dienen.

Nach Art und Weise von Nizza aß ich nirgends echter, besser und preiswerter als in »La Merenda« in der Rue de la Terrasse Nr. 4. Hineinzukommen war nicht leicht. Ein Telefon für Vorbestellungen gab es nicht. So kam ich eine halbe Stunde vor zwölf zu dem ebenerdigen Haus am Rande der Altstadt. Davor stand Madame Christine Giusti, die Wirtin, nicht um Gäste anzulocken, sondern um Einlaß Begehrende anzuschauen, ob sie würdig wären, aufgenommen zu werden. Ich bestand, wurde jedoch vergattert, erst mit dem Mittagsläuten wiederzukommen. Ich war pünktlich, betrat einen kleinen, länglichen Gastraum, der in eine Art Puppenküche überging, in der Patron Jean Giusti am Werke war. Zu beiden Seiten des schmalen Ganges standen ein paar Tische. Wer einen Bankplatz bekam, konnte sich an der Wand anlehnen; der meine war gegenüber auf einem Hocker. Ich saß nicht bequem, doch dies merkte ich nicht mehr, als die Stammgerichte des Hauses aufgetragen wurden: Pâtes aux pistou, mit in Nizza variiertem ligurischem Pesto, Sardines farcies, Stoccaficada niçoise (Stockfischragout mit Tomaten und Oliven), Ratatouille aus heimischen Gemüsen und Petites Chèvres à l'huile d'olive.

Dazu gab es nur einen einzigen, doch passenden Petit vin aus dem Var, in Rosé und Rouge, nicht den in Weiß, Rosa und Rot brillierenden Spitzenwein der Grafschaft, Bellet, der sich rar gemacht hatte, weil sein ohnehin beschränktes Anbaugebiet bei Nizza zunehmend durch sogenannte Urbanisationen eingeengt worden war. Der hohe Preis fiel kaum mehr ins Gewicht, wenn man sich ein Diner im Luxusrestaurant »Chantecler« im

Luxushotel »Négresco« leistete, wo Jacques Maximin aufkochte, Haute Cuisine mit Akzenten der Nouvelle Cuisine und Anklängen an Regionales, par exemple: Aspic de queues d'asperges blanches (weiße Spargelspitzen) au foie gras en gelée de Sauternes, Salade de homard (Hummer) à la marinade d'orange et de citron, Gratinée de lapereau (junges Kaninchen) aux champignons.

Auguste Escoffier, der Klassiker und zugleich Reformer der Haute Cuisine, hatte an der Côte d'Azur begonnen, in der Küche seiner Tante in Nizza, wo er die regionale Basis fand, auf der er aufbauen konnte. In seinem Geburtsort Villeneuve-Loubet stieß ich auf die Büste eines Herrn mit Vatermörder und Schnauzbart, mit der Inschrift: »Für Auguste Escoffier – seine Freunde, seine Schüler, seine Mitbürger. Er war der große Botschafter der französischen Küche.« Wie weit seine Botschaft reichte, darauf verwies die Aufschrift der Schleife eines Blumengebindes: »Les Amis et Disciples d'Auguste Escoffiers de Tokyo«. In dem in seinem Geburtshaus eingerichteten Museum der »Fondation Auguste Escoffier« sah ich Ausgaben seines »Guide Culinaire« in mehreren Sprachen und Menukarten mit Gerichten, deren Namen die Belle Époque heraufbeschworen: Tournedos Mistinguett, Pêches à la Melba, Fraises à la Sarah Bernhardt. Ich besah mir die provenzalische Küche, aus der Speisen gekommen waren, bei deren Genuß auch seine Landsleute dem Meister zugestimmt hatten: »Eine gute Küche ist das Fundament allen Glücks.«

Im Lande Gargantuas

»Königreich des Mauls« wird das Périgord, die von der Dordogne durchflossene Landschaft im Südwesten, von Franzosen genannt, denen schon beim Sightseeing das Wasser im Munde zusammenläuft. So in einer Tropfsteinhöhle bei Les Eyzies-de-Tayac, in der die lüsterne Natur Stalaktiten und Stalagmiten geschaffen hat, die an fettglänzendes und fetttriefendes Geflügel am Spieß erinnern. Oder in Sarlat-la-Canéda, der alten Hauptstadt des Périgord Noir, wo sich um die Place du Marché aux Oies alles um Gänse, Gänseschmalz und Gänseleber dreht, und es in den malerischen Gassen auffallend viele Metzgerläden und Delikatessengeschäfte gibt, in denen Trüffeln fast in den Ausmaßen des Kohinoor zu bewundern sind.

Die Trüffel, der schwarze Diamant, sei das Allerheiligste der Tafelfreuden, erklärte Alexandre Dumas der Ältere, der neben 257 Bänden Romanen, Dramen und Reisebeschreibungen das »Grand Dictionnaire de Cuisine« verfaßte. Die Eloge konfrontierte Eugen von Vaerst mit der Erfahrung: Die Trüffel habe mehr Feinschmecker getötet als die Pest, schrieb er in seiner »Gastrosophie oder die Lehre von den Freuden der Tafel«. »Jedermann weiß das, sieht aber dennoch den Trüffeln mit Sehnsucht entgegen und ißt sie mit Delice, ohne an ihre Verdauung zu denken«.

Das Périgord war das Dorado der schwarzen Trüffel und gilt als solches noch heute, da so manche unter dem Namen »Truffe noire« angebotene Delikatesse aus dem Ausland, vor allem aus Spanien, importiert wird. Mir war der Genuß von echten Périgord-Trüffeln vergönnt, die in Eichenwäldern der Region von abgerichteten Schweinen aufgespürt wurden und deren Daseinszweck darin gesehen wurde, anderen Produkten des Périgord ihre Duftseele einzuhauchen, vornehmlich der Gänseleber. Auch wenn der Tierschützer die Erzeugung der Gänseleber verurteilt und der Diätbewußte sie als schwerverdaulich meidet – für den Gourmet und erst recht für den Gourmand ist und bleibt Foie gras ein Lekkerbissen par excellence.

Meine erste Adresse an der Dordogne war das Hotel »L'Abbaye« in Saint-Cyprien, einem Ort mit kaum mehr als eineinhalbtausend Einwohnern. Bevor ich ein Zimmer nahm, fragte ich den Patron, ob man im Hotel-Restaurant auch nach Art des Périgord essen könne. »Selbstverständlich, Monsieur, falls man es verträgt«, entgegnete der alte Mann, dessen gelbliches Gesicht und die melancholisch herabhängenden Enden seines Schnauzbartes andeuteten, daß ihm die Rolle eines Tantalus aufgenötigt worden war, der zwar ständig Trüffeln, Gänseleber und in Gänseschmalz Gebratenes auf vielen Tischen, nur nicht auf seinem sah. »Was ist Glück?«, hatte Jean-Jacques Rousseau gefragt und die Antwort gegeben: »Hinreichend Geld, eine gute Köchin und eine gesunde Verdauung.«

Meine Reisekasse war noch gefüllt, in der Küche der »Abbaye« waltete Yvette Schaller, eine Meisterköchin, und mein Magen war für die währschafte Kost des Landes gewappnet: Foie gras mi-cuit, Cou d'oie farci (ein

Gänsehals, der den Hals nicht genug mit Schweinefleisch, Gänseleber und Trüffeln bekommen konnte), Lièvre à la royale (ein farcierter und haschierter Hase), Ochsenfilet salardaise (mit Gänseleber und Trüffel gefüllt, in Schweineschmalz im Rohr gebraten) mit Sauce périgueux (dito mit Trüffeln), Pommes de terre sarladaises (in Gänseschmalz gebackene rohe Kartoffelscheiben, auch diese mit Trüffeln). Erste Hilfe leistete der weiße Monbazillac (bei Gänseleber) und der tiefrote und robuste Cahors bei Fleischorgien. Geradezu eine Medizin war Eau de noix, der Walnußschnaps.

Die Küche in der »Abbaye« war kaum weniger massiv als die Kirche in Saint-Cyprien mit ihrem mächtigen gotischen Schiff und einem massigen romanischen Turm. An einem nationalen Feiertag harrte die versammelte Gemeinde, das heißt deren weiblicher Teil, des Beginns der Festmesse. Der Pfarrer ging ungeduldig vor dem Altar auf und ab, schaute immer wieder auf die Uhr und auf das Portal, durch das sie endlich einzogen: die Männer, die beim Umtrunk die Zeit vergessen hatten, der Bürgermeister mit über dem Bauch verrutschter Schärpe, der Fahnenträger, der samt Trikolore hin- und herschwankte. Im Saal des Hotels sah ich sie wieder: die Veteranen, die in das sechsgängige Menü einhieben, und ihre Frauen, die auf den Schößen Plastikbeutel bereithielten, um darin das, was sie nicht mehr zwangen, ungeniert verschwinden zu lassen und getrost mit nach Hause zu nehmen.

In der »Abbaye«, meinem Standquartier bei der Erkundung des Périgord noir, mußte man nicht ständig gegen die mit Gänseleber und Trüffeln bewehrte Zitadelle der regionalen Küche anstürmen, sondern konnte sich auch mit der Einnahme von minder armierten Forts zufrieden geben: Forelle in einer Sauce mit weißem Bergerac; Kalbsbries mit Pfifferlingen; Wachteln mit Grünkohl, wozu der rote Bergerac paßte; mit Walnußöl angemachter Kopfsalat; zum Schluß ein warmer Apfelkuchen. Die leichteren Gerichte dieser Regionalküche »ohne Butter und ohne Tadel« (Maurice Saillant) verschafften beträchtlichen Genuß ohne jegliche Reue.

An der Dordogne lagen sich Burgen gegenüber, von denen aus im Hundertjährigen Krieg sich Franzosen und Engländer bekämpft hatten und wo nun Wirtshäuser um Küchenlorbeer wetteiferten. Zu Füßen der Felsenburg Beynac saß ich auf der Terrasse des Restaurants »Bonnet« am Ufer der Dordogne, die sich im schmalen Tal durch für Befestigungen wie geschaffene Hügel schlängelte. Ich speiste Oeufs brouillés aux truffes, Rühreier mit Trüffeln, und fand, daß man bei diesem Gericht auf die unkomplizierteste Weise auf den Geschmack der schwarzen Knolle kam.

In Sarlat-la-Canéda besah ich das Renaissancehaus an der Place du Peyron, in dessen Ockergelb Römisches gespeichert zu sein schien. Hier war 1530 Étienne de la Boëtie geboren worden, der antiken Schriftstellern nacheiferte. Sein Freund, Michel Eyquem Seigneur de Montaigne, war als Philosoph ein Skeptiker und als Mensch aus dem Périgord ein Epikureer. Auf seinem Schloß Montaigne, im Bibliotheksturm, ließ er die Inschrift anbringen: »Warum willst du deinen Geist mit Grübeln über ewige Probleme ermüden, die du doch nicht lösen kannst?« Das 107. und letzte Kapitel der Sammlung seiner Essays schloß Montaigne mit der Maxime: »Gib dich zufrieden! Die Natur hat alles gut gemacht.«

Hatte die Natur in seiner Heimat, dem Périgord, nicht dafür gesorgt, daß der Mensch, wie Montaigne meinte, sein Leben so gut und behaglich wie möglich einrichten und bestens essen und trinken konnte? Ich fuhr durch ein fruchtbares Land, Felder mit Weizen und Mais, Wälder mit Trüffeln und Steinpilzen, Wiesen, auf denen Rinder weideten, vorbei an Bauernhöfen, in denen Schweine grunzten, Gänse schnatterten und Hühner gackerten, und vorbei an Bäumen, von denen Frauen mit Stangen die Walnüsse schlugen.

Vom Belvedere in Domme überblickte ich das Tal der Dordogne, den von Pappeln gesäumten Fluß, die landwirtschaftlichen Kulturen, denen Berge die widrigen Winde abhielten, und die Burgen, die dieses Herzstück des Périgord noir bewachten. Was die Augen sahen, wollte ich am Gaumen spüren. Ich aß an der Promenade de la Barre im Restaurant »Esplanade« Feuilleté aux cèpes (Steinpilze) und Foie gras de canard (Entenstopfleber) braisé aux pommes, trank einen roten Pécharmant und warf einen letzten Blick auf die Dordogne, die, von so hoch oben betrachtet, stillgestanden zu sein schien – wie dortzulande die Zeit.

Aus der Gascogne im Südwesten Frankreichs, von Schloß Castelmore, kam Seigneur d'Artagnan, der erste der Musketiere Athos, Porthos und Aramis, die durch Alexandre Dumas Père weltbekannt wurden. Aus dem heutigen Département Gers kommt auch der Armagnac, der seinem Cousin, dem Cognac, ebenbürtig ist, im Unterschied zu diesem aber seinen Jahrgang nicht verheimlicht. Indessen ist der Charakter dieses Weinbrandes nicht ohne weiteres mit jenem der Musketiere zu vergleichen. Jung hat er etwas Haudegenhaftes an sich, in mittleren Jahren tritt er abgeklärt auf, und im gesegneten Alter, wenn er im Mund sein Pfauenrad (Queu de paon) geschlagen hat und mit langer Schleppe abtritt, gleicht er dem Sonnenkönig, dem d'Artagnan diente.

Eine Parole, die der Capitaine-Lieutenant d'Artagnan ausgegeben hat, wird immer noch, wenn auch nicht mehr kriegerisch befolgt: »Aus einem hohlen Bauch kommt kein wackerer Streich«. Im Bas-Armagnac (das »Tiefer Gelegen« ist geographisch, nicht kulinarisch gemeint) wird gut, viel und schwer gegessen, alles mit regionalen Weinen, dem leichteren Côtes de Buzet und dem schwereren Madiran, begossen und das Ganze mit Armagnac abgerundet, mit diesem Eau de vie verträglich gemacht.

Zu Rekognoszieren begann ich im Hause Goudoulin in Courrensan. Dort führte mich Christian Faure zuerst in den Keller, denn – wie er sagte – für eine Dégustation sei der Vormittag, wenn Geruch- und Geschmacksinn noch nicht von einer größeren Mahlzeit beeinträchtigt sind, die beste Zeit. Er weihte mich in die Kunst des Verkostens ein: Er füllte das tulpenförmige Glas nur eine Daumenbreite, ließ es ein paar Minuten stehen, damit sich das Eau de vie entfalten konnte. Dann hob er das mit Daumen und Zeigefinger am Unterteil des Fußes gehaltene Glas gegen das Licht, um sich an der klaren Bernsteinfarbe zu erfreuen. Dann schwenkte er es hin und her, um zu beobachten, wie der Armagnac »weinte«, am Innenrand langsam herabrann. Monsieur schnupperte daran, um das zart nach Pflaumen und noch zarter nach Veilchen duftende Bouquet zu würdigen, und begann zu nippen, Schlückchen um Schlückchen im Munde kreisen zu lassen, bevor er sie weiter beförderte, den langen Abgang und noch eine Weile die Nachhaltigkeit des Bouquets im geleerten Glas genoß.

Ich tat es ihm nach, nahm jedoch nur einen winzigen Schluck von den Proben der Jahrgänge, die von 1953 über 1948, 1929 und 1914 bis 1900 zurückreichten. Der letzte war der beste, ein hervorragender Jahrhundert-Annonceur, mit dem man auch das dritte Millenium getrost hätte beginnen können – wäre er verkäuflich gewesen.

Inzwischen hatte Madame Faure ein Déjeuner à la Gascogne vorbereitet, zu dem ich mich beschwingt im Eßzimmer des Herrenhauses niederließ. Es gab Gänsestopfleber, die in einem mit Armagnac ausgespülten Einweckglas eingelegt und, in kochendes Wasser gestellt, gegart worden war. Es folgte ein Confit de canard, im eigenen Fett gekochtes und eingemachtes Entenfleisch, das zu röschen Stücken aufgebraten worden war. Zum Nachtisch erschien ein Pastis Gascon: ein warmer Kuchen aus Blätterteig, der mit Äpfeln gefüllt und mit Armagnac und Orangenblütenwasser aromatisiert war. Als Digestif erfüllte dann der Armagnac – ein 1948er Goudoulin – seinen wichtigsten Daseinszweck.

Mit ein paar Flaschen im Kofferraum fuhr ich weiter in das Städtchen Eauze, wo ich mich mit den typischen Armagnac-Gläsern eindeckte. Wenige Kilometer weiter, in Manciet, stieg ich in der »Bonne Auberge« ab. Beim Abendessen saß ich neben Handelsreisenden, die sich der üppigen Assiette de dégustation widmeten, darunter Entenleber, Entenbrust und Entenconfit. Ich sah ihnen etwas neidisch zu; denn ich hatte nur noch Platz für Nudeln mit Steinpilzen und einen Salat. Die in Leder gebundene Armagnac-Karte schob ich beiseite. Dafür genoß ich in meinem Zimmer, das auf den ruhigen, von Platanen beschirmten Dorfplatz hinausging, einen von Degenkämpfen der Musketiere wie Magenbomben der Gascogner-Küche ungestörten Schlaf.

So begann ich ausgeruht und aufnahmebereit einen neuen Tag im Bas-Armagnac. Ich fuhr nach Laujuzan, wo ich im Hause Samalens angemeldet war. Ich hatte das Buch »Le livre de l'amateur d'Armagnac« von Jean und Georges Samalens gelesen, das Horst Scharfenberg ins Deutsche übersetzte und ergänzte. »Im Jahre 1882«, hieß es darin, »bauten unser Großvater Jean und sein Freund Jean Sébaud ihren ersten Keller auf einem Grundstück, auf dem einst ein gallo-römisches Landhaus gestanden hatte.«

Ich kam in ein stattliches Anwesen, einen größeren, doch immer noch handwerklichen Betrieb. Georges Samalens, der wie ein Schloßherr auftrat, zeigte mir die Alambics, in denen die aus der Region stammenden Grundweine gebrannt werden, führte mich durch die Reihen der aus dem Eichenholz des bei Laujuzan liegenden Waldes von Monlezun handgefertigten Fässer, in denen der Branntwein den »Goût de terroir« und die Bernsteinfarbe erhält. Je länger er lagert, desto mehr verdunstet von seiner Substanz, etwa drei Prozent pro Jahr, der »Anteil der Engel«.

Die Engel hatten genügend Gutes für die Irdischen zurückgelassen: die »Vieille Relique« (15–20 Jahre alt) und die Jahrgangs-Armagnacs von 1955 über 1950 und 1930 bis 1888, die zu kosten mir vergönnt war. Natürlich fand die Dégustation am Vormittag statt, als Nase und Gaumen noch nicht von anderen Genüssen abgelenkt worden waren. Doch nun war es Zeit für das Mittagsmahl, zu dem mich Monsieur Samalens in den »Relais de l'Armagnac« in Luppé-Violles einlud.

Im Restaurant von Roger Duffour erlebte ich Gascogne-Küche in Hochform: Flan chaud aux truffes fraîches, Foie gras frais aux raisins (warme Entenstopfleber mit Weintrauben), wozu ein weißer, zartsüßer Jurançon von den Hängen der Pyrenäen harmonierte, und als Dessert ein Sorbet aux châtaignes (Kastanien). Zum Abschluß brachte der Wirt eine Flasche des Privat-Armagnacs von Georges Samalens, die im Restaurant bereit stand. Ich sprach ihm wacker zu.

Ein Verdauungsspaziergang war fällig. Ich unternahm ihn auf dem Aussichtspunkt Catalan zwischen Laujuzan und Bourroullan, von dem ich wie von einem Feldherrnhügel das Land d'Artagnans und des Armagnacs überblickte: Wiesen, Maisfelder, Weingärten, Eichenwälder, ein weites Land zwischen den Pyrenäen, deren Berge in Hügel übergingen, und dem Atlantik, dessen Wogen in sanften Bodenwellen ausklangen.

Mit der Auvergne schloß ich erste Bekanntschaft in Paris. Ein Händler aus Aurillac, ein gut genährter Mann mit einem struppigen Schnauzbart, lockte in seinem Laden mit Würsten, Schinken und Käsen seiner Heimat. Ein Freund, der aus Mauriac stammte, lud mich in die »Ambassade d'Auvergne«, ein Restaurant im dritten Arrondissement ein, wo ich von ersten Botschaften dieser Bauernküche angetan war: Soupe aux Choux (Kohlsuppe), Boudin aux châtaignes (Blutwurst mit Kastanien), Estouffat (geschmortes Rindfleisch), Cantal (ein Käse aus dem gleichnamigen Département), und alles war in roten Saint-Porçain gehüllt.

Diese ländliche Kost schmeckte mir, und das Land, das sie hervorbrachte, schilderte der Freund: bizarre Berge, erloschene Vulkane, sanfte Hügel, anmutige Täler, Kuhweiden und Getreidefelder, von der Welt abgeschiedene Dörfer und von ihr wenig berührte Städtchen. Und Auvergnaten, die sich als Nachfahren der keltischen

Averner fühlen, als anspruchslos, rechtschaffen und bienenfleißig gelten.

Ich war so angetan, daß ich in die Auvergne aufbrach. In dem mir empfohlenen Ausgangspunkt, Mauriac im Cantal, kam ich nicht im Hotel »Écu de France« unter. So fuhr ich nach Salers weiter, wo ich es gut traf. Der Ort lag wie eine Burg auf einer 951 Meter hohen Bergspitze, und das Hotel »Les Remparts«, das von außen einem rustikalen Dornröschenschloß glich, erwies sich im Innern, dank der Damen Caby, als ein Refugium der soliden und reellen Regionalküche. Im kleinen Speisesaal hatten sich zur Mittagszeit so viele Einheimische eingefunden, daß der Fremde, wenn er sich nicht eingemietet gehabt hätte, ohne Speis und Trank geblieben wäre.

Zum Einstand nahm ich – man schrieb das Jahr 1971 – das Menü zu 15 Francs: Erstens – Pâté de campagne. Zweitens – zwölf Schnecken mit Butter und Bergkräutern. Drittens – Truffade, ein mit Käse überbackenes Kartoffelgericht. Viertens – Coq au vin nach Auvergne-Art, mit Chanturgues, einem einheimischen Rotwein aus der Gamay-Traube. Fünftens – ein gereifter Cantal, das Glanzstück der Käseplatte. Sechstens – eine Birne mit roten Bäckchen wie ein Bauernmädchen und von herber Süße. Danach schleppte ich mich auf die vor dem Hotel gelegene Esplanade de Barouze, ließ mich auf eine Bank fallen und von Kuhglocken in den Mittagsschlaf wiegen.

Die Haustiere der Auvergne: kastanienbraune und rostrote Kühe mit prallen Eutern, die Spender von Milch, Butter und Käse. Cantal bevorzugte ich in fortgeschrittenem, nicht zu fortgeschrittenem Alter, kernig geworden und kräftig geblieben. Als »Fermier« war er nicht in einer Molkerei, sondern nach Urvätersitte im

Keller des »Buron«, einer der Steinhütten der Hirten, in zylindrischen »Fourmes« herangereift. Einen Kontrapunkt zum Cantal setzte der milde und sanfte Saint-Nectaire, mit einem ovalen Markenzeichen in der Mitte der flachen Scheibe, das auf handwerkliche und nicht industrielle Erzeugung verwies. Noch besser schmeckte mir Fourme d'Ambert, ein Schimmelkäse mit pikantem, etwas bitterem Geschmack. Robert J. Courtine bezeichnete ihn als »König der Käse«, der über dem Roquefort stehe. Jeder an seinem Platz, meinte ich, der Roquefort aus Schafmilch in der Rouergue, der Fourme d'Ambert aus Kuhmilch in der Auvergne, das heißt dort, wo sie in perfektem Zustand angeboten werden. Man muß sie feiern, wie sie fallen.

Ich bin kreuz und quer durch das Département Cantal, das Herzstück der Auvergne, gefahren, über das der blaßblaue Himmel wie eine Käseglocke gestülpt war. Ich wohnte in Gasthöfen, deren Tapeten mit Rosen und Vergißmeinnicht übersät waren, schlief in Grand-lits, in deren Mulden ich fast versank und deren mit Gänsefedern vollgestopfte Plumeaus unangebrachte Träume erstickten. Ich saß an Wirtshaustischen, die mit buntkariertem Bauernleinen gedeckt waren und deren aus dem gleichen Stoff gefertigte Servietten ziemlich kratzten. Ich stimmte mich mit Gentiane, dem heimischen Enzian, ein, der nicht nur den Appetit anregte, sondern auch den Folgen eines zu mächtigen Appetits entgegenwirkte.

Ständig war ich in Gefahr, mich an Gerichten zu überessen, die für Leute geschaffen waren, die Äcker pflügten und Herden trieben und nicht im Automobil dahinfuhren und sich die Gegend anschauten. Schon Vorspeisen waren geeignet, den für die ganze Mahlzeit eingeräumten Platz auszufüllen: luftgetrocknete Schweinswürste, roher Jambon d'Auvergne, Schweinsleberpastete, dazu frische Butter und herzhaftes Bauernbrot. Und dann dicke Suppen, in denen der Löffel steckenblieb, mit Hackfleisch und Wurstbrät gefüllter Weißkohl (Chou farci), Petit salé aux lentilles (Pökelfleisch mit den kleinen, runden, grünen Linsen von Puy), Potée auvergnate, ein Eintopf mit Haxen, Rippchen, Kochwurst und Speck plus Karotten, weißen Bohnen, Rübchen und dem allgegenwärtigen Kohl.

Dann kam noch die Käseplatte, bei der man die Qual der Wahl dadurch besänftigte, daß man von jedem etwas und nicht zu wenig nahm. Die süßen Desserts waren so verführerisch, daß man sie nicht stehenlassen konnte, etwa Tarte à la crème oder Millard, einen Kirschkuchen, oder gar Farinette, eine Art Kaiserschmarrn, besser gesagt, Bauernschmarrn.

Gottlob gibt es einheimische Digestifs, die zur Verdauung einheimischer Gerichte geschaffen wurden: Marc d'Auvergne oder Verveine du Velay, einen Kräuterlikör. Mit roten und weißen Landweinen, die aus Flaschen fließen und aus Fässern strömen, vermag man alles hinunterzuschwemmen. Aus der Gegend von Clermont-Ferrand kommen helle Rosés; sie hätten die Farbe von Rebhuhnaugen, sagen Auvergnaten, die allenfalls an der Tafel poetisch werden.

In der Touraine, an der Loire, liegt Château Villandry, »das Schloß der Gärten im Garten Frankreichs«. Vor dem Renaissancebau sind auf Terrassen drei Jardins angelegt: oben der Wassergarten mit dem großen Bassin, in dem sich feudale Pracht spiegelt, darunter der Ziergarten, dessen vier Segmente vier Arten der Amour symbolisieren: die Liebelei, die zärtliche, die leidenschaftliche und die tragische Liebe. Auf der untersten Terrasse befindet sich der Gemüsegarten, in dem Kohlköpfe und Buschbohnen in »more geometrico« angelegten Beeten angebaut sind.

Einen »jardin à croquer«, einen »Garten zum Anbeißen«, nennt das der Franzose, der weiß, daß »bonne chère«, eine gute Kost, Leib und Seele zusammenhält, und es schätzt, daß an der Loire Kulturgeschichte und Küchengegenwart zu einem bezaubernden Gobelin der »Douce France« verwoben sind.

In diesem »Tal der Könige« liegt ein Schloß am anderen: Azay-le-Rideau, das eleganteste, Ussé, das bizarrste, Amboise und Blois, die geschichtsträchtigsten, Chenonceau, das romantischste, Chambord, das großartigste, und andere mehr. Diese Schlösser sind zu besichtigen, und in einigen Schloßhotels, wie sie hier mehr als anderswo am Platze sind, kann man in einem Himmelbett mit Treca-Matratze bequemer als ein Feudalherr schlafen und dank einiger Meisterküchen besser, jedenfalls bekömmlicher als einst ein König tafeln.

Als das luxuriöste Schloßhotel gilt »Château d'Artigny« bei Montbazon. Mir erschien es als das pompöseste, das mehr in die Belle Époque als in das 18. Jahrhundert paßte, in dessen Stil es der Parfüm-Krösus François Coty am Anfang des 20. Jahrhunderts erbauen ließ. Es erinnerte mich an das Rothschildschloß Ferrières und an Wilhelm I. Als er dort 1870 sein Hauptquartier bezog, ließ er sein Feldbett im Badezimmer aufschlagen, weil er befürchtete, der Parvenü-Prunk des Schlafzimmers würde wie ein Alpdruck auf ihm lasten. Im »Château d'Artigny« hätten den Preußenkönig selbst die Badezimmer bedrückt.

In der Bar des Schloßhotels standen alte Armagnacs und Cognacs wie Museumsstücke in Glasvitrinen; ich mußte es beim Betrachten belassen. Was in der blaugetönten Rotunde des Speisesaals zwischen Säulen mit vergoldeten Kapitellen aufgetragen wurde, bewegte sich auf einer Mittellinie zwischen Haute und Nouvelle Cuisine, die sich als Goldene Mitte erwies: Cervelas de foie gras d'oie cru, Court-bouillon de sandre (Zander) et de perche (Flußbarsch) aux herbes, Navarin de ris (Bries) et langues (Zungen) d'agneau und phantasievolle Desserts. Ich trank einen nicht zu trockenen weißen Vouvray, eine der 45 000 Flaschen des Weinkellers.

Ein in ein modernes Schloßhotel verwandeltes Feudalschloß ist »Château de Marçay« bei Chinon. Die von Ecktürmen flankierte Burg aus dem 15. Jahrhundert liegt über dem einst zu ihr gehörenden Dorf, von dem morgens das Krähen der Hähne und Tag wie Nacht die Glockenschläge der Kirche heraufdringen, und stets eine würzige Landluft, die Appetit auf Landküche macht. Im Schloßrestaurant wird nicht wie seinerzeit von »Gargantua und Pantagruel« gepraßt, deren Urheber François Rabelais 1494 im nahen La Devinière geboren wurde. Gespeist wird à la Nouvelle mit regionalen Anklängen: Foie gras de canard à la compote d'abricots secs, Saumon mit Sauce Choron (einer Béarnaise mit Tomatenmark), Soufflé au coulis rouge. Der Wein ist noch derselbe, den Rabelais schätzte: roter, süffiger Chinon, »bon et frais«, ein »Wein für Intellektuelle«, wie Franzosen meinen.

Weiter weg von Rabelais' Geburtsort und etwas näher an seinen Eßgewohnheiten war ich in der »Domaine de Beauvois« bei Luynes. Auf diesem zur Kette »Relais et Châteaux« gehörendem Feudalsitz bezog ich ein Zimmer im Oberstock des Turmes aus dem 15. Jahrhundert: Balkendecke, Marmorkamin und ein Badezimmer, das daran erinnerte, daß zu jenen Zeiten die Reinigung des Körpers nicht für so wichtig wie die Reinigung der Seele gehalten wurde. Weniger romantisch gestimmte Gäste fanden in der Bel étage des Herrenhauses den gewohnten Komfort, und alle im Speisesaal Gerichte, die verschiedenen Geschmäckern entgegenkamen, dem meinen mit Beuchelle à la tourangelle (Ragout mit Kalbsniere und Kalbsbries), einem mit frischen Feigen akzentuierten Täubchen (Pigonneau), Sainte-Maure fermier (Ziegenkäse ländlicher Erzeugung) und Soufflé aux reinettes, den würzigen Äpfeln von Le Mans. Dank des aus der Gegend stammenden Bourgueil, einem frischen und fruchtigen Rotwein, glaubte ich mich in das Schlaraffenschloß Thelème versetzt, das Rabelais im Städtchen Bourgueil geortet hatte.

Wie in einem Märchenschloß fühlte ich mich im Château Cheverny bei einem Diner, als unter Jagdhörnerklang Wildbret aus der Sologne aufgetragen wurde. Im Königsschloß Loches vergaß ich die düstere Geschichte des einstigen Staatsgefängnisses, als ich auf Einladung des Conseil Général d'Indre et Loire in der Salle du Roi Charles VII an einem Bankett teilnahm. Das Menü beschwor die angenehmen Seiten des Château herauf: Saumon de Loire sauce aux herbes (mit trockenem Cabernet Rosé d'Anjou), gefolgt von Caneton Renaissance, begleitet von gereiftem, doch temperamentvoll gebliebenem Chinon, anschließend Fromages de Touraine et d'ailleurs, darunter die Ziegenkäse Selles-sur-Cher, Valençay und Crottin de Chavignol. Mit Vouvray pétillant, dem Schaumwein der Touraine, feierte man das Parfait Agnès Sorel und mit ihm die Namensgeberin, die Geliebte Karls VII., die in diesem Saal mit einer Statue und mit einem Porträt präsent geblieben war.

Den Spuren einer anderen Favoritin folgte ich im Lustschloß Chenonceau, das Diana von Poitiers von Heinrich II. geschenkt worden war. Ich warf einen Blick in ihr Schlafgemach, betrachtete das Bildnis, das sie als Jägerin zeigte, schritt durch die Große Galerie, die über den Fluß Cher führt, und schaute im Souterrain in die Küchenräume, wo für die Hofherrin und den Hofstaat aufgekocht worden war.

Nach so viel Monarchischem verlangte es mich nach Ländlich-Sittlichem und Bürgerlich-Solidem. Ich fand es, unweit des Schlosses, beim »Bon Laboureur«. Ich schlief bäuerlich in einer Dachkammer und aß gutbürgerlich im Restaurant: Terrine aux quatre poissons de Loire (Lachsforelle, Hecht, Zander und Aal), Noisettes d'agneau Rebecca (mit Artischocken) und Nußkuchen, trank weißen Montlouis und roten Chenonceau.

Regionale Küche in bourgeoisem Milieu, von der Dame des Hauses würdevoll empfangen und vortrefflich beraten, genoß ich im Restaurant »Le Bordeaux« in Tours: Rillettes (Schweineschmalzfleisch), Rillons (kleine Stücke vom Schweinebauch, gekocht und angebraten), Matelote d'anguilles au Chinon (Aalragout), Andouillette de Vouvray grillée (Kuttelbratwurst), Coq au vin de Chinon. Ich trank dazu die Weine, mit denen die Gerichte besprengt worden waren, und dachte an ein Bonmot Heinrich Heines: Die Franzosen sorgten »für die größten Bedürfnisse der menschlichen Gesellschaft, für gutes Essen und bürgerliche Gleichheit«. Ich schätzte mich glücklich, als normaler Bürger mindestens so gut gespeist zu haben wie die Könige von anno dazumal.

Don Quichote und Sancho Pansa

Auf der Plaza de España in Madrid reiten zwei Denkmalfiguren für Spanien: Don Quichote von La Mancha, der Ritter, der hochaufgerichtet in den Steigbügeln seines Rosses steht und nach den Sternen greift. Und Sancho Pansa, der auf seinem Esel sitzt und die Beine baumeln läßt, dem Boden nahe bleibt, Schnappsack und Weinschlauch nicht vergessen hat. Die beiden Gestalten symbolisieren den Dualismus des spanischen Wesens wie der spanischen Küche: Hier bäuerlich-schlichte Gerichte – hier hochgestochene Speisen, die sich unterscheiden und ergänzen wie Don Quichote und Sancho Pansa.

Die rustikale Küche ist auch in Madrid zu finden, nicht allein im Haushalt der vom Lande Zugezogenen, sondern auch in Wirtschaften, die bei den in der Hauptstadt heimisch gewordenen, doch ihrer Herkunft verbunden gebliebenen Spaniern beliebt sind. Auch ich lernte sie kennen und als eß- und genießbare Folklore schätzen.

Nicht von ungefähr erhielt eines der einfachsten und köstlichsten Gerichte den Namen Tortilla española, jenes Omelett, in dem Kartoffel und Ei wohlschmeckend harmonieren und die Feststellung von Grimod de la Reynière bestätigt wird: Das Ei sei zur Vermittlung zwischen Verschiedenem und Unterschiedlichem berufen. Freilich meinte der Gastrosoph – und er kannte zu Beginn des

19. Jahrhunderts nichts anderes – das Ei eines freilaufenden und sich natürlich ernährenden Landhuhns. Ein solches ist auch in Madrid immer schwerer zu finden, so daß eine klassische Tortilla española schon fast ein Luxusgericht geworden ist.

Bäuerliche Eintöpfe erfüllen nach wie vor den Zweck, Madrider und ihre Gäste rauhe Wintertage in der 646 Meter hoch gelegenen Stadt überstehen zu lassen. Wenn ein eisiger Wind von der schneebedeckten Guadarrama durch die Straßenschluchten pfiff, suchte ich gern die eine oder andere Taberna in der Umgebung der Puerta Cerrada auf, um mich mit einer Olla podrida zu stärken: Fabada asturiana mit weißen Bohnen, Speck, Chorizo (Paprikawurst) und Morcilla (Blutwurst), oder Caldo Gallego mit weißer Steckrübe samt Kraut, Kartoffel, Schweinefleisch und Wurst, oder gar mit einem üppigen Cocido madrileño: Garbanzos (Kichererbsen), Suppenhuhn, Rinderbrust, Landschinken, Speck, Paprikawurst, Karotten, Porree, Weißkohl und Kartoffel.

Eine noch opulentere Version der Olla podrida (was eigentlich »verdorbener Topf« heißt) lernte ich nur durch Lektüre kennen, in dem 1845 erschienenen »Handbuch für Spanienreisende« von Richard Ford: In einen Topf kamen Kichererbsen, Rindfleisch, Huhn, Speck, in einen zweiten Lattich, Kohl, Kürbis, rote Beete, Karotten, grüne Bohnen, Sellerie, Endivien, Zwiebel, Knoblauch und Pfefferschoten, dazu Paprika-, Schlack- und Blutwürste sowie ein halber gepökelter Schweinskopf. Kein Veilchen könne mit dem Duft wetteifern, der diesen Töpfen entströme, meinte der Engländer. »Dies ist eine Olla im großen Stil, von der Don Quichote sagt, sie würde von Domherren und Rektoren verspeist.« Sancho Pansa hätte in sie eingehauen.

In Kastilien, sagt man dortzulande, herrschten neun Monate Winterkälte und drei Monate Höllenhitze. Auch gegen letztere war man in Madrid gewappnet: mit kalter Gazpacho andaluz oder heißer Sopa de ajo (mit Weißbrotkrumen und Ei) sowie mit Gemüsegerichten: Pisto manchego (ein Gemüseeintopf mit Tomaten, Zucchini, Auberginen, Paprikaschoten, Zwiebeln), Judías verdes (grüne Bohnen), Guisantes con jámon (Erbsen mit Schinkenwürfeln), Espárragos (Spargel) vinagreta oder auch nur einer Salatschüssel.

An die Essenszeiten mußte ich mich erst gewöhnen: Comida zwischen 14 und 15 Uhr, Cena zwischen 22 und 24 Uhr. Ich hätte es kaum geschafft, wenn mir nicht die Tapa-Stunden geschlagen hätten. Gegen 13 Uhr, wenn der Mitteleuropäer, der sich wie ein Madrider zum Frühstück mit Churro, ausgebackenem Spritzgebäck, begnügt und keine Zeit für las onces, das zweite Frühstück, gefunden hatte, einen gewaltigen Hunger verspürte, ging ich in eine Tasca, stellte mich an die Theke, bestellte einen Chato, ein stupsnasiges Glas mit rotem Valdepeñas, und griff in die aufgereihten Schälchen mit appetitlichen Häppchen: Boquerónes (Sardellen), Muscheln, Garnelen, Tintenfischringe, Fleischbällchen, Käsewürfel und manches andere mehr. Wenn es Soldaditos de Pavía, panierte und ausgebackene Kabeljau-Happen gab, oder gar Callos a la madrileña, pikant gewürztes Kuttelragout, konnte ich mir das Mittagessen sparen, ohne auf die Siesta zu verzichten.

Gegen 20 Uhr, zur Einstimmung auf das Abendessen, bummelte ich mit Vorliebe durch die Gassen zwischen der Cortes und der Plaza de Santa Ana, unternahm einen Chateo, einen Streifzug durch die Tascas, bewunderte die Azulejos von 1910 in der Taberna »Los Gabrieles«

(Calle de Echegaray 17), bestellte ein Glas Weißwein, knabberte ein paar Oliven, hörte dem Gitarrespieler und schaute den diskurierenden Männern zu, die nicht allzu oft nach den Chatos und Tapas griffen, weil sie die Hände und Arme zum Gestikulieren brauchten.

In der seit 1827 bestehenden »Casa Alberto« genehmigte ich mir eine Ración Jámon serrano, luftgetrockneten Landschinken von kleinen Schweinen, die im Gebirge halbwild herumgelaufen waren und sich das Futter selber hatten suchen müssen. Der Kult, der mit dem Edelprodukt getrieben wurde, war ein Vorspiel des Genusses. Der Patron höchstselbst griff nach einem der kleinen Schinken, die im Hintergrund der Bar hingen, den rauchenden Zechern entrückt. Er schliff noch einmal das lange Messer und säbelte hauchdünne Scheiben ab: würzig und mild, robust und zart – ein kulinarischer Zusammenklang spanischer Kontraste.

Die »Casa Alberto« lag in der Calle Huertas Nr. 18, in dem Haus, in dem Cervantes, der Dichter des »Don Quichote«, an seinem Werk »Die Reise zum Parnaß«, zum Sitz der Musen, geschrieben hatte. Ich begab mich, den Wohlgeschmack des Jamón serrano noch am Gaumen, in jenes Stadtviertel, in dem ich den Parnaß bodenständiger Kochkunst gesucht und gefunden hatte.

Der Weg führte über die Plaza Mayor, die eher den Flaneur als den Gourmet anzog. Die spanischen Habsburger gestalteten sie als eine Manifestation monarchischer Ordnung: Die den Platz im Karree umgebenden Häuser mit ihren uniformen Fassaden gleichen militärischen Formationen, die angetreten sind, um ihren in der Mitte auf seinem Denkmalsroß thronenden König Philipp III. zu begrüßen und zu beschützen. Doch der Hauptplatz der Stadt wurde für Untertanen geöffnet: Die

Arkaden luden zum Promenieren ein, auf der Plaza Mayor, die an die fünfzigtausend Menschen, fast die gesamte damalige Stadtbevölkerung faßte, fanden Volksfeste statt.

Heute ist sie, vor allem am Abend, von einer Unzahl Touristen belebt, die Lokale aufsuchen, die Tische und Stühle möglichst weit auf den Platz hinausgeschoben haben, sich von den Konkurrenten durch Wände grüner Topfpflanzen abgrenzen und ihre Gäste gegen die Einsicht abschirmen, daß jene nebenan auch wenig Verlockendes auf den Tellern haben.

Zum Apéritif setzte ich mich lieber vor ein kleines Café in einer Seitengasse, in Distanz zum Circus Maximus auf der Plaza Mayor, nippte an einem Manzanilla, dem erfrischenden Fino aus Sanlúcar an der Mündung des Guadalquivir in das Meer und genoß ein Kammerspiel Madrider Lebens. Vor der Lotteriebude standen ein paar Leute, noch unschlüssig, ob sie ihr Glück versuchen sollten. An einer Hauswand hing eine Todesanzeige; ein Greis schlurfte herbei, setzte seine Brille auf, begann mit stumm mitbuchstabierenden Lippen zu lesen, und ging achselzuckend weiter. Aus einem Hausflur, in dem ein Dutzend Briefkästen hingen, trat eine alte Frau, mit der peinlichen Sauberkeit der Armut in Schwarz gekleidet; die Enkelin, die sie auf dem Arm trug, war fast wie eine Infantin herausgeputzt. In der Kneipe gegenüber standen Männer an der Theke, tranken Rotwein und spuckten Olivenkerne auf den mit Sägemehl bestreuten Fliesenboden. Es roch nach frittiertem Tintenfisch und duftete nach gegrilltem Lammfleisch. Das erinnerte mich daran, daß es Zeit für das Nachtmahl war.

In den sechziger Jahren schätzte ich die in der Südostecke der Plaza Mayor (Nummer 10) gelegene Taberna

»El Pulpito«, in der noch mehr Madrileños als Touristen einkehrten. Aus dem mit Azulejos verzierten Speisesaal sah man direkt in die Küche, wo eine junge Frau mit weißer Haube und gerötetem Gesicht am Herde waltete. Sie lieferte, was ihr Anblick erwarten ließ: Judías verdes (grüne Bohnen) en salsa de tomates, Zarzuela de mariscos (kleiner Topf mit Muscheln und Garnelen), Chuletas de cordero (Lammkoteletten), Arroz con leche (Milchreis mit Zucker und Zimt). Im »Pulpito« trank ich den ersten roten Rioja, einen trockenen und leichten Marqués de Riscal, und bald freundete ich mich mit dem Marqués de Murrieta an, einem anderen Nobelwein, der sich vom offenen Valdepeñas so unterschied wie weiland der Ritter von seinem Knappen.

Wenn ich Lust auf im offenen Holzofen gebratenes Milchlamm (Cordero lechal) oder Spanferkel (Cochinillo) bekam, stieg ich von der Plaza Mayor durch den Arco de Cuchilleros zur »Casa Botín« (Calle Cuchilleros 17) hinab. Fremde bevorzugten die beiden oberen Stockwerke, Einheimische das Parterre, und auch ich setzte mich, fern der Tür mit dem unaufhörlichen Hin und Her, in eine Ecke und behielt den Ofen im Blick, aus dem der bestellte knusprige Asado kam. Weniger Touristen waren ein Stück weiter, bei »El Schotis« (Cava Baja 11) anzutreffen. Das Interieur war einfach, das Ambiente lebhaft und das Rindsfilet (Solomillo) einzigartig: ein respektables Steak, das noch auf dem heißen Teller bruzzelte und zur sanftroten Mitte zwischen poco und medio hecho gedieh.

Ohne Tischreservierung war kaum Einlaß in der »Casa Lucio« (Cava Baja 35) zu finden. Ich griff öfter zum Telefon, denn dieses Restaurant wurde mein Lieblingslokal in Madrid, aus drei Gründen. Erstens kam ich in eine Edeltaberna mit ungekünstelter »Decoración castellana«. Zweitens saß man unter bester Madrider Gesellschaft, die sich nicht allzu förmlich benahm. Und drittens und vor allem kamen traditionelle Gerichte so auf den Tisch, daß ihr rustikaler Charakter gewahrt geblieben, doch durch urbane Akzente verfeinert worden war, Don Quichote und Sancho Pansa sozusagen in einer Gestalt auftraten. Den Rang einer Delikatesse erreichten die Bratkartoffeln mit Rührei, eine häufig verlangte Hausspezialität. Sopa castellana war eine mit Landschinken aus der Guadarrama angereicherte Sopa de ajo. Jamón serrano gab auch den gedünsteten Artischocken (Alcachofas) einen Pfiff. Stockfisch, das Armeleutegericht, stieg als Pimientos rellenos con bacalao (in geröstete süße rote Paprika gefüllt) zu einem Nobelgericht auf. Caldereta de cordero (Eintopf mit Lammfleisch, Paprika und Chili) war über alle in so manchem anderen Restaurant angebrachten Zweifel erhaben. Natillas (Creme aus Eigelb, Milch und Zucker) setzten süße Schlußpunkte.

Spaniens Metropole glaubte es sich schuldig zu sein, Haute Cuisine in Luxusrestaurants zu pflegen. Bei »Lhardy« (Carrera de San Jerónimo 8) tat man dies schon seit 1839, als das Haus als erstes französisches Restaurant in Madrid eröffnet wurde. Nach wie vor wurden Canard à l'orange und Soufflé surprise serviert, in einem Speisesaal, dessen antiquierte Ausstattung mehr faszinierte als das kaum modernisierte Speisenangebot. Zu »Horcher« (Alfonso XII Nr. 6) am Retiro-Park hatten sich die »Goldenen Zwanziger« Berlins zurückgezogen; in eleganten Salons, tadellos bedient, speiste man Hummersalat, Steinbutt mit Sauce Hollandaise und Hirschragout. Noch exklusiver und exquisiter gab sich

»Jockey« (Amador de los Rios 6), jedenfalls was die Ausstattung betraf.

Sehr gut aß man in baskischen Luxusrestaurants: Bei »El Amparo« (Callejón de Puigcerda 8) ein Ragout aus Seezunge und Jakobsmuschel oder bei »Gure-Etxea« (Plaza de la Paja 12) veredelten Bacalao al pil-pil (unter gleichmäßigem Rütteln der Kasserolle gegarter Stockfisch, wobei sich die aus der Haut austretende Gelatine mit dem Öl zu einer cremigen Sauce verbindet). Basken demonstrierten mit der Eigenständigkeit die Vorzüglichkeit ihrer Küche und bereicherten damit die Tafel der von ihnen wenig geliebten Zentrale.

Es gab auch galizische Nobelrestaurants wie »O'Pazo« (Reina Mercedes 20). Wenn ich jedoch Fische und Meeresfrüchte aus Spaniens Nordwesten in regionaler Zubereitung essen wollte, ging ich lieber zu »Hogar Gallego« (Plaza Comandante Las Morenas 3). Dort waren die Preise noch volksnah und das Publikum bestand meist aus Galiciern, die in Madrid ihr gastronomisches Heimweh stillten. In der warmen Jahreszeit saß man im Hof, verzehrte Almejas (Venusmuscheln) und Vieiras (Jakobsmuscheln), leistete sich ab und zu Cigala (Kaisergranat) oder Lubina (Wolfsbarsch) und begnügte sich meist mit Merluza (Seehecht) auf galizische Art, mit Tomatensauce. Dazu wurden schlanke und feinfruchtige Weißweine getrunken: Monterrey und Albariño. Im Winter bevorzugte man die Innenräume und deftige Gerichte, vor allem das galizische Stammgericht Lacón con grelos (gepökelte Schweinsschulter mit Steckrübenkraut), dem ein robuster Ribeiro-Rotwein Paroli bot.

Wo und was ich auch immer zur Nacht speiste, zum Abschluß zog ich mich in eine stille Ecke zurück, zur Zweisamkeit mit »Cardenal Mendoza«. Der Nobelbrandy aus dem andalusischen Jerez de la Frontera ist nach dem spanischen Kirchenfürsten aus der Epoche Isabellas von Kastilien und Ferdinands von Aragonien, dem »dritten König Spaniens«, benannt. Die Farbe von »El Unico«, wie ihn Verehrer des einzigartigen Digestifs bezeichnen, gleicht jener alter Meßgewänder, die in Sakristeien spanischer Kathedralen zu sehen sind: in langer Zeit nachgedunkeltem Gold. »Cardenal Mendoza« hat seine Patina durch Lagerung in kleinen Eichenfässern erhalten, in denen davor Oloroso-Sherry herangereift war. In vornehmen Häusern wurde er in einem mit heißem Wasser ausgespülten Schwenker serviert, der nach dem Eingießen des Brandys mit einer zusammengefalteten Serviette bedeckt wurde, damit kein Hauch des Buketts entwich. In kleinen Schlücken genossen, steigerte sich das Finale eines Madrider Tages zur Apotheose.

Kastilische Kontraste

Kastilien, so Miguel de Unamuno, »ist ein versteinertes Meer voller Himmel«. Dieses Wort des spanischen Philosophen und Dichters stand mir vor Augen, als ich durch die altkastilische Meseta fuhr: ein zu Stein erstarrtes Meer, eintönig und doch bewegt, strohgelb, blaßgrün, rostbraun, granitgrau, erdfarben – während der Himmel alles Meerblau an sich gezogen, in sich aufgenommen zu haben schien. Doch zwischen der steinigen Erde, die der Kastilier mühselig bebaut, und dem blauen Himmel, zu dem er zuversichtlich aufschaut, entdeckte ich Köstlichkeiten, die ich auf den ersten Blick nicht erwartet hätte.

Viel Stein, aber auch viel Brot ist zu finden, ebenso festes wie feines Weizenbrot, das mit ein paar Rädchen Chorizo oder gar einer Scheibe Jamón mit Frugalität kaum mehr etwas zu tun hat. Steine, so ein Rezept aus Avila, gehörten in die Sopa de piedra, die Steinsuppe: »Man nehme einige Flußsteine, die schön rund sind, wasche sie gut und werfe sie in einen Topf, in den man vorher zwei gut gemästete, junge Hühnchen, drei Pfund Schinken, zwei Pfund gutes Kalbfleisch, einige Würste usw. getan hat, würze alles gut, und nachdem die Brühe genügend gekocht hat, nehme man vorsichtig die Steine heraus und werfe sie weg.«

Natürlich ist dies ein Scherz, aber einer mit tieferer Bedeutung: Avilas Kontraste werden angesprochen. Über tausend Meter über dem Meeresspiegel gelegen, ist die Stadt im Sommer den Feuerpfeilen der Sonne und im Winter dem Eiseshauch der Bergwinde ausgesetzt. Dagegen kann die Zyklopenmauer mit ihren 88 Wehrtürmen nicht schützen. Doch durch die 9 Tore werden Viktualien eingelassen, die das Leben in der »Stadt der Steine und der Heiligen« lebenswert machen. Teresa, die große Mystikerin, die Gott in der Unendlichkeit des Himmels suchte und dabei auf dem Boden ihrer Heimat blieb, war eine Avilenserin, die meinte: »Wenn tanzen, dann tanzen, wenn fasten, dann fasten ... wenn Rebhuhn, dann Rebhuhn, wenn Buße, dann Buße ... Meine Töchter, bedenkt, daß der Herr auch in der Küche inmitten der Töpfe euch nahe ist!«

Für Avilenser ist es kein Sakrileg, wenn sie einem süßherben Gaumenkitzel den Namen ihrer Heiligen gegeben haben: Yemas de Santa Teresa, kandierte Eidotter. Die Coïncidentia oppositorum, der Zusammenfall und Zusammenklang von Entgegengesetztem, fasziniert in Avila. Hinter abweisenden Mauern verstecken sich verträumte Gassen und hinter zugeknöpften Fassaden idyllische Patios. In dieser Stadt des eiskalten Steins wird Vino de Cebreros getrunken, der feurige Rotwein von den Südhängen der Sierra de Gredos, und das zarteste Fleisch geschätzt: Milchkalb, Milchschwein und Milchlamm.

In die Stadtmauer war ein Gasthof hineingebaut, ebenso einladend wie jene abweisend: »Mesón El Rastro«. Dort aß ich mich durch Spezialitäten Avilas hindurch: Níscalos (gebratene Pilze), Judías (weiße Bohnen) aus Barco mit Chorizo aus La Cañada, Cocido mit Kichererbsen aus La Moraña, Perdiz (Rebhuhn) geschmort wie eingelegt, und Ternera de Valle Ambles a la parrilla, das beste Milchkalbfleisch, das ich je bekam, ein

Akkord in Moll in einem auf Dur gestimmten Milieu. Die kleinen feinen Forellen aus dem Adaja hatten es, wie ich meinte, nicht verdient, mit Scheiben robusten Landschinkens in den aufgeschlitzten Bäuchlein gebraten zu werden; hier harmonierte das Entgegengesetzte nicht.

Im »Parador Nacional Raimondo de Borgoña«, wo ich in einem Himmelbett schlief, schätzte ich das Milchlamm (Lechazo), das im richtigen Moment aus dem Ofen gekommen, außen knusprig und innen saftig war, das Nierchen noch unter den Rippchen hatte und in einer Duftwolke aus Rosmarin daherkam. »Lobe die Freundlichkeit Deines Herrn, der Dir solches beschert« – kein anderer Dank als dieses Wort der Teresa von Avila kam mir dabei in den Sinn.

Einen besonders gesegneten Appetit hatte ich an einem Markttag, wenn die Bauern des Umlandes die Stadt besetzten. Es begann mit dem Viehhandel an der Puerta del Carmen; im gelben Sand standen schwarze Stiere und Kühe, reglos, fast wie erstarrt, als ahnten sie, was ihnen bevorstand. Nach getätigtem Handel stiegen die Landleute den steilen Hang hinauf, dunkel gekleidet, gebückt gehend, als trügen sie immer noch Maltersäcke auf den Schultern. Sie passierten das Tor, das sein Visier geöffnet hatte. Gemüsebauern hatten bereits die Plaza de la Victoria mit Bohnen, Zwiebeln, Krautköpfen und Tomaten eingenommen; Stadtfrauen prüften, feilschten, kauften und schleppten volle Taschen und Körbe hinweg. Spanferkel wurden angeboten, das Gewicht auf einer Handwaage festgestellt und der Preis ausgehandelt.

Ich saß bei einem Glas weißen Valdepeñas unter den Arkaden, schaute den Marktleuten zu, stellte mir vor, wie das Eingekaufte in Hausgerichte verwandelt werden würde, gönnte den Verkäufern den Gewinn, von dem sie freilich einen Gutteil in der Stadt zurückließen, in den Läden, die Maultiersättel, Sensen und hölzerne Mistgabeln feilhielten, beim Zuckerbäcker, auf dem Finanzamt und im Opferstock.

Gegen Abend kehrten die Landleute heim, in geduckte Dörfer und eintönige Verhältnisse, um am nächsten Freitag wiederzukommen. Die Stadtbewohner waren wieder unter sich. Vor dem Nachtmahl gingen sie auf den Rastro, die Promenade außerhalb der Stadtmauer. Sie schauten hinab auf schüttere, mit Pappeln paspelierte Kornfelder, auf Berge, die lange Schatten warfen, auf das weite Land, dessen Mittelpunkt ihr Avila ist. Alte Damen fächelten nur noch aus Gewohnheit; denn der Abendwind war aufgekommen, brachte Kühle und den Ruch ferner Kiefernwälder. Schwalben hatten es wichtig, und Mädchen schwatzten und sangen. Auf einmal hatte die Stadtmauer ihre Strenge verloren, und ich wußte, daß hinter dem Tor das »Mesón El Rastro« lag, in dem mich die beste Küche Avilas erwartete.

Auch Segovia ist eine spanische Burg im spanischen Burgenland, aber die Zugbrücken sind stets heruntergelassen, die Tore stehen immer offen. Segovia ist die weltoffene Schwester des weltabgeschiedenen Avila. Schon von weitem sieht man die Kathedrale, deren hoher Campanile einem Leuchtturm gleicht, der jedem, der sich im Steinmeer Kastiliens verloren fühlt, anzeigt, wo Leben ist, die Stadt, Urbanität. Segovia zieht an, lädt ein, nimmt den Fremden mit offenen Armen auf, hat das Fremde stets angenommen, seinem Wesen angeglichen und es damit bereichert.

Rom ist in Segovia immer noch präsent, im universalen Geist und in einem monumentalen Bau: dem Aquädukt.

In einer Länge von 728 Metern, davon 276 Meter zweistöckig, mit 118 Bogen und in einer Höchsthöhe von 29 Metern überspannt er die Plaza del Azoguejo, das Forum von Segovia, in dem auch Kaffee getrunken und Tapas schnabuliert werden und im besten, jedenfalls typischten Restaurant Kastiliens getafelt wird, im »Mesón de Cándido«. Das Haus – eigentlich ein Häuschen – stammt aus dem 15. Jahrhundert, hat Fenster mit Butzenscheiben und ein Schaufenster, in dem die Spezialität des Lokals und der Stadt präsentiert wird: Cochinillo, Spanferkel.

Das Milchschweinchen kam direkt aus dem Holzkohlenofen auf den Tisch. Es war so zart, daß es der Kellner mit dem Löffel zerteilte, jedoch so geschickt, daß die rösche Haut unbeschädigt blieb. Dazu mundete ein hellroter Clarete aus Rioja. Auch das Davor und Danach konnte sich sehen und schmecken lassen: Flußkrebse als Ingredienzien einer Cremesuppe oder – im Winter als Kontrapunkte zum Cochinillo – weiße Bohnen mit Schweinsohren und Schweinsfüßen. Als Nachtisch lockten gereifter Queso manchego (aus Schafsmilch) und Ponche segoviano, ein mit Creme und Marzipan gefüllter Biskuitkuchen.

Alle vom Marqués de Lozoya empfohlenen Süßigkeiten konnte ich nicht probieren, zum Beispiel Yemas der Dominikanerinnen, Rosquillas aus San Antonio el Real, Gefüllte Biskuits von Santa Isabel, Mandeltorte der Peraltas. Doch das, was ich kostete, ließ mich dem Segovianer zustimmen: »Auch der Gaumen hat die Fähigkeit, die Vergangenheit heraufzubeschwören« – jene Zeit, in der Klöster nicht nur zum Kulturleben, sondern auch zur Lebensqualität beitrugen.

Kirchen und Klöster prägen immer noch das Stadtbild und – mit zeitbedingten Einschränkungen – den Stadtcharakter. Im Mittelpunkt Segovias erhebt sich die Kathedrale. Im 16. Jahrhundert errichtet, ist sie ein Postumus der Gotik und ein Vorläufer des Barock. Ihren Bau hatte jener Habsburger befohlen, der als Karl I. König von Spanien und als Karl V. römisch-deutscher Kaiser war. So wurde die Kathedrale von Segovia eine Reichskirche auf spanischem Boden, eine Manifestation universaler Harmonie in Kastilien, dem Land der Kontraste.

Neben der Kathedrale liegt die Plaza Mayor: ein wohlproportionierter Platz; Häuser, die sich elegant in die Zeilenordnung einfügen; Balkone mit schmiedeeisernen Gittern; Akazien, der Musikpavillon, Markisen, schwirrende Schwalben, spielende Kinder. Auf den Caféterrassen saßen Männer, in Zeitungen vertieft, und Frauen, denen nichts auf dem Platz entging – und, so oft ich konnte, auch ich, um mit einem Brandy »Carlos Primero« den alten Stadtherrn und die jung gebliebene Stadt hochleben zu lassen.

Eine Konzentration des Spanischen fand ich im Escorial. »Denn das ästhetische Gesetz des Escorials wird bestimmt durch die beiden großen Antipoden des spanischen Geistes: der kältesten Vernunft und der glühendsten Leidenschaft. Und so ist der Escorial gleichsam eine Synthese des spanischen Geistes«, hatte ich bei Luis Felipe Vivanco gelesen. Eine Passion, die man Philipp II., dem wie versteinert wirkenden König von Spanien, kaum zugetraut hätte, trieb ihn dazu, in eine Steinwüste das »Real Monasterio de San Lorenzo de El Escorial« zu setzen – und zugleich war Ratio mit im Spiel: Der monumentale Bau sollte in seiner Vereinigung von Kirche, Kloster, Palast und Festung die Macht und den Glauben des Königs von Gottes Gnaden demonstrieren.

Im Schlafzimmer Philipps II. steht ein schlichtes Himmelbett mit schweren Vorhängen in den spanischen Farben Rot-Gelb-Rot, die den Monarchen beim Einschlafen und Aufwachen an die Bürde des Herrschers eines Reiches, in dem die Sonne nicht unterging, gemahnten und nachts als Alpdruck auf ihm gelastet haben mochten. In diesem Bett starb der König am 13. September 1598, nach 53 Tage dauerndem Todeskampf. Wenn er sich nach rechts wandte, blickte er auf das Bild »Die Todsünden« von Hieronymus Bosch, das ein Wort des Propheten Isaias illustriert: »Alles Fleisch ist Heu und all sein Ruhm vergeht wie die Blume auf dem Feld«. Wenn Philipp sich nach links wandte, schaute er durch ein Fenster auf den Hochaltar der Kirche, der auf die immerwährende Macht Gottes über Leben und Tod verwies. Des Königs sterbliche Überreste ruhen – unter spanischen Herrschern vor und nach ihm – in der Gruft des Escorials, »den verheißenen Tag erwartend, unter dem Hochaltar des Wiedererweckers zum Leben«, wie dort geschrieben steht.

Nicht nur Düsteres, auch Heiteres ist im Escorial zu finden. In einem Trakt haben sich die Bourbonen, die Nachfolger der Habsburger, häuslich einzurichten versucht. Die kalten Granitwände wurden mit bunten Gobelins verhängt, die Szenen aus dem Volksleben des 18. Jahrhunderts zeigen: »Tanz am Ufer des Manzanares« und »Kornernte und Weinlese« nach Entwürfen von Goya, und von Bayeu »Der Wurstmacher« und »Picknick auf dem Land«. Opera buffa wurde in diesem Palast gespielt, der als Opera seria komponiert worden war.

Im Städtchen San Lorenzo de El Escorial, dessen Architekten den Baumeistern Philipps II. nacheiferten, ist hinter und vor den Granitfassaden »Leben und Lebenlassen« angesagt. Den Ton geben im Sommer Großstädter an, die sich aus dem Glutkessel Madrid in den 1130 Meter hoch gelegenen Ort geflüchtet haben, um dort oben all das nachzuholen, was ihnen dort unten entgangen war. Ich saß gern unter ihnen: in der Taberna »Castilla« bei Jamón serrano und Wachteln (Codorniz); im Mesón la Cueva«, einer Posada aus dem 17. Jahrhundert, bei Omelett mit Spargel (Tortilla con espárragos verdes) und gebratenem Zicklein (Choto); im Freien, vor dem »Alaska« (der Name dieser typisch kastilischen Wirtschaft sollte wohl die abendliche Guadarrama-Kühle noch steigern) bei gerösteten Paprikaschoten (Pimientos) und Pollo en pepitoria (geschmortes Huhn in Weißweinsauce mit Mandeln), und in die Nacht hinein wurde geschmaust und gebechert.

Eines Nachmittags saß ich an der Floridablanca bei einem Café solo und – kastilisch eingestimmt – einem Aguardiente de anís aus Chinchón. Meine Nachbarn waren ein spanisches Ehepaar mit einem etwa achtjährigen Knaben. Er hatte seine Limonade getrunken und einen Krapfen gegessen, von dessen Füllung, einer dicken Eiercreme, Spuren an seinem Mund zurückgeblieben waren. Nun hatte er die Hände frei für ein seltsames Spielzeug: ein Miniskelett, das er wie einen Hampelmann zappeln ließ, daß die Kunststoffgebeine schepperten.

In und um Lissabon

Wenn ich nach Lissabon kam, was zum Glück öfter der Fall war, fuhr ich zuerst zur Praça do Comércio, um mit der Fähre über den Rio Tejo nach Cacilhas überzusetzen. Bei der Hinfahrt stellte ich mich an das Heck, um wie ein portugiesischer Seemann, der auf einer Karavelle hinaus auf die Weltmeere fuhr, mit einem Abschiedsblick das Bild der über sieben Hügel hingelagerten Hauptstadt in mich aufzunehmen. Bei der Rückfahrt stand ich am Bug, um wie ein aus Brasilien oder Indien Heimkehrender den Heimathafen zu grüßen und die Vorfreude auf all das, was ihn an Land erwartete, zu genießen.

Als ich in Cacilhas, auf der »Outra Banda«, der »anderen Seite«, ankam, roch ich gegrillte Sardinen, hörte das Klopfen von Holzhämmerchen, mit dem Einheimische auf einer Wirtshausterrasse den Camarãoes zu Leibe rückten, die Krebspanzer aufbrachen. Ich ging im »Floresta do Ginjal« die steile, mit Muschelschalen dekorierte Treppe hinauf, die in Tannhäusers Venusgrotte zu führen schien, und betrat ein riesiges Lokal, das einem Wartesaal zweiter Klasse glich, voller Portugiesen war, die nicht durch die großen Fenster nach Lissabon hinüberblickten, nur auf die vor ihnen stehenden Schüsseln und Teller schauten. Ich tat es ihnen nach und genoß zwei Hauptgerichte ihrer Hausmannskost: Caldeirada (Eintopf mit einfachen Fischen, Kartoffeln, Tomaten,

Paprika und Zwiebeln) und Bacalhau à Bras (Stockfisch mit Kartoffeln, Zwiebeln, Rührei und Oliven). Dazu trank ich an diesem Sommermittag einen Vinho Verde, einen jungen, leichten und erfrischenden »grünen Wein« aus dem äußersten Norden des Landes. Nachdem ich mir, wie alle, die Hände an einem der Waschbecken im Flur gewaschen hatte, nicht ohne zu bereuen, daß der Geruch der Kernseife den Duft der Speisen überlagerte, fuhr ich nach Lissabon zurück, wo mich ein gastronomisches Kontrastprogramm erwartete.

Zunächst kehrte ich an der Praça do Comércio im Café »Martinho da Arcada« ein. Im schlichten Raum saßen bei einer »Bica« (Espresso) Einheimische auf Holzbänken an Tischen mit Marmorplatten, lasen, schrieben, diskurrierten oder starrten nur einfach vor sich hin. Ehedem, als er noch nicht als Nationaldichter gefeiert wurde, war oft noch ein Plätzchen an einem Ecktisch frei, dem Stammplatz von Fernando Pessoa (1888–1935). Zum schwarzen Kaffee trank ich einen Bagaçeira (Tresterschnaps), den er schätzte und sich leisten konnte.

Die melancholische Stimmung, die mich bei der Erinnerung an Leben und Werk des Dichters überkam, vertrieb ich am Rossio, dem Forum der Stadt, dem Hauptverkehrsplatz und Haupttreffpunkt, wo Schauspiele nicht nur hinter der klassizistischen Fassade des Nationaltheaters Dona Maria II., sondern an allen Ecken und Enden gegeben wurden. Ich betrachtete sie von einem Parterresitz vor dem »Café Suiça« aus, versüßte mir alles mit Toucinho do céu, dem »Himmelsspeck« genannten Mandelkuchen.

In der vom Rossio ausgehenden Rua das Portas de Santo Antão, der zwar gerühmten, aber nicht den Appetit eines jeden anregenden »Freßstraße«, lockte zu einer einfachen Mahlzeit die »Casa do Alentejo« (Nr. 58), der Stützpunkt der Südprovinz in der Hauptstadt: ein Palais in maurischem Stil, in dem in passendem Rahmen Spezialitäten der von den Arabern mitgeprägten Region zu probieren waren, etwa Açorda Alentejana (eine dicke Suppe, eine Art Brotbrei mit Ei, Öl, Knoblauch und Koriander), Carne de porco à Alentejana (Stücke vom Schweinsfilet, gekocht, mit Muscheln), ein Gericht, in dem ein Grundprodukt der Landwirtschaft und eines der Fischerei harmonischer zusammenklangen, als man es vermutet hätte. Die gaumenschmeichelnden und magenfüllenden Süßspeisen werden selbst von jenen Portugiesen liebend gern verzehrt, die ebenso froh darüber sind, daß die Araber vertrieben worden sind wie daß sie ihre Doces dagelassen haben. Auch Araber hätten die Weine aus dem Alentejo kaum verschmäht, die in den letzten Jahren ein bemerkenswertes Niveau erreicht haben, vor allem die Roten aus Vidigueira, Borba, Redondo oder gar Reguengos de Monsaraz.

Wenn ich vornehmer ausgehen wollte und mehr ausgeben konnte, begab ich mich in das Nobelrestaurant »Gambrinus« (Rua das Portas de Santo Antão 25). In den holzgetäfelten Salons, deren Intimität zum Geschäftsessen wie zum Liebesmahl einlud, wurden frische Meeresfrüchte und Fische gewissermaßen in portugiesischen Farben mit französischen Streifen und kulinarischen Sternen offeriert, etwa gratinierter Hummer oder pochierter Steinbutt, aber auch Bife à Portuguêsa (Rinderfiletsteak in würziger Rotweinsauce) wurde geschätzt, schon deshalb, weil man dazu einen Rotwein aus dem wohlassortierten Keller wählen konnte: Dão, Bairrada oder Ferreirinha (Barca Velha), der sich bei einem Serra Velho, dem Schafskäse aus der Serra da Estrêla, voll entfaltete. Zum Kaffee wurde in einer Kristallkaraffe der Haus-Brandy serviert und so ein angemessener Schlußpunkt gesetzt.

Unweit des Rossio führt eine Standseilbahn die Calçada da Glória in die Oberstadt hinauf. Ich benützte sie oft, denn es erwarteten mich Höhepunkte des Lissaboner Lebens. Vom Miradouro aus lag mir die Stadt zu Füßen. Im »Solar do Vinho de Porto« (Rua de São Pedro de Alcântara 45), einem Palais aus dem 18. Jahrhundert und in englischem Klubmilieu, nahm ich als Apéritif einen weißen Portwein (extra dry) und – das Lokal war bis Mitternacht geöffnet – als Digestif, besser gesagt zur Abrundung eines schönen und guten Tages, roten Portwein, Tawny oder Vintage. Das hing davon ab, wo und was ich zu Abend gegessen hatte, in einem volkstümlichen Lokal oder in einem Etablissement der High Society.

Die »Cervejaria da Trinidade« (Rua Nova de Trinidade 20) kam mir wie ein Hofbräuhaus auf Portugiesisch vor. Es wurde viel Bier, doch kaum weniger Wein getrunken. In den Räumen des ehemaligen Klostergebäudes ging es laut her. Viele der meist einheimischen Gäste waren damit beschäftigt, Sapateiras (Taschenkrebse) auf kleinen Hauklötzen mit Holzhämmerchen aufzubrechen. Diese Arbeit scheuend, bevorzugte ich Camarãos, die so frisch und saftig waren, daß sich die Krebspanzer leicht mit den Fingern ablösen ließen. An warmen Gerichten schätzte ich Açorda de gambas (Brotsuppe mit großen Garnelen) und die Spießchen mit Seeteufel (Tamboril). Nie versäumte ich es, zum Auftakt der Mahlzeit an den Bolinhos de bacalhau zu knabbern, jenen mit frischen Kräutern aufgepeppten Stockfischfrikadellen. Sie waren – in unterschiedlicher Güte – in ganz Portugal zu bekommen; ein Restaurant erweckte Vertrauen, wenn als Amuse-gueule anstelle der notorischen Sardellenpaste Bolinhos gebracht wurden.

Im populären »Trinidade« war Lissaboner Gegenwart, im exklusiven »Tavares Rico« (Rua da Misericórdia 37) Lissaboner Vergangenheit zu erleben. In Portugals großen Zeiten, als Gold aus Übersee ins Land kam, wurden damit Altäre verschwenderisch dekoriert, wie es in der Kapelle des Albertas-Klosters (heute im Museu Naciónal de Arte Antiga) zu bewundern ist. Mit Gold, viel Gold, womit Gott der Herr gefeiert wurde, huldigten sich dann die Könige von Gottes Gnaden, etwa im Rokokoschloß Queluz bei Lissabon, dessen Protzerei ich leichter ertrug, weil ich mich in der alten Schloßküche, die zum Restaurant »Cozinha Velha« umgewandelt worden war, gestärkt hatte. Die Dekadenz setzte sich im 19. Jahrhundert fort, als die Bourgeoisie nach den Sternen griff und Gold in ihre Interieurs herabholte – so im Luxusrestaurant »Tavares Rico«, diesem Queluz-Palast für das Großbürgertum aus dem Fin-de-siècle.

Sein Prunk verschlug mir fast den Atem und beinahe den Appetit: Lüster, Stuck, Plüsch, dick aufgetragenes Gold, die überzogene Pracht durch Spiegel ins schier Unendliche und Unerträgliche verlängert. Der eine und andere Kellner kam mir wie eine Gestalt aus dem Wachsfigurenkabinett vor, die Ausgang bekommen hatte, aber sich an die Bewegung noch nicht so recht zu gewöhnen vermochte. Die Grande Cuisine, die sie auf angemessenem Tafelgeschirr mehr offerierten als servierten, entsprach nicht dem Niveau des Établissement, war jedoch, dank nicht zu sehr à la française markierter portugiesischer Produkte, Krustazeen und Edelfische, dennoch bemerkenswert. Käsewagen und Dessertwagen ließen ohnehin nichts zu wünschen übrig, und die Weinkarte war auf der Höhe des Anspruches einer Haute Cuisine. Alles in allem: Der Nostalgiker kam nur auf pekuniäre Kosten; die Suche nach der verlorenen Zeit führte nicht zu gewonnener Zeit.

Wenn schon Luxus, dann schwelgte ich lieber im »Tágide« (Largo da Academia Nacional de Belas Artes 18), wo das Dekor weniger aufwendig, doch die Küche weit ansprechender war. So gefielen Paté de salmão (Lachs), Consommé de santola (Seespinne), das geschmorte Rebhuhn (Perdiz) und das gebackene Zicklein (Cabrito). Carne de porco com amêijoas (Schweinefleisch mit Muscheln) erschien als Edelfassung dieses Volksgerichtes. Zu jeder Speise war eine passende portugiesische Kreszenz zu finden, und auch mein Lieblingsbrandy war vorhanden: »Carvalho, Ribeiro & Ferreira Reserva«.

Wenn der Teller leergegessen und das Glas noch nicht ausgetrunken war, widmete ich mich einer weiteren Spezialität des Hauses: dem Blick auf Lissabon. In den Häusern der Baixa, der Unterstadt, wurde ein Licht nach dem anderen von der Nacht verschluckt. Beleuchtet blieb, auf dem gegenüberliegenden Hügel, das Castelo São Jorge, das heißt, was davon übriggeblieben war: Mauern und Türme, die wie ein zerzauster Hahnenkamm über der Stadt standen. Im Ohr hatte ich die klagenden Schreie der Pfauen, die durch die Ruinen irrten. Wehmut kam auch bei Betrachtung der angestrahlten Sé Patriarcal auf, der romanisch-gotischen Kathedrale, die als eines der wenigen alten Bauwerke das große Erdbeben von 1755 im großen und ganzen überstanden hatte. Von hundert Kirchen und dreihundert Palästen waren nur noch Trümmer übriggeblieben, unter denen dreißigbis vierzigtausend Menschen begraben lagen. Wie ein Kartenhaus war die Metropole eines Weltreiches zusammengefallen, in einer Katastrophe, von der sich Stadt und Land nur langsam und nie ganz erholten.

Das Erdbeben von Lissabon, wird gesagt, sei die Geburtsstunde des Fado gewesen. Jedenfalls ist dieser typische Gesang ein Ausdruck jener schwermütigen Stimmung, die Portugiesen leidend genießen. Auch ich war dagegen nicht gefeit, wenn ich an das Fatum, das Schicksal Lissabons dachte – und wenn ich am Abend zu gut gegessen und getrunken hatte, und mir nicht nur zu vieles im Magen lag, sondern mich auch die Sorge drückte, ob mir so bald ein Dacapo beschieden sein würde.

Im Bairro Alto mied ich Fado-Lokale, die von Gruppenreisenden aufgesucht wurden, in denen nicht nur eine schwarzgekleidete Fadista, begleitet von Gitarristen, Melancholie aushauchte, sondern auch – wohl damit nicht alle davon angesteckt wurden – erheiternde Folklore-Tänze geboten wurden. Ich fuhr – nach Voranmeldung – zu »Sr. Vinho« in der Rua do Meio-à-Lapa 18 hinaus, nicht vor Mitternacht, am besten in der Nacht von Freitag auf Samstag oder Samstag auf Sonntag, wenn Einheimische sich dem Fado hingaben und, von Traurigkeit übermannt, noch einmal und nicht zu wenig zu essen begannen. Nach dieser portugiesischen Erfahrung gewann für mich der deutsche Begriff »Kummerspeck« eine tiefere Bedeutung.

Wer von Lissabon den Tejo in Richtung Spanien hinauffährt, kommt in das Ribatejo, eine Tiefebene, ein Weideland für Rinder, die Portugals bestes Rindfleisch liefern. Um es zu genießen, muß man nicht unbedingt Santarém besuchen, vom Miradouro de São Bento auf Herden blicken und im Restaurant »Solar« einen Rinderbraten essen. In Lissabons Avenida da Berna 34 steht in der Hauptstadt eine Dependance der Provinz: das »Restaurante Oh! Lacerda«.

An der Hauswand weisen auf Azulejos Stiere und Cavaleiros darauf hin, daß man an einem Außenposten des Ribatejo, dem Land der Kampfstierzucht und des Stierkampfes, angekommen ist. In der ehemaligen Metzgerei rückt man größeren und kleineren Rindersteaks von bester Qualität und in angemessener Zubereitung mit dolchartigen Messern zu Leibe, mal passado (schwach gebraten) oder bem passado (durchgebraten), so wie es gewünscht wird. Zum Auftakt nahm ich gerne ein paar Scheiben Presunto (roher Schinken), zum Abschluß einen pikanten Serpa-Käse. Im Winter diente auch Caldo verde (Suppe mit Kohl und Kartoffeln) zur Einstimmung, und zur Sättigung eines Bärenhungers Cozido à Portoguêsa, ein Potpourri aus verschiedenen Viktualien: Kichererbsen, Weißkohl, weiße und gelbe Rüben, Kartoffeln, Speck, Chourico-Wurst und selbstredend Rindfleisch aus dem nahen Ribatejo. Dazu wurde Rotwein aus dieser Provinz getrunken: Cartaxo, eine Art portugiesischer Beaujolais.

Portugal ist dem Meere zugewandt, ohne den Festlandboden unter den Füßen zu verlieren, und davon sind seine Küchen geprägt, die man in der Metropole durchkosten kann. Aus dem nahen Atlantik kommen frische Fische auf die Tische Lissabons; dennoch fuhr ich ihnen gern entgegen: in den Fischerhafen Cascais.

Die Schnellbahn, in die ich an der Estação Caís do Sodré einstieg, fuhr am Mosteiro dos Jerónimos in Belém vorbei, in dem Grabdenkmäler an den ersten Nationaldichter Luis de Camões und an den späteren Nationaldichter Fernando Pessoa erinnern. Ich dachte auch an die Pastéis de nata, ein leckeres Gebäck aus der vor dem Kloster liegenden Antiga Confeitaria de Belém, das ich gern als Fahrverpflegung bei mir gehabt hätte. Estoril mit seiner angestaubten Exklusivität ließ ich rechts liegen, und in Cascais, der Endstation, angekommen, bummelte ich zur Praia da Ribeira, setzte mich auf die Terrasse des Hotels »Baia«, bestellte ein Gläschen süßen Carcavelos, blickte auf den Atlantik, in dem der Tejo sein Ziel gefunden hatte, und auf die bunten Boote, die wie gestrandete Fische auf dem Sand lagen. Nicht immer kam ich zur rechten Zeit zu einer der Fischversteigerungen, die einen Überblick über die reichen Gaben des Meeres sowie einen Einblick in Eigenarten von Portugiesen bot. Stets steuerte ich aber ein neben der Versteigerungshalle liegendes Restaurant an, das vornehme »O Pipas« oder das schlichtere »O Batel«.

Der Ichthyopag, der Fischliebhaber und Fischesser, war im richtigen Hafen gelandet. Es blieb die Qual der Wahl zwischen portugiesischen Evergreens wie Amêijoas à Bulhão Pato (Venusmuscheln in pikanter Brühe), Arroz de mariscos (eine Art Paella, mit Meeresfrüchten) oder Chocos guisados (Tintenfischragout) und edlen Fischen wie Salmonete (Rotbarbe), Robalo (Seebarsch) oder Linguado (Seezunge), die ich gegrillt vorzog, um kein Risiko einzugehen. Dazu trank ich mittags Avaleda, einen hervorragenden Vinho Verde, und abends einen weißen Bucelas, oder umgekehrt, je nach Art der Speisen und der Lust des Essers. Fische wollten nicht nur in Wein schwimmen, sondern auch mit einer Süßspeise gefeiert werden, einem leichten Pudim Flan (Crème caramel auf portugiesisch) oder einem schweren Bôlo de amêndoa (Mandelkuchen). Ein ambrafarbener und aromatischer

Moscatel de Setúbal rundete das Dessert ab und weckte den Wunsch, ihn dort zu genießen, woher er gekommen war: von der »anderen Seite« des Tejo, aus dem Hinterland der Serra da Arrábida.

Setúbal, 51 Kilometer südlich von Lissabon gelegen, die viertgrößte Stadt und der drittgrößte Hafen Portugals, lädt nicht zu längerem Verweilen ein. Nur eineinhalb Kilometer entfernt lockt die »Pousada de São Filipe« innerhalb der Mauern einer Bergfestung aus dem 16. Jahrhundert, von der man Setúbal aus der Distanz zu betrachten und bemerkenswert zu finden vermag, vor allem, wenn bei hereinbrechender Nacht das Häusermeer zu einem Lichtermeer geworden ist. Dieser Ausblick, auch vom Speisesaal, blieb indessen das einzig Anziehende; was auf die Teller kam, geriet rasch in Vergessenheit.

In bester Erinnerung blieb die Fahrt auf der Küstenstraße, einer Amalfitana in portugiesischem, nicht zum Übermaß neigenden Format. Zur Rechten zog sich die Macchia die eher sanfte Serra da Arrábida hinauf, zur Linken verebbten die Berge in einer zwischen Grün und Blau changierenden See, im Atlantik, der hier eher dem Mittelmeer glich. In Portinho stieg ich zum Strand und Hafen hinab, in dem mehr Fischerboote als Jachten lagen. Auf der schattigen Terrasse eines kleinen Restaurants aß ich meerfrischen und auf den Punkt gegrillten Cherne (Silberbarsch), der freilich in landesüblicher Art serviert wurde: Alles lag auf einer Platte in Tuchfühlung, Fisch, Reis, Kartoffeln, grüne Bohnen und ein gemischter Salat. Es bedurfte einiger Aufräumungsarbeit, um die Pièce de résistance freizulegen; dann stand dem Genuß des Fisches nichts mehr im Wege. Der weiße, trockene, doch nicht zu schlanke Vinho Branco Sêco ließ ohnehin nichts zu wünschen übrig, regte jedoch an, den Keller von José Maria da Fonseca im nahen Azeitão zu besuchen.

Die Fahrt dahin führte auf die andere Seite der Serra da Arrábida, in eine bukolische Landschaft mit Olivenhainen und Weingärten, in denen die Muskatellertrauben für den Moscatel de Setúbal angebaut werden. Die Fonseca-Kellerei in Vila Nogueira de Azeitão ist in dem im 16. Jahrhundert im Renaissancestil erbauten Palast der Herzöge von Aveiro untergebracht.

Noblesse oblige, und ich hätte eigentlich den Tag mit einem Diner in der »Quinta das Torres« beschließen müssen. Aber ich kam an einer Kneipe vorbei, vor der, am Straßenrand, Ortsbewohner und Ausflügler es sich an diesem Feiertag bei schlichten Gerichten gut gehen ließen: Muscheln, Wachteln und Azeitão-Schafskäse. Ich tat es ihnen gleich, und machte erneut die Erfahrung, daß man unter einfachen Einheimischen nicht am schlechtesten, jedenfalls am originellsten ißt. Dennoch war ich froh, daß ich mich nicht mit dem offenen Landwein begnügen mußte, sondern eine Flasche Camarate, einen Clarete aus dem Hause Fonseca, zu trinken bekam.

Merry Old London

Engländer, und das, was ihre Leiber und Seelen zusammenhält, lernte ich zuerst aus der Literatur kennen, als Student bei einer Seminararbeit über die »Canterbury Tales« von Geoffrey Chaucer. Unter den Pilgern, die sich im 14. Jahrhundert im Wirtshaus »Zum Heroldsrock« in Southwark bei London zur Wallfahrt in die Kathedrale von Canterbury sammelten, befand sich auch ein Gutsherr:

»Sein Bier und Brot war immer gut und gleich,
Sein Keller war an vollen Weinen reich;
An Braten fehlt' es nie in seinem Haus,
Von Fleisch und Fisch ging nie der Vorrat aus.«

Chaucer schilderte einen englischen Jünger des Epikur (»der ihn gelehrt: Vergnügtsein jederzeit sei in der Tat vollkommne Seligkeit«), einen Vorläufer von John Bull, der zu Beginn des 18. Jahrhunderts von John Arbuthnot karikierten Verkörperung des englischen Nationalcharakters (»vollblütig war sein Angesicht und rot«), und einen »Hans Ochs« mit ziemlich rüden Manieren (»Doch weh' dem Koch, war seine Tunke nicht scharf und pikant und fertig das Gericht!«).

»Merry Old England« begegnete ich dann in der Kunst, in der Londoner Tate Gallery: Landadeligen, von Gainsborough porträtiert, deren Westen so sehr um die Bäuche spannten, daß jeden Augenblick ein Abspringen der Knöpfe zu erwarten war, und deren Gesichter von Ale, Whisky und Rotspon in Jahrzehnten ihre Patina erhalten hatten. Ein »Roast Beef of Old England«, Kern der englischen Küche und des englischen Selbstverständnisses, ist gar der »Hauptakteur« auf einem Gemälde von William Hogarth, auf dem eine englische Rinderlende ausgehungerten französischen Wachleuten, die freilich nichts abbekommen, das Wasser im Munde zusammenlaufen läßt.

Mir war Roast Beef vergönnt, bereits im Restaurant der Tate Gallery. Vor dem die Geschichte des Eichhorns schildernden Wandgemälde von James Whistler und an einem Tisch ohne Decke aß ich ein schlichtes Steak mit gegrillter Tomate; das Fleisch war so mürb und saftig, daß ich mir auch mit der Papierserviette genüßlich den Mund abwischte. Dazu trank ich eine halbe Flasche Claret, wie Engländer den roten Bordeaux nennen; sie wurde von der Kellnerin unaufgefordert dekantiert.

Später konnte ich mir vornehmere Restaurants, opulentere Rindfleischgerichte und rote Spitzenweine aus dem Bordelais genehmigen. Dieses französische Gebiet war von der Mitte des 12. bis Mitte des 15. Jahrhunderts mit dem englischen Königshaus verbunden gewesen, so daß Engländer schon damals und auch weiterhin den dortigen Wein als heimisches Gewächs betrachteten. Es glich einer Kulthandlung, wenn im Grill Room des Londoner Hotels »Connaught« der silberne Servierwagen an den Tisch gerollt wurde, der Carver ihn wie einen Tabernakel öffnete und mir das ausgesuchte Roast Sirloin of Scottish Beef, Old England Style (perfekt zwischen rare und medium gebraten) wie ein Göttergericht vorlegte. Dazu leistete ich mir einen Château La Griverie. Zum guten Schluß nahm ich – Tradition oblige –

einen pikanten Stilton aus Leicestershire zusammen mit einem Gläschen Tawny Port aus Portugal, das die Briten so lange ökonomisch beherrscht hatten, daß sie diesen Dessertwein immer noch als angemessenen Tribut genossen.

Im »Connaught«, einem Mayfair-House wie aus einem viktorianischen Ziegelbaukasten, kam ich mit feinster alt-englischer Lebensart in Berührung, jedenfalls was Aufmachung, Aufwartung und Aufgetischtes betraf. Auf einem Schreibtisch in der Lounge lag neben einem Tintenfaß ein Penholder mit einer Sheffieldfeder. Dem Versuch, sie zu benützen, widersetzte sie sich stahlsträubend und tintenklecksend. So wurde demonstriert, daß der Traditionspflege gewisse Grenzen gesetzt sind, und daß der Traditionsbewußte nicht immer und in allem befriedigt werden kann.

Dies erfuhr ich auch bei einem Lunch im Royal Naval College in Greenwich, wo mit der Seegeltung die Küchentradition hochgehalten wird. Glanz der ersteren und Elend der letzteren sind in der Painted Hall konserviert: Hoch oben in der barock bemalten Kuppel, einem britischen Glorienhimmel, und tief darunter in der Speisehalle der Seekadetten. Dem Eintretenden schlug Kohlgeruch entgegen. An einem der langen und blanken Eichentische wurde ihm sein Platz angewiesen. Der Obersteward rückte in zivilem Entgegenkommen den Stuhl zurück, stieß ihn jedoch, als der Gast sich zum Hinsetzen anschickte, mit militärischer Resolutheit nach vorn – ich wurde gesetzt. Schon drückte mir eine Waitress die Speisekarte in die Hand. Sie begann mit dem Hinweis, wann die Messe spätestens wieder zu räumen sei. Es gab eine mehlige Hühnersuppe, lauwarmen Lammbraten mit einer Farce, die diesen Namen verdiente, und Mint-Soße, die giftgrün aussah und gräulich schmeckte. Zwei Karaffen wurden auf den Tisch geknallt: die eine mit klebrigem weißen Bordeaux, die andere mit einem rachenputzenden Landwein aus Spanien. Die Teller wurden blitzschnell hingestellt und blitzschnell weggenommen, als ob das Schiff im nächsten Moment klar zum Gefecht sein müßte.

Erst beim – ziemlich dünnen – Kaffee kam ich zum Verschnaufen und fand Gelegenheit, mich an den Nachbarn zu wenden, der sich als Midshipman vorstellte. Dieser Dienstgrad sei mir aus den Hornblower-Romanen ein Begriff, sagte ich, und der Midshipman der Königin Elisabeth II. griente: »Seit Hornblowers Zeiten hat sich in der Royal Navy viel verändert, nur eines nicht: die Verpflegung«. Ich dachte daran, was Kommodore Pellew seinem Gast Horatio Hornblower eröffnet hatte: Anzubieten habe er nur einen Pie mit fragwürdiger Füllung: »Das Ochsenfleisch ist zu Fasern zerkocht. Unser Schlachtochse war immer für gewöhnliche Sterbliche zu zäh, wir konnten sein Fleisch nur durch Kochen verdaulich machen. Ein Glück, daß er uns mit seinen Nieren half, so gab es wenigstens Rindernierenpastete« – die mit dem Union Jack drapiert, mit dem Mantel nationaler Disziplin zugedeckt war.

Ein Engländer, der sich nicht auf das Wasser ohne Balken und ohne Braten begab, sondern im Lande blieb, vermochte sich redlich und auch köstlich zu ernähren. Kostproben des »traditional English fare« bot mir »The English House« in Chelsea. Das Nobelrestaurant legte Wert auf das »The«: »Das« englische Milieu und »Die« englische Küche aus jenen guten alten Zeiten, die weder von Genuß scheuenden Puritanern noch Genüsse übertreibenden Viktorianern beeinträchtigt und mit Hilfe alter Kochbücher, vor allem aus dem 18. Jahrhundert, restauriert worden war.

Ich kam in eines der vornehmen Häuser dieses Viertels, die sich von außen im Understatement zeigen, ohne im Innern zum Overstatement zu neigen. Ich betrat einen Speisesalon, der kaum dreißig Personen Platz bot und begann mich wie ein Gast in einem Privathaus zu fühlen. Dazu trugen die Kellner bei, die wie Butler aussahen, aber sich wie Garçons bewegten. Der Hausherr (die Bezeichnung General Manager hielt ich für stilwidrig) erwies sich als gemessen-liebenswürdiger Gastgeber, der mit einer Verbeugung meinen Hinweis quittierte: Ich müsse mich beim First Course etwas zurückhalten, weil ich eben bei einem von Her Royal Highness The Princess Anne gegebenem Empfang im Lancaster House eine Scheibe Räucherlachs und ein paar Wachteleier zu mir genommen habe. Ich konnte dann doch nicht der Versuchung durch die Galantine of rabbit (Kaninchen) widerstehen, bestellte auch die Chilled Stilton soup und hatte für den Hauptgang die Qual der Wahl zwischen dem English House fish pie und einem Mustard baked chicken, von der ich mich durch das Bestellen beider Gerichte erlöste. Daraufhin hatte ich nur noch Platz für Burnt cream (Vanillepudding mit gebrannter Kruste) nach einem Rezept von 1769, und das bedeutete, daß sie ebenso großportioniert wie wohlschmeckend war.

Ein andermal kam ich zum Dinner in »The English House«. Der Hausherr machte mich diskret darauf aufmerksam, daß – freilich entfernte – Verwandte der Queen unter den Gästen weilten. Weniger aus republikanischem Trotz als aus gastronomischer Erfahrung ließ ich mir ein gewöhnliches Ale aus einer Landbrauerei bringen; denn von dem beim letztenmal probierten

Wein aus Essex, »Huxelrebe Dry White«, war ich nicht amused gewesen.

Unter Volksvertretern, die sich wie Aristokraten benahmen und feudal speisten, saß ich beim Lunch im Restaurant »Lockets« (Marsham Court), unweit des Parlaments. Es erschien mir als Casino Erster Klasse des Unterhauses, vornehmlich für Konservative; denn den Köchen glückte, was sie als Politiker erstrebten, bewährtes altes in modernisierter Form: eine ebenso leichte wie kräftigende Fasanen-Consommé, Aylesbury duckling (junge Ente mit Apfelsößchen), Roast wild duck (Wildente) mit orange and brandy sauce, Lamb in the manner of Shrewsbury, Lammkoteletts von insularer Güte mit einer delikaten Sauce aus Rotwein, rotem Johannisbeergelee und Wacholderbeeren. Ich erinnerte mich, daß der italienische Marchese Carracioli ausgerufen hatte: »Mein Gott, was ist dies für ein Land! Hundert verschiedene Sekten und nur eine Sauce!« Der Ärmste hatte die Fortschritte der englischen Küche noch nicht mitbekommen.

Bei »Lockets« soll es vorgekommen sein, daß die Herren Abgeordneten ihr Mahl nicht mit einem der verführerischen Desserts abzurunden vermochten, weil sie durch ein Klingelzeichen zur Abstimmung in das Plenum zurückgerufen wurden. Weltmachtentscheidungen waren nicht mehr wie zu jener Zeit zu treffen, als das »Britannia rules the waves« nicht nur gesungen, sondern auch praktiziert wurde. Die meerumschlungene Insel profitiert aber weiterhin vom Segen des Meeres.

Darunter verstand ich nicht unbedingt »Fish and chips«, und nicht erst, nachdem ich von einem Vorfall auf Schloß Sandringham gelesen hatte: Auf einen Feueralarm hin eilten Prinzgemahl Philipp und Thronfolger

Charles zu einem in der Nähe geparkten Wagen, aus dem es rauchte und stank. Es war eine fahrbare Bude, in der »Bratfisch und Fritten« mit übertriebenem Aufwand an Fett und Feuer produziert wurden. Genießbar schienen sie nicht mehr gewesen zu sein. Doch an Tausenden anderen Buden erstanden Engländer dieses mehr oder weniger gelungene Volksgericht, neuerdings doppelt eingewickelt: zunächst in Pergamentpapier, wie es eine auf Hygiene bedachte Behörde vorschrieb, und dann in Zeitungspapier, wie man es seit jeher gewohnt war. Snobs verlangten die »Times«.

Nein, unter »Segen des Meeres« verstand ich anderes: Austern, Native oysters, Colchester und Whitstable, Clams (Venusmuscheln), Prawns (Garnelen), Crabs (Taschenkrebse), Lobster (Hummer), Bar (Barsch), Sole (Seezunge), Plaice (Scholle), Haddock (Schellfisch), Halibut (Heilbutt) und – last not least – Turbot (Steinbutt), den ich als König der Fische feierte, wenn er nicht durch eine zu aufdringliche Sauce Hollandaise seiner Majestät beraubt worden war.

Vorzügliches Seafood genoß ich bei »Wilton's« in Londons Bury Street: im Jugendstil-Interieur eine Küche, die sich mit den Jahren gleich geblieben, nicht sophisticated geworden war. Fische und Meeresfrüchte wurden nicht zu weit von ihrem Naturzustand entfernt serviert. In der Saison brachten die Kellnerinnen in weißen Kitteln auch Partridge (Rebhuhn) oder gar Grouse (Moorhuhn) und hinterher den obligaten Stilton auf den Tisch. Obgleich daran gewöhnt, zuckte ich doch jedesmal zusammen, wenn auf silbernem Tablett die Rechnung präsentiert wurde.

Einen kulinarischen Genuß ohne pekuniäre Reue bot »Hungry Horse« in der Fulham Street 196. Dieses Londoner Bistro lag weit weg von den Touristenmeilen, den Zentren politischer wie finanzieller Macht und den gastronomischen Luxusstätten. Ich nahm am Picadilly Circus den Bus der Linie 14, gelangte in ein Volksviertel mit Trattorien und Tavernen, und schließlich in das angesteuerte Kellerlokal, in das sich wie in eine Katakombe traditionelles English Food zurückgezogen hatte: Split pea soup (Suppe aus gelben Erbsen), Salmon fish cake, Steak and kidney pie (Pastete mit Rindfleisch, Rinderniere, Pilzen und Zwiebeln), die das mitgebrachte Vorurteil gegen dieses weniger für ein Evergreen als ein Evergray gehaltene Stammgericht John Bulls vergessen ließ.

Dies galt auch für die Beilagen. Die Kartoffeln hoben sich von den Potatoes jener englischen Hausfrauen ab, die befanden: »We have them boiled, and no nonsense about it« (»Wir lassen sie kochen und stellen mit ihnen keinen Unsinn an«). Das Gemüse unterschied sich von jenem, das Ludwig Börne vorgesetzt worden war: wie an etruskischen Vasengefäßen hätten sich an ihm »nur die ersten naiven Regeln der Kunst« ausgesprochen. »Es war nicht sauer, nicht süß, nicht geschmolzen und drang niemand einen vielleicht unwillkommenen Geschmack auf.« Gentlemanlike umschrieb der deutsche Schriftsteller jenes Vegetable, das im Salzwasser zerkocht worden war.

Nun, im »Hungry Horse« war das Gemüse à point zubereitet, und es war nicht erforderlich – wie es englische Tischnachbarn aus Gewohnheit taten – den Erbsen mit den Gabelspitzen zu Leibe zu rücken. Die süßen Nachspeisen folgten einer bewährten Tradition: Treacle (Zuckersirup) tart, Apple crumble (Äpfel mit Streuselhaube, mit Vanillesauce) und Dorothys glorious pudding, die Hausspezialität.

Der mehr berühmte als gerühmte Plumpuddig blieb mir erspart, weil ich an Weihnachten nie in England weilte und daher nicht dem Christmas pudding ausgesetzt war, dieser Zusammenballung von Rosinen, Sultaninen, Zitronat, Orangeat, Eiern, Mehl, Weißbrotbröseln, Zimt, Nelken, Ingwer, Muskatnuß, brauner Butter und Rinderfett, begossen mit Rum und Arrak – und angezündet.

Nicht alle traditionellen Gerichte verdienen weitergepflegt zu werden, vor allem nicht jene sich oft als Magenblindgänger erweisenden Magenbomben, die in am Herkommen festhaltenden Heimen und in zweitklassigen Lokalen immer noch abgefeuert werden. Eine andere Gepflogenheit, die sich seit Jahrhunderten bewährt hat, ist jedoch des Erhaltens wert: das Breakfast.

Das englische Frühstück lernte ich bei meinem ersten Besuch Mitte der fünfziger Jahre kennen und bis heute schätzen. Ich war mit der Nachtfähre von Hoek van Holland nach Harwich gekommen, wo im Morgengrauen der Zug nach London bereitstand. In den Waggons, die eher Postkutschen als kontinentalen Eisenbahnwagen glichen, war der Frühstückstisch gedeckt. Die Dotter der Spiegeleier lachten mich wie Minisonnen an, der Speck war knusprig und saftig der Yorkshire-Schinken. Die Würstchen (Sausages) ließ ich liegen, und tat gut daran; denn bei späteren Versuchen fand ich sie stets zu mehlig und zu überwürzt. Auch auf sautierte Kidneys (Nieren) hatte ich nie Appetit, doch ich wählte schon mal geräucherten Schellfisch (Haddock) oder Kipper (Hering) oder gar ein kleineres oder größeres Steak. Der Toast hielt die Mitte zwischen Gold und Braun, die freilich nicht immer getroffen wird. Orangenmarmelade war und blieb für mich das I-Tüpfelchen auf dem Morgenschmaus.

Mit dem Breakfast begann der Londoner Tag, mit dem Dinner klang er aus. Zum Abschluß eines Aufenthaltes ging ich gern zu »Ye Old Chesire Cheese« an der Fleet Street. Im Pub trank ich Real Draught Ale, im Restaurant aß ich Roast Beef und Chesire Cheese, die Edelvariante des Cheddar-Hartkäse. Noch immer stand der Stuhl da, auf dem der Schriftsteller Samuel Johnson, ein notorischer Spaziergänger und versierter Restaurantbesucher, im 18. Jahrhundert gesessen und gemeint hatte: Ein Stuhl im Wirtshaus sei der Thron menschlicher Glückseligkeit.

Countryside

In Broadway, Worcestershire, zeigte sich mir die englische Countryside von ihrer besten Seite, sozusagen von der Honigseite; denn die aus den honiggelben Steinen der Cotswolds erbauten Häuser glichen Honigwaben, die auf Honigschlecker warteten.

Ich fühlte mich in ein England von vorgestern zurückversetzt. Auf der von Bäumen gesäumten Hauptstraße ritt eine junge Lady im Jagdkostüm, die den vor ihr seinen Hut ziehenden Fremdling so wenig eines Blickes würdigte wie ehedem eine Lordschaft ihren Hintersassen. Neben der Türe eines Dorfladens hing ein Tweedjacket mit dem Hinweis, es könne vierzig Jahre lang getragen werden. Die Metzger nebenan, mit steifen Kragen und dezenten Krawatten, behandelten das seinerzeit noch sakrosankte Beef beinahe wie Reliquien.

Ich stieg in »The Lygon Arms« ab, vor dessen altertümlicher Fassade ein Rolls Royce stand, was historischen Charakter wie modernen Luxus versprach. In diesem auf 1532 zurückgehenden Hotel, das sich nach wie vor als Inn bezeichnete, fand ich, was ich erwartete: Balkendecken, offene Kamine, kostbare Antiquitäten in den Public rooms und – im neuen Anbau – ein komfortables Schlafzimmer und ein tadelloses Bad.

In dem nach ihm benannten Zimmer des Haupthauses hatte 1651 Oliver Cromwell vor der Entscheidungsschlacht bei Worcester gegen Charles II. genächtigt. In »The Lygon Arms« ist dies die einzige Erinnerung an den Puritanismus geblieben. Der mit Sterling-Pfunden versehene und Gewichts-Pfunde nicht scheuende Gast speiste in der Great Hall üppig auf alt-englische Art, die sich dem Neo-Puritanismus einer Neuen Küche nicht ergeben hatte.

Ich schätzte die Terrine mit Kalbsleber und Kalbsbries, die Sellerie-Lauch-Suppe, den Krebsauflauf und vor allem Roast best end of lamb (Lammcarré). Darauf hatte ich bei der Anreise angesichts der auf grünen Wiesen weidenden Lämmer Appetit bekommen, und Küchenchef Shaun Hill wußte ihn angenehm zu befriedigen. Dazu paßte ein Claret aus dem Bordelais, das im Hochmittelalter unter die englische Krone gekommen war. Eingefleischte Traditionalisten gingen noch weiter zurück, bevorzugten den auf uralte Weise gebrauten Gerstensaft der Donnington Brewery aus dem nahegelegenen Stow-on-the-Wold: Light Bitter oder Dark Mild.

»Tout bien, ou rien« – »Alles gut, oder nichts« las ich auf einem der Wappen in der Great Hall der »Lygon Arms«. Dieses Motto vor Augen hielt ich mich nicht lange in Stratford-upon-Avon auf, Shakespeares Heimatstadt, die mir eher wie Disney-Land als eine dem großen Dichter würdige Gedenkstätte vorkam. Ich wagte mich in keines, selbst nicht in eines der wenigen empfohlenen Restaurants, aus Angst, unter gelegentlichen Kulturkonsumenten und umtriebigen Sightseern zu sitzen und vielleicht an einen Ausruf Petruchios in »Der Widerspenstigen Zähmung« erinnert zu werden: »Wie wagt ihr, Buben, das mir anzurichten! Mir vorzusetzen, was ich doch nicht mag?«

Ich fuhr weiter auf der alten Römerstraße nach Norden, in Richtung Warwick, nach Tachbrook Mallory bei

Leamington Spa, zum Restaurant und Country House Hotel »Mallory Court«, das mir im Prospekt der »Relais & Châteaux« aufgefallen war. Wie erhofft, fand ich eine Kombination von englischem Landhauskomfort und französischem Küchenstil, ein Optimum der Gastlichkeit. Ich erging mich im Ziergarten, schaute in den Küchengarten, der Frisches versprach, ließ mich in der Lounge auf einem Chesterfield-Ledersessel nieder und nahm zum Apéritif einen Sherry, bevor ich mich in den nach Gutsherrenart eichenholzgetäfelten Speisesaal begab und an einem der sanftgrün gedeckten Tische zu tafeln begann. Die Bedienung war so, wie man sie aus englischen Nostalgie-Filmen kennt, diskret und perfekt. Die Gerichte des Küchenchefs Alain Holland basierten auf englischen Produkten, balancierten zwischen Haute und Nouvelle Cuisine, exzellierten à la française: Asperges au beurre de cerfeuil (Fenchel) – Barbue (Glattbutt) au mousse de saumon – Filet d'agneau sauté au sauce de tomate et basilic – Plateau de fromage – Soufflé aux framboises (Himbeeren). Damit hielten französische Kreszensen angemessen Schritt.

Den Digestif – stilgemäß einen Cognac – genehmigte ich mir in der Bibliothek, wo ich, milieugerecht, in Büchern über Kochen, Essen und Trinken zu blättern begann. Nein, der Saucier dieses Hauses beschränkte sich nicht mehr auf jene klassischen Sechs – Périgueux, Financière, Grand veneur, Béchamel, Mornay und Espagnole –, die im 19. Jahrhundert, als Britannia die Weltmeere beherrschte und sich die Haute Cuisine à la française angeeignet hatte, als das Non-plus-ultra der Saucenkunst galten.

Die eine oder andere mochte eine tragende, wenn auch nicht unbedingt eine verträgliche Rolle in dem Menü gespielt haben, das 1898 bei der »Royal Weekend Party« auf Warwick Castle serviert wurde. Ich besichtigte in dem zwei Meilen von »Mallory Court« gelegenen Schloß nicht nur die mittelalterlichen Mauern und Türme, sondern auch in den »Private Appartements« die von Madame Tussaud mit Wachsfiguren nachgestellte Gesellschaft an der Wende vom 19. zum 20. Jahrhundert: Gentlemen, die an ihren Westen den unteren Knopf offen ließen, dem Kronprinzen Edward nacheifernd, der seinem Embonpoint etwas Luft zu machen versuchte, und Ladies in bis zum Boden reichenden Roben mit enggeschnürter Taille.

Vielleicht wurde ihnen im Dining Room von Warwick Castle die vom französischen Küchenchef Escoffier für Edward kreierte Poularde Derby aufgetischt, gebratenes Masthuhn mit Reis, Gänseleber und Trüffeln, das dem Bonvivant und Gourmand konvenierte, und auch Nußcrème à la Queen Victoria, jenes opulente Dessert, das zur Korpulenz der Königin wie ihrer Viktorianer beigetragen hatte.

»Die kulinarische Mode hat die gleiche Entwicklung durchgemacht wie die Mode der Frau«, bemerkte Paul Bocuse im fortgeschrittenen 20. Jahrhundert. »Die Frauen tragen längst keine Korsetts mehr, viele nicht einmal mehr Büstenhalter. Früher, wenn man eine Frau auszog, wußte man nicht, was man vorfand. Heute, wenn man ein Gericht bestellt, weiß man genau, was auf dem Teller sein wird.« Nun, die Wahrscheinlichkeit ist größer geworden, doch eine Gewährleistung gibt es dafür nicht. Immerhin: Auch in England tätige Köche, die nicht selten aus Frankreich, der Schweiz und Deutschland gekommen waren, hielten sich an die von Hilary Fawcett, Editor der »Good Food Guide Cookery Books«, formulierte Richtlinie: die Speisen so zuzubereiten, daß ihr natürlicher Geschmack erhalten bliebe, und mit den einfachsten Saucen.

Dies nahmen die Köche im »Hunstret House« in Chelwood bei Bristol nicht allzu wörtlich, doch das vermochte mein Wohlbefinden in diesem als Landhotel zugänglichen Country Manor House aus dem 18. Jahrhundert nicht zu beeinträchtigen. In splendid isolation gelegen, inmitten sanft geschwungener Hügel, in denen die Dünung des Meeres ausklingt, untertreibt es nach außen, wie es die feine englische Art verlangt. Doch das edle Portal mit den Wappen derer von Popham und Leyborne versprach dem Eintretenden Vornehmes und Vorzügliches. Mein Schlafzimmer »Partridge« (Rebhuhn) war so stilvoll und komfortabel eingerichtet, daß mir die Entscheidung schwer fiel, ob ich mich auch tagsüber hier oder in den Public Rooms aufhalten sollte. Schließlich ließ ich mich im Salon auf einem der ebenso schönen wie bequemen Armchairs nieder, setzte mich auch auf die blumengeschmückte Terrasse und schaute dem Damwild zu, das jenseits des tadellosen Rasenteppichs seinen Auslauf hatte.

Das Breakfast war englisch, also den halben Tag füllend gewesen, so daß ich mich zum Lunch mit einem Salat aus dem hauseigenen Garten begnügte. Das Dinner bot englische Substanzen mit Akzenten französischer Haute Cuisine: Lobster, Salmon from the Wye und Wiltshire Lamb, das ich, wenn es nach mir ginge, zum britischen Wappentier erhöbe.

Nur wenige Meilen waren es nach Bath, zu den römischen Ursprüngen, die im 18. Jahrhundert in klassizistische Formen gegossen wurden, und zu englischer Ursprünglichkeit, die im Stadtbild wie auf der Speisenkarte bewahrt worden ist. In der Markthalle waren Produkte und Spezialitäten des West Country zu besichtigen: Äpfel aus Somerset, Dartmoor Heidelbeer-Marmelade, Brixham Mackerel, Torbay Sole, Dorset Sausages, Bath Chaps (Schweinskinnbacken), Cheddar Cheese. Nach dem Augenschmaus löschte ich meinen Durst in einem Pub, in dem Real Beer, John Arkell Bitter aus Swindon, mittels einer Handpumpe aus dem Keller in die Schenke und in das Glas befördert wurde.

Die Lamb Cutlets mit Lemon, Marmalade und Worcestersauce interessierten mehr den Geschichtsliebhaber als den Feinschmecker. Dies galt auch für »traditional English fare with spices from the Empire«, die im »Royal York Hotel« in dem nach Victorias, der Königin von England und Kaiserin von Indien, Premierminister Disraeli benannten Restaurant geboten wurde, etwa mit Portwein angereicherte Wildsuppe oder das mächtige Sirloin Steak Carlton Club. Das »juste milieu« zwischen Vergangenheit und Gegenwart, Urbanem und Rustikalem, Country House und Stadtresidenz fand ich im »Priory Hotel«. In dem in einer Gartenvorstadt von Bath gelegenen, 1835 als Privatvilla erbauten und 1969 als Hotel eingerichteten Georgian House wäre ich gerne länger geblieben.

Im Gothic Room wurde ich von einem Waiter wie eine Lordschaft von ihrem Butler bedient, und was serviert wurde, bewegte sich zwischen englischer Solidität und französischer Raffinesse, zum Beispiel Mousseline of scallops (Jakobsmuscheln) mit Sauce beurre blanc, pochierter Turbot mit feingehackten, in Butter gedämpften Champignons, Fasan mit Calvados-Sauce, Haselnuß-Meringue mit Johannisbeeren. Wer »more simply prepared food« vorziehe, möge dies ungeniert sagen, stand auf der Speisenkarte. Doch von diesem Angebot machte kein

Gentleman in dunklem Anzug und keine Lady im Cocktailkleid Gebrauch. Gold schimmerte an Halsketten und Brillanten blitzten an Ringen auf, und ich begriff, warum vor den Fenstern, im Garten, sich so viele Elstern versammelt hatten.

New York, New York ...

Im Jahre 1956, als ich das erstemal in die Vereinigten Staaten reiste, dauerte der Flug mit der viermotorigen Propellermaschine lange genug, um die Erwartungen zu steigern, doch viel zu kurz, um zu ermessen, daß man über den weiten Atlantik einen anderen Kontinent ansteuerte. Lieber wäre ich nach einer mehrtägigen Schiffsreise im Hafen von New York angekommen. Auf dem noch nicht den Namen Kennedy tragenden Airport Idlewild gelandet, erreichte ich Manhattan erst nach einer ernüchternden Busfahrt durch trostlose Suburbs.

Das Entree, das ich mir gewünscht hatte, suchte ich sogleich nachzuholen. Kaum im Hotel an der Westside eingetroffen, fuhr ich mit der Untergrundbahn zur Battery und setzte mit dem Fährboot nach Staten Island über. Während der Hinfahrt blieb ich unter Deck, auf der Rückfahrt stellte ich mich an den Bug, in der Absicht, mich Manhattan mit jenem Anblick zu nähern, den Europäer vor sich hatten, wenn sie sich dem Hafen näherten: die Statue of Liberty, die Freiheit versprach, die Skyline, die im Sonnenglanz New York als goldene Stadt erscheinen ließ.

Was die Gastronomie betraf, so erwartete ich nicht, in ein »Land der unbegrenzten Möglichkeiten« zu kommen. Der Engländer Charles Dickens, der von Hause aus wahrlich nicht verwöhnt war, berichtete über die Eßgewohnheiten der angelsächsischen Brüder: »Jedermann setzt sich trübselig und verdrießlich nieder, verschlingt seinen Anteil, als ob Frühstück, Mittag- und Abendessen Naturnotwendigkeiten wären, die sich mit keiner Erholung oder Freude verbinden ließen, und nachdem er in tiefem Schweigen seine Portion hinabgewürgt, entfernt er sich wieder, so wie er gekommen.« Im um Objektivität bemühten Baedeker hatte ich gelesen: »Die Nahrung ist in der Regel reichlich und von guter Beschaffenheit; doch läßt die Zubereitung manchmal zu wünschen übrig.«

Mit den zwölf Dollar, die mir 1956 als Tagegeld zur Verfügung standen, von dem die Hälfte für das Nachtquartier aufzuwenden war, konnte ich mir noch keine tieferen Einblicke in die US-Küche verschaffen. Ich blieb zunächst auf das angewiesen, womit sich viele geschäftige New Yorker – weniger aus Geldmangel denn nach der Devise »Time is money« – vor allem am Mittag begnügten: mit Fast Food, das damals Europa noch nicht überschwemmt hatte und an das ich mich, wie an alles Neue, mit unverhohlener Neugier, doch angebrachter Vorsicht heranwagte.

An den Straßenecken standen Karren, auf denen Snacks angeboten wurden: Pretzel, die nicht von ungefähr nicht mit einem weichen »B« geschrieben wurden und von denen sich der Fremde, der mit Brezen vom Bäcker Wolf in Augsburg und vom Bäcker Karl in München aufgewachsen war, mit Schaudern abwandte. Ein Hot Dog war schon eher zu verkraften, nicht unbedingt mit Ketchup, doch mit Senf und vielleicht auch noch mit einem passablen Sauerkraut. Doch dies war nur ein Notbehelf, und ich wunderte mich sehr, als ich später im Fernsehen Ben Matlock die übertrieben garnierten »Heißen Hunde« mit verzückter Miene verzehren sah.

Interessanter, wenn auch kaum verlockender, fand ich in Sandwich-Shops angebotene belegte Brote, weniger die mit lapprigen Weißbrotscheiben als solche mit griffigen Roggenbrotschnitten, und eher mit Thunfisch, Eiersalat oder Corned Beef belegt. Derartiges Fast Food vertilgten Clerks ohne Jacketts und Stenotypistinnen in weißen Blusen, die in ihrer kurzen Mittagspause auf dem Bowling Green, unweit der Wallstreet, auf den Parkbänken oder auf den Stufen des Zollhauses saßen, in die Sonne blinzelten und den flotten Weisen der Downtown Manhattan Band zuhörten.

Einem solchen Quick Lunch vermochte auch ich einiges abzugewinnen. Dies war jedenfalls angenehmer, als sich in die Schlange vor einer Cafeteria einzureihen, um deren gastronomisches Wappentier, ein Chicken, zu erstehen, das gebraten zu Hartgummi oder gekocht zu Weichgummi geraten war. Ungern zwängte ich mich an die Theke einer Luncheonette, deren Bezeichnung, wie ich es erleben mußte, dem Diminutiv der Küchenleistung entsprach. Die Neugierde trieb mich in ein Automatenrestaurant, das mir in alten Filmen als Musterinstitution amerikanischer Food-Organisation erschienen war. Bei »Horn & Hardart« stand ich vor einem solchen Sesam-Öffne-Dich, das nach Münzeinwurf und auf Knopfdruck Eigenartiges und Befremdendes bot.

Dann fand ich doch noch einen Typ von Schnellgaststätte, deren Glanzleistungen in Spitzenlokalen den Bereich des Kulinarischen berührten: die »Delicatessen«. Vor allem bei »Katz's« in der East Houston Street kehrte ich gerne ein und ging befriedigt von dannen. Dort nahm ich opulente Sandwiches nach jüdischer Art, am liebsten Lox and Bagel (Räucherlachs auf Brötchen) oder warme Pastrami (gepökeltes, geräuchertes Rindfleisch) mit Senf, saurer Gurke und Roggenbrot. Mitunter ging es dort zu wie auf einem Gemälde von Breughel; eine orgastische Szene, wie ich sie später im Film »Harry and Sally«, dargeboten von Meg Ryan, sah und hörte, habe ich freilich dort nie erlebt.

Weniger aus gastronomischen als aus ethnologischen Gründen erweckte der »Hamburger« meine Aufmerksamkeit. Eigentlich müßte er »Amerikaner« heißen, denn er ist das fleischgewordene Gleichheitsprinzip der Neuen Welt: die auf Durchschnittsniveau gedrückte Bulette, genormt für jedermann, konfektioniert für alle, erschwinglich für jeden, verzehrbar für alle im gleichen Tempo, auch neben anderen Beschäftigungen, eßbar mit den Fingern, in der natürlichen, Klassenunterschiede verwischenden Weise, allerorten in uniformen Shops zu erstehen.

Doch wäre es unangebracht, in diesem Zusammenhang vom »Great American Desaster« zu sprechen, wie in London ein Hamburger-Imbiß genannt wurde, vielleicht von einem Amerikaner, der zum Sarkasmus neigte, wahrscheinlich vom englischen Besitzer, der sich mit beißendem Spott an den abgefallenen Briten zu revanchieren suchte, die sich jenseits des Atlantiks nicht wie jene diesseits mit »Fish and Chips« begnügten, sondern ihre Unabhängigkeit auch noch mit einem eigenen Standardbissen demonstrierten.

In New York entdeckte ich in einem Lokal im Schatten der St. Patrick's Cathedral Hamburger als Happen, die auch ein wählerischer Esser nicht zu verschmähen brauchte. Ich wurde vom schwarzen Waiter gefragt, ob ich das Steak des Kleinen Mannes well done, medium oder rare haben wollte. Zum Würzen der beachtlichen Exemplare standen auf der Theke nicht nur Ketchup-Flaschen, sondern auch Mühlen mit schwarzem und weißem Pfeffer sowie kleine Töpfe mit verschiedenen Senfsorten, rohen und gedünsteten Zwiebeln, und hausgemachtem Relish aus Gurken, Tomaten und Senffrüchten, in säuerlicher wie in süßlicher Version. Als ich Jahre später wiederkam, waren die Hamburger geschrumpft und die Vielfalt der Zutaten auf das Einerlei amerikanischer Imbißbuden reduziert.

Frühstücken konnte man immer noch mannigfach und ausgiebig, und man sollte es auch tun, wie Johannes Gross meinte: Opulente Frühstücke seien in Ländern entstanden, wo die Küche im übrigen wenig zu bieten habe. Jedenfalls ist man nach einem reichlichen Breakfast gegen Fährnisse des Tages und Ungewißheiten weiterer Mahlzeiten einigermaßen gewappnet.

Unter Businessmen und Businesswomen, die sich auf das Geldverdienen präparierten und nicht schon bald wieder von einer so unproduktiven Tätigkeit wie der Nahrungsaufnahme unterbrochen werden wollten, aß ich mich nach und nach durch das Breakfast-Menü: Fruchtsäfte, Cereals, Eier, statt Scrambled eggs (Rühreier), die mitunter zu ausgetrocknet waren oder gar nach Eipulver schmeckten, lieber Fried eggs, sunny side up (Spiegeleier), dazu Bacon, der freilich nicht immer knusprig war, manchmal eine seifige Konsistenz angenommen hatte. Nach Möglichkeit mied ich Ham (Schinken), der häufig zu hart gebraten war, und erst recht Sausages (Würstchen), die mehr Mehl als Fleisch enthielten. Einem tiefbraunen Toast zog ich ein frisches Brötchen vor. Nicht befreunden konnte ich mich mit Ahorn-Sirup, und an Jelly (Fruchtgelee) bewunderte ich höchstens die Farbe. Morgens war der Kaffee meist noch in Ordnung, hatte sein Aroma noch nicht durch Vorsichhinkochen eingebüßt.

All dies war, vor allem im Drugstore oder in einer Snackbar, preisgünstig zu haben und für einen noch armen Schlucker, der sich nicht so bald eine neue Mahlzeit leisten konnte, von beträchtlichem Nutzwert. Als ich dann hinreichend Dollar in der Tasche hatte, um mir mehr zu leisten, pflegte ich das Breakfast abzukürzen, den Lunch nicht auszudehnen, um für das Dinner einen gesteigerten Hunger mitzubringen.

»Dinner time ist leisure time«, sagt der New Yorker und ist bemüht, wenn er überhaupt dazu kommt und dafür etwas springen lassen kann, sich dem Abendessen ohne Eile und mit Weile hinzugeben. Dies gelingt nicht immer. Die In-Lokale sind meist überfüllt, oft nur Insidern zugänglich. Reservierungen werden nicht immer angenommen, und wenn, dann können sie sich auch als Luftbuchungen erweisen. Vor nicht wenigen Restaurants muß man anstehen und warten, bis ein Tisch frei ist und einem der Platz angewiesen wird.

Dennoch: Dinner time wurde für mich nicht selten zur leisure time, vor allem aber zur Lehrzeit über amerikanische Sitten und Gebräuche. Vor einem Vierteljahrhundert, als das Sybaritentum einer in die Jahre gekommenen Weltmacht noch nicht so weit gediehen war wie heute, war man in Häusern, die am Vätererbe festhielten, immer noch auf Puritanismus eingestellt. Dort war der Dining Room wohl deshalb in dezente Dunkelheit getaucht, damit keiner sah, was und wieviel der andere aß, ob und wie es einem schmeckte. Erfreuen durfte man sich nicht einmal der Farben, die das Schönste am amerikanischen Essen waren: das Chromgrün der Erbsen und das Sündenrot jener Kirschen, die das Mahl vom Cocktail bis zum Pudding begleiteten. Unangebrachte Freudenseufzer oder schon eher hingenommene Klagelaute wurden durch an Choräle erinnernde Lautsprechermusik übertönt.

Steaks konnten jedoch von einer Üppigkeit und Vortrefflichkeit sein, die auf den ersten Blick und Biß überraschten und dennoch eine gewisse Verbindung zum Puritanismus nicht verleugneten. Calvin war davon ausgegangen, daß der Schöpfer seine Kreaturen von Anbeginn in Auserwählte und Verworfene eingeteilt habe und die ersteren an ihrer Bewährung im Dasein und ihrer Belohnung durch Erfolg zu erkennen seien – und vielleicht auch daran, daß ihnen nicht nur pekuniäre Gewinne, sondern auch große Portionen zugeteilt würden.

Aus der amerikanischen Pionierzeit schien die Art und Weise zu stammen, wie man sich die Gottesgabe einverleibte: Man schnitt das Steak schnellstens in kleine Bissen, führte diese mit der in einer Hand gehaltenen Gabel zum Munde und ließ die andere Hand unter dem Tisch, in Nähe des ehedem stets griffbereiten Colts.

Getrunken wurde noch wie in Western-Saloons: während des Essens meist Kaffee, seltener Bier, und vorher, nachher und fast immerzu Whiskey, stilgerecht Bourbon. Die Trinkgebräuche, die ich schwerlich Trinksitten nennen mochte, schienen ebenfalls vom Puritanismus beeinflußt worden zu sein. In New Yorker Bars und Lounges wurde zwar unmäßig getrunken, aber in fast völliger Dunkelheit, wohl deshalb, damit nicht gesehen wurde, wie weit man vom Pfad der Tugend abwich. Dabei wäre es dem Gebot der Nächstenliebe nahe gekommen, daß jeder dem anderen möglichst vieles und Stärkendes gegönnt hätte, damit er das ihn erwartende Essen leichter ertragen beziehungsweise dessen Nachwirkungen besser durchstehen könnte.

Nun, das waren erste Eindrücke, die ich nach und nach zu korrigieren lernte, indessen nie ganz und gar. Zunehmend wurde das Essen nicht nur als notwendige Nahrungsaufnahme, sondern auch als mögliches Genußerlebnis betrachtet. »Mein Vater sprach nie von den Gerichten auf dem Tische, ob sie gut oder schlecht bereitet, von angenehmem oder schlechtem Geschmack, stark gewürzt oder nicht, dieser oder jener Speise ähnlicher Art vorzuziehen oder nachzusetzen seien«, und daher »kümmerte ich mich nie im geringsten darum, was für Essen vor mir stehe«, bemerkte Benjamin Franklin, der auch in dieser Beziehung als Präzeptor Amerikas galt. Inzwischen wird mehr und mehr über Essen nicht nur geredet, sondern auch darüber geschrieben. Da man kein naives Verhältnis zum Genuß hatte, suchte man sich ihm sentimentalisch zu nähern. Jede Stadt, die auf sich hielt, bekam zumindest einen gedruckten Restaurantführer, Zeitungen und Zeitschriften brachten gastronomische Kolumnen, und in Book Shops wurden Regale mit Kochbüchern gefüllt.

Schon wurde über Speis und Trank meditiert, zum Beispiel von Mary Frances Kennedy Fisher auf 749 Seiten in ihrem Buch »The Art of Eating«. Doch selbst diese Pionierin der Feinschmeckerei hatte den Puritanismus nicht gänzlich hinter sich gelassen, so wenn sie zur Liebe nicht bereiten Geschlechtsgenossinen empfahl: Man verpasse ihm drei Martinis, salzige, durstmachende Starters, ein gepfeffertes Wildragout, eine Menge Rotwein, mit Kirschwasser getränkte und in Sahne gebettete Feigen, dazu einen süßen Dessertwein – und man werde seine Ruhe haben.

»The New York Times Guide to Dining out in New York« von John Canaday schloß mit dem Satz: »Viel

Glück! – welches eine angemessenere Schlußfolgerung ist als das übliche Bon appetit!« Ich hatte zunehmend Glück, nicht nur, weil ich einschlägige Führer zu nutzen wußte, sondern auch und vor allem, weil das Essen, auch das typisch-amerikanische, im »Big Apple« immer mehr das Hineinbeißen lohnte.

Ich vertilgte gern ein gewaltiges, kräftiges und dabei saftiges Stück Rindfleisch: Sirloin Steak, T-Bone-Steak oder Porterhouse Steak, am liebsten medium, also gerade recht gebraten. Mein Favorit wurde eine zarte Prime rib of beef, die noch, aber nicht allzu rare, blutig, war. Dazu nahm ich nicht French Fries, verballhornte Pommes frites, sondern Boiled potato, am liebsten eine Kartoffel aus Idaho, die handfest und doch mürbe war und durch fein gewürzte Sour cream einen kulinarischen Touch erhielt. Bei Salat, der nicht selten frisch und knackig war, mied ich amerikanische Saucen und wich auf Italian dressing aus. Schon in einfacheren Steakhäusern konnte man zufriedengestellt werden; aber bei »Christ Cella« (160 East 46th Street) öffnete sich, wenn man genügend Dollar dabei hatte, die Pforte in ein Steak-Paradies.

Auf zwei Säulen ruht Uncle Sam's Küche. Die eine ist Beef, die andere Seafood. An der Atlantikküste ist kein Mangel an frischen und guten Meeresfrüchten, aber sie nach gusto zubereitet zu bekommen, dazu gehört – um mit John Canaday zu sprechen – besonders viel Glück, jedenfalls Vorsicht und Umsicht. Als ich als Greenhorn im nächstbesten Restaurant unüberlegt gegrillten Hummer bestellte, und er mir zu sehr gegrillt vorgesetzt wurde, sagte ich zu der Bedienerin, die mir, wie üblich, ein Lobster-Lätzchen umbinden wollte: »Das ist nicht nötig; denn dieser Hummer verspritzt nichts mehr.« Bei »Sweet's« am Fulton Fischmarkt wählte ich dann, aus

Schaden klug geworden, Lobster Newburg, der in Butter und Sahne gekocht und saftig geblieben war.

In der »Oyster Bar« im Lower Level der Grand Central Station war Seafood jedweder Art und nach jedermanns Geschmack zu genießen, aber in diesem Bahnhofslokal störte der rege Durchgangsverkehr. Gerne fuhr ich bis zur 34. Straße (215 West) zu »Paddy's Clam House«, seit 1898 eine New Yorker Institution, in deren schlichtem Milieu pumperlfrische Fischgerichte preisgünstig zu haben waren: Oysters on the half shell, zwar etwas groß und fett, amerikanisch eben, doch voller Meereswürze, eine gehaltvolle Manhattan clam chowder (sahnige Muschelsuppe), Fische wie Codfish, Red Snapper oder Striped Bass. Im allgemeinen gab ich amerikanischen Fischköchen wenig Gelegenheit, ihre Frittier- und Saucenkünste zu demonstrieren, sondern versuchte sie möglichst im Naturzustand, gekocht oder gegrillt, zu bekommen.

Nun konnte und kann man in New York nicht nur amerikanisch essen, sondern auch Küchen aller Welt probieren, was eher den auf Abwechslung erpichten New Yorker als den Besucher verlockte, der als ambulanter Feinschmecker die Erfahrung gemacht hatte, daß man die nationalen und regionalen Küchen am besten an Ort und Stelle genießt, und dem das Glück zuteil geworden war, das in vieler Herren Länder bestätigt zu finden.

Bevor in New York die UNO zusammentrat, war die Küche der Stadt bereits international geworden: durch die freiwillig wie unfreiwillig Zugezogenen, die ihre Eßgewohnheiten mitgebracht hatten und sie nicht nur aus Heimweh, sondern auch zum Beweis ihrer ethnischen Eigenheiten weiterpflegten.

Ab und zu ging auch ich zu einem Italiener, freilich nicht zu jenem italo-amerikanischen Großbäcker, der angab, jährlich zwanzig Millionen Pizzas abzusetzen, obgleich, wie er eingestand, sein Produkt »jeden echten Italiener im Grabe rotieren lassen würde«. Bei »Manganaro« (488 Ninth Avenue, zwischen der 37. und 38. Straße) hingen von der Decke verlockende Salami und Schinken, in der »Trattoria da Alfreda« in der Bank Street 90 war ein preiswertes und preiswürdiges Pranzo zu haben, und »Sardi's« im Theaterdistrikt (234 West, 44. Straße) lud zum Soupieren ein. Und da war Chinatown, wo selbst die Telefonhäuschen Pagoden ähnelten und zum Lunch Dim sum (gefüllte Teigtaschen) und Peking-Ente zum Dinner lockten.

Wo auch immer für mich Dinner time zur leisure time wurde – den Apéritif nahm ich am liebsten im Rockefeller Center. Im RCA Building fuhr ich mit dem Expresslift in den 65. Stock zur Bar des »Rainbow Room« hinauf. Ich setzte mich an die Theke, von der aus ich bei einem Dry Martini (gerüttelt, nicht geschüttelt) das Glanzstück New Yorks bewunderte: den Abschied der Megapolis vom Arbeitstag, den Auftritt des Feierabends und die Apotheose: den Triumph der angehenden Lichter über die hereinbrechende Nacht. Vor und unter mir lag die moderne Ville lumière. Die Gestalt Manhattans verglich ein neben mir sitzender Texaner mit einem gigantischen Sirloin Steak, ich lieber mit einem riesigen Schiff, in dessen Mitte der Großmast des Empire State Building aufragte, auf dem die Positionslampen angesteckt waren. Ein rotes Herz, wie ich es viel später im Film »Schlaflos in Seattle« an diesem Wolkenkratzer aufflammen sah, prangte noch nicht am Wahrzeichen New Yorks. Aber auch ohne diesen Hinweis hatte ich die Stadt längst liebgewonnen.

Vielfältiges Amerika

Auf Rundreisen durch den nordamerikanischen Kontinent wurde meine in New York gewonnene Auffassung bestätigt, daß die USA ethnisch kein Schmelztiegel und gastronomisch kein Eintopf sind. Ich bevorzugte die Eisenbahn oder Fernbusse, vor deren Fenstern ein abwechslungsreicher Film ablief: Die Hügel Neu-Englands, die mit Weiden und Wäldern bezogenen Kissen glichen; Virginias grüner Teppich, über den Farmen wie Spielzeughäuser so schütter verstreut waren, als ob die Spielzeugkiste schon bald erschöpft gewesen wäre; Ebenen des Mittleren Westens, deren Weizenfelder sich zum Horizont erstreckten; der Mississippi, in dessen Wasserspiegel Boote ihre Spuren wie Zeichen auf einer Tafel hinterließen, die der Riesenschwamm des Stroms sofort wieder verwischte; die bunten Steine New Mexikos und Arizonas, die sich zu einem Mosaik der Träume zusammensetzen ließen; in Kalifornien das San Joaquin Valley, in dem Schafe weideten; und der weitgedehnte Pazifik, der mir wie ein unendliches Fischreservoir erschien.

Wo ich auch Halt machte, traf ich Menschen, die von der Einbahnstraße des »American way of life« abwichen, die sich der Besonderheiten ihrer ethnischen Abstammung und der regionalen Bedingtheiten bewußt geblieben oder erst wieder bewußt geworden waren. Auch sie aßen Hamburger und Hot Dog, doch sie pflegten ihre gastronomischen Eigentümlichkeiten. Bereits in New York konnte ich in die Töpfe verschiedener Volksgruppen gucken; auf meinen Reisen durch das riesengroße und vielgestaltige Land wurde mir vollends klar, daß man eigentlich nicht von *der* amerikanischen Küche, sondern von *den* amerikanischen Küchen sprechen sollte.

Freilich, den Grundton gibt das Englische an, doch selbst in Neu-England schien er mir nicht mehr so rein zu klingen, wie ihn die Pilgerväter angestimmt hatten und Benjamin Franklin ihn weitertönen lassen wollte. In seiner Geburtsstadt Boston wurde ihm zwar ein Denkmal gesetzt, aber seine Landsleute teilen nicht unbedingt seine Meinung, daß die Einnahme von Speis und Trank eine Existenznotwendigkeit sei, aber keine Genußangelegenheit sein dürfe. Die zahlreichen Italiener und Iren, die zu den zuerst dagewesenen Engländern gestoßen sind, halten sich ohnehin nicht an diese puritanische Maxime. Aber auch bei Nachfahren der Mayflower-Passagiere schien sie in Vergessenheit zu geraten. Jedenfalls gewann ich diesen Eindruck, als ich im Restaurant »Durgin and Park« in der Market Street meine Tischgenossen betrachtete. Benjamin Franklin hatte erklärt, daß es ihm schwerfallen würde, »wenige Stunden nach dem Essen anzugeben, woraus meine Mittagsmahlzeit bestanden habe«. Was mich betrifft, so weiß ich noch nach Jahrzehnten, was ich bei »Durgin and Park« alles gegessen und genossen habe – und wie sehr es auch meinen neuenglischen Konviven geschmeckt hatte.

Damals machte das Marktviertel hinter der Faneuil Hall, die in der Geschichte der amerikanischen Unabhängigkeitsbewegung eine ähnliche Rolle spielte wie »Durgin and Park« in der Bostoner Gastronomie, einen wenig einladenden Eindruck. Dies hielt mich nicht davon ab, die seit eineinhalb Jahrhunderten bestehende Marktgaststätte aufzusuchen, kaum daß ich in Boston angekommen war. Eine telefonisch erbetene Reservierung war nicht angenommen worden, und so reihte ich mich in die Schlange der Wartenden ein, die sich vom Bürgersteig die Treppe zu den Speisesälen im ersten Stock langsam hinaufwand. Beim nächstenmal wartete ich an der Bar im Erdgeschoß, ließ mir eine Tischnummer geben und genehmigte mir, bis ich zu meinem Platz gerufen würde, einen Bourbon, nur einen, denn hier war es – wie sonst nicht selten in Amerika – nicht angebracht, den Drink before als Sedativ gegen die Beunruhigung, was einen nachher bei Tisch erwarten könnte, vorsorglich einzunehmen.

Im Unterschied zu anderen amerikanischen Dining Rooms waren jene bei »Durgin and Park« stets hell erleuchtet; denn man konnte und sollte sehen, was auf die Teller kam, an die langen Tische, die zwanzig Essern Platz boten, individuellen Essern, die zu einer demokratischen Gemeinschaft, einem »body«, wie man dortzulande sagt, zusammengefaßt waren. Autoritär gaben sich allerdings die betagten Kellnerinnen in weißen Kleidern, gnädig mit jenen Gästen, die von vorneherein wußten, was sie wollten, und ungnädig mit anderen, die zu lange die Speisenkarte studierten, nicht zu wissen schienen, daß man hier seit anderthalb Jahrhunderten die gleichgebliebenen Spezialitäten des Hauses zu bestellen hatte: Clams, die man, wollte man keine strafenden Blicke riskieren, nicht mit Ketchup bekleckern sollte; Hummer, gekocht, wie es sich gehört; Cod (Kabeljau), den Wappenfisch von Massachusetts, den man essen darf, nicht essen muß, um dem Staate seine Reverenz zu erweisen; Boston baked beans, die man nirgendwo so schmackhaft bekommt wie an ihrem Ursprungsort; New England boiled dinner (gepökeltes Rindfleisch mit Gemüse und Kartoffeln), eine Hausmannskost; Roasted Prime rib of beef, die über den Tellerrand hinausragt. Zum Nachtisch ist Indian pudding, ein warmer, süßer Maisbrei, fast ein Muß.

Zwei Parolen hat »Durgin and Park« von Anbeginn ausgegeben. Die erste: »Große Portionen sind die beste Reklame«, paßte dem Gourmand. Die zweite: »Unser Essen soll nach dem schmecken, was es vorgibt zu sein«, gefiel dem Gourmet. Und dem Historiker, der sich in Boston auf den »Path of History« begeben hatte, kam gelegen, daß in dieser Stadt Tradition auch eßbar und genießbar war.

Den »Pfad der Geschichte« verfolgte ich in Virginia weiter, dem anderen Ausgangspunkt der amerikanischen Unabhängigkeitsbewegung. Williamsburg, die Hauptstadt der britischen Kolonie Virginia, war im 20. Jahrhundert von John D. Rockefeller für 40 Millionen Dollar restauriert worden, »auf daß die Zukunft lerne von der Vergangenheit«. Für das Eintrittsgeld von 4 Dollar, versprach der Prospekt, könnte ich mich auf denselben Wegen ergehen, auf denen George Washington, Thomas Jefferson und Patrick Henry gewandelt waren.

»Ich rate Ihnen, für das Dinner einen Platz reservieren zu lassen, in einer der alten Tavernen, wo George Washington speiste«, sagte der Kassierer im Informationszentrum. Dort lagen die Speisenkarten der drei historischen, genau gesagt, historisierenden Gaststätten aus: »Cristina Campbell's Taverne«, die auf Seafood spezialisiert zu sein schien, »Chowning's Tavern«, die mir eher wie eine Bierkneipe vorkam, und »King's Arms Tavern«, das Stammlokal Jeffersons, dem Feinschmecker unter den Gründervätern. Auf dessen Karte lockten virginische Spezialitäten wie Virginia-Schinken von mit Erdnüssen und Mais gefütterten Schweinen, Richmond fried chicken (ohne Haut gebraten), Capitolade of roast fowl (ein Hühnerfrikassee, ein Lieblingsgericht Jeffersons), Pecan pie (Pekannußauflauf). Ich griff zum Telefon, um Tisch und Menü zu bestellen. »Sorry. Wir sind heute Abend komplett«, bekam ich zu hören. »Und heute Mittag?« – »Zum Lunch nehmen wir keine Reservierungen an, Sie müssen verstehen – und anstehen«.

Den Rest des Vormittags übte ich mich im Schlangestehen an allen möglichen Orten: vor dem Capitol, vor dem Gefängnis, vor der Pulverkammer, vor dem Laden, wo ich einen nach altem Rezept gebackenen Lebkuchen erstand. Als es von der Bruton Parish Church Zwölf schlug, ging ich zur »Kings' Arms Tavern«. Davor standen bereits Dutzende von Frauen in Bermuda-Shorts, die deutlich werden ließen, daß ihre Trägerinnen nicht schon wieder eine Mahlzeit nötig gehabt hätten, Männer mit den Stars and Stripes auf den T-Shirts, und Kinder mit Dreispitzen aus Pappe. Durch ein Fenster erblickte ich im Lokal Kellnerinnen in Kostümen des 18. Jahrhunderts, darunter eine schöne junge Schwarze, die ein bis zu den Absätzen reichendes Kleid trug, doch das unten Verhüllte durch oben Gezeigtes kompensierte. Was sie und ihre Kolleginnen auf Tellern vorbeitrugen, sah zwar nach alt-virginischen Gerichten aus, die aber schon so weit amerikanisiert zu sein schienen, daß sie nicht einmal mehr historisches, geschweige denn kulinarisches Interesse zu versprechen vermochten.

Ich machte kehrt, knabberte an meinem Lebkuchen, der sich als altbacken erwies, und seufzte: Da haben sie nun eine tote Stadt restauriert, ohne lebende Menschen restaurieren zu können! Was George Washington gespeist haben mochte, hatte ich bereits in New York erfahren, und in einem Lokal, das mir besser gefiel als die Touristenschuppen in Williamsburg. In der »Fraunces Tavern« (Pearl Street at Broad Street), unweit des Standbildes des Gründervaters vor der Federal Hall, hatte der Sieger im Unabhängigkeitskrieg am 25. November 1783 seine Offiziere bei einem Lunch verabschiedet. Ich ließ mich im Restaurant an einem Tisch nieder, von dessen gegenüberliegender Wand mich auf einem Gemälde der Generalissimus so scharf fixierte, daß ich nicht umhin konnte, das Washington-Menü zu bestellen, das nicht schlecht, aber mit einer dicken Suppe, einem ebenso sahnehaltigen Hühnerfrikassee und einem supersüßen Apfeldessert so mächtig war, wie es einem Mann von fast 1 Meter 90 und einem Gewicht von über 200 Pounds gemäß war, doch mir noch lange im Magen lag.

Solchermaßen vorgewarnt, ließ ich auf Mount Vernon, dem Herrensitz George Washingtons, ein Restaurant links liegen, das auf Gerichte der amerikanischen Gründerzeit spezialisiert war, und strebte in die nach dem Gründerpräsidenten benannte Bundeshauptstadt zurück. Ich nahm ein Schiff, das den Potomac hinauffuhr und am Pier der Wilson Line anlegte, am Hafen, wo Seafood aus der nahen Chesapeake Bay angeboten wurde. Austern schienen so etwas wie ein Volksnahrungsmittel zu sein; zumindest gewann ich diesen Eindruck, als ich schwarze Frauen sah, die an Buden gegen Sozialfürsorge-Marken Taschen voller Oysters erstanden.

Nicht wenige Dollar waren herauszurücken, wenn man in einem daneben liegenden Fischrestaurant einkehrte, dem »Hogate's«. Beim erstenmal war ich versucht, die

Spezialität des Hauses, eine Seafood-Platte, zu bestellen. Nach einem kurzen Blick auf ein Exemplar, an das sich ein amerikanischer Tourist am Nebentisch heranmachte, sah ich davon ab. Allerlei Fischzeug war deep-fried, dick paniert und, wie zu riechen war, nicht im allerbesten Fett frittiert, obendrein halb unter French fries verschüttet. In einem Pappbecher stand Ketchup bereit, damit das Ganze mit einem Firnis amerikanischer Zivilisation überzogen werden konnte. Ich wählte anderes und besseres: Eine Seezunge, die nicht zu stark gegrillt war und – in der Saison, im Mai oder Juni – Soft-shell crabs, Blaukrabben, die ihre Panzer abgeworfen und noch keine neuen gebildet hatten, weich und saftig waren.

In der Bundeshauptstadt mied ich jene Etablissements, in denen Haute und auch schon Nouvelle Cuisine à la française zelebriert wurde, als Diplomatenküche schlechthin, genau wie andere Lokale, in denen Köche aus aller Welt die Gastronomie sozusagen als Fortsetzung der Politik ihrer Staaten mit anderen, oft gefälligeren Mitteln betrieben. Ich bevorzugte Restaurants, in denen Köche aus amerikanischen Einzelstaaten auf schmackhafte Weise demonstrierten, daß die USA ein Bundesstaat sind.

Da war »Prime Rib« (2020 K Street Northwest), das Beef-Dorado, in dem die schwarzen Wände mit Gold verziert und Sirloin Steak und Filet Mignon fast mit Gold aufzuwiegen waren. Das Fleisch kam von mit Getreide gefütterten jungen Ochsen aus dem Mittleren Westen, war vier bis fünf Wochen, doppelt so lang wie üblich, abgehangen. Dazu waren kalifornische Rotweine glasweise zu probieren.

Mein Lieblingsrestaurant war »Harvey's« (zuerst neben dem Hotel »Mayflower« in der Connecticut Avenue, später 1001 18th Street Northwest). Als es noch »T. M. Harvey's Ladies' and Gentlemen's Oyster Saloon« hieß, soll Abraham Lincoln dort gespeist haben, und nach ihm in »the restaurant of the presidents« weitere Staatschefs. Die Küchenchefs blieben sich bewußt, daß sie Repräsentatives aus amerikanischen Landen in den der Kapitale angemessenen Formen anzubieten hatten: so Maryland crab cake (Küchlein aus Blaukrabbenfleisch), New England clam chowder, South Carolina She-crab-soup, Blue Point Oysters von Long Island, Hummer aus Maine, Red Snapper aus Florida und New York Strip (ein gewichtiges Sirloin Steak). Mein Lieblingsgericht, das in diesem Haus kreiert worden war, wurde Imperial crab (Taschenkrebsfleisch, dezent gewürzt, leicht überbacken), mit Southern touch, wie er mir in Washington D. C., das auf altem Südstaatenboden liegt, angebracht schien.

Nähere Bekanntschaft mit der Küche des »Grand Old South« machte ich bereits in der Bundeshauptstadt, bei »W. H. Bone & Company« (401 M Street Southwest): Georgian Peanut soup, North Carolina roast pheasant (Fasan), South Carolina fried okra und Banana pudding aus Alabama. Einmal wagte ich mich an einen Fisch, wie ihn Tom Sawyer und Huckleberry Finn im Mississippi gefangen und gebraten hatten: Catfish (Wels). Der Catfish stew riverbank style, ein Eintopf, war so kräftig gewürzt und roch so deftig, daß die Nachbarn zur Rechten, Touristen aus Neu-England, sich naserümpfend von mir abwandten, doch die Nachbarn zur Linken, schwarze Mammies, sich nach mir umdrehten und ihre Blicke kaum mehr von meinem Teller zu wenden vermochten.

Tiefer in Dixieland tauchte ich in Charleston, South Carolina, ein. Dort war der alte Süden, zumindest gastronomisch, noch nicht vom Winde verweht. Wie in »Porgy and Bess«, wenn auch nicht so melodisch, riefen fliegende Händler frisch gefangene Shrimps, Crabs und Fische aus, und so wurde man schon am Morgen auf das Mittagessen wie das Abendessen eingestimmt. Ich war leider nicht so lange da, um mich eingehender mit den Spezialitäten der Stadt zu befassen. Immerhin reichte es für Okra-Suppe und Hopping John (Reis mit Augenbohnen und etwas Speck). Dieses von Afroamerikanern geschätzte frugale Gericht soll, wie mir ein Einheimischer sagte, Glück bringen, wenn man es am Neujahrstag esse. Dazu hatte ich nie Gelegenheit, doch heute noch schätze ich mich glücklich, in Charleston der Antebellum-Zeit begegnet zu sein und George Gershwins »Summertime« im Ohr behalten zu haben.

In New Orleans waren Augenschmaus wie Feinschmekkerei angesagt. Es schien mir, als wehte über dieser amerikanischen Stadt eine besondere Form der Stars and Stripes – mit gastronomischen Sternen und kreolischen Streifen. Diese wollte ich genauer betrachten. Kreolisch à la Nouvelle Orléans heißt, in die Küchensprache übersetzt: französisch und spanisch, plus afrikanisch und deftigen Dreingaben aus dem bäuerlichen Cajun Country. (Cajun ist eine Verballhornung von Acadian und ist auf jene französischen Siedler gemünzt, die von den Briten aus Nova Scotia vertrieben wurden und sich in Süd-Louisiana ansiedelten.)

Die kreolische Küche basiert auf Produkten des Landes und des Meeres, des Golfes von Mexiko und des Lake Pontchartrain. Alles ist pikant gewürzt, primär mit Red pepper, Knoblauch und Zwiebel. Gemüse spielt eine Rolle, in erster Linie Gumbo (von »Gombo«, der afrikanischen Bezeichnung für Okraschoten), das so prägend für die kreolische Küche geworden ist, daß auch Eintopfgerichte ohne dieses Gemüse »Gumbo« genannt werden. Geschätzt werden auch Tomaten, Auberginen, Bohnen, Paprikaschoten und Mirliton, eine Kürbisart.

Mein Einsteig in die kreolische Küche begann mit dem Breakfast in »Maxcy's Coffee Pot« (714 St. Peter Street) mit Calas (Reiskuchen), Pecan Waffles und Oyster Omelett. Den ersten Lunch nahm ich im »Gumbo Shop« (630 St. Peter Street): Creole Gumbo (mit Okra und anderen Gemüsen, eine würzige Suppe) und Jambalaya (einen kreolischen Reiseintopf mit Shrimps, Paprikaschoten, Tomaten, einer Art Chorizo und Schinken). In diesem Gericht ließen die Spanier grüßen, die in der zweiten Hälfte des 18. Jahrhunderts die Stadtherren waren; der Name »Jambalaya« wird auf das spanische »Jamón« für Schinken zurückgeführt.

Zum Dinner empfahl sich das Restaurant »Galatoire's« mit seiner kreolisch-französischen Küche. Vor dem Haus Nummer 209 in der Bourbon Street stand eine lange Schlange von Hungrigen und Neugierigen und alle warteten mehr oder weniger ungeduldig darauf, eingelassen zu werden. Ich hatte, wie alle Herren, ein Jackett angezogen und eine Krawatte umgebunden, um das Ereignis, in diesem renommierten Restaurant regaliert zu werden, gebührend zu feiern. Aber es dauerte und dauerte. Plötzlich kam ein Herr von der Spitze der Schlange zu mir an deren Ende, musterte mich von Kopf bis Fuß und sagte schließlich: »Sir, wir sind zu Dritt und eben ist ein Vierertisch frei geworden – wollen Sie der vierte Mann sein? Auf eigene Rechnung, versteht sich«. Ich sagte »Yes Sir« und »Thank you Sir«, weil vor mir noch zwei Dutzend Leute standen, und weil ich mir von dieser Tischgesellschaft mit den Gentlemen aus Madison, Wisconsin, wie sich herausstellte, neue Erfahrungen und Belehrungen versprach.

Ich ging nach vorne, und gemeinsam betraten wir einen langgestreckten Speisesaal mit Ventilatoren an der Decke und Spiegeln an den Wänden, durch die vorgetäuscht wurde, das Lokal sei noch voller als es war. Ich saß noch nicht ganz, da stand schon ein jovialer Kellner da, drückte mir die Karte in die Hand und eröffnete mir, er sei bereit, meine Bestellung jetzt und sofort entgegenzunehmen. Glücklicherweise war ich vorbereitet, und wählte Spezialitäten des Hauses: Shrimp Remoulade, statt des Pompano, der schon aus war, einen Broiled Red Fish (was kein Nachteil war) und mit Apple jelly gefüllte Crêpes maison. Das weiße French bread war ofenfrisch und der kalifornische Chardonnay kühl, aber nicht – wie so oft in Amerika – chilled, einem Kälteschock ausgesetzt. Meine Tischgenossen nahmen Oysters Rockefeller (mit Spinatpüree, im Backofen gratiniert), was sie für eine Reverenz an das amerikanisch gewordene Nouvelle Orléans gehalten haben mochten, ich jedoch für eine Malträtierung der Austern hielt; ich zog sie »on the half shell«, lebendfrisch geöffnet und serviert vor. Nicht nach meinem Geschmack war auch die von ihnen bevorzugte Trout Marguery (Forelle), in dicker Buttersoße fast ertränkt und mit Shrimps überladen.

Ein Gespräch mit meinen Tischgenossen, auf das ich so erpicht gewesen war, kam nicht zustande, weil rasch serviert und rasch abkassiert wurde, damit Wartende an die Reihe und die Manager auf ihre Kosten kamen. Nicht beherzigt worden war eine Mahnung, die ich später auf der Speisenkarte eines anderen Restaurants las: »Amerikaner, die es immer sehr eilig haben, vergessen gern, daß das Essen ein Vergnügen sein sollte, nicht eine lästige Arbeit, die man schnell erledigen muß.« Außerhalb des French Quarter fand ich Restaurants, in denen man weniger dem »American way of life« folgte, sondern noch die Lebensart von Nouvelle Orléans pflegte.

Am angenehmsten und vorzüglichsten aß ich bei »Le Ruth's« (636 Franklin Street, Gretna, West Bank). Man mußte nicht auf der Straße anstehen, sondern hatte im voraus einen Tisch zu reservieren – und eine pralle Brieftasche mitzubringen. Die Speisenkarte war in Französisch, das Gebotene »Creole French«: Crab meat St. Francis (eine kreolische Version der Coquille Saint-Jacques), Potage Le Ruth (mit Austern und Artischocken), Frogs legs meunière (Froschschenkel, die – wie vorsorglich auf der Karte vermerkt – ohne Knoblauch gewürzt waren), Soft-shell crab with crabmeat, wie man sie dortzulande häufig, doch kaum so perfekt bekam, und Rack of lamb, Lammrücken, ein in Amerika selten angebotenes Gericht. Dazu gab es französische Weine der Spitzenklasse, aber auch in der Preislage um die 20 Dollar pro Flasche konnte man fündig werden.

Auf der West Bank, jenseits des Mississippi, die kulinarisch keineswegs die »schäl sick« von New Orleans war, konnte man auch viel preiswerter und kaum weniger preiswürdig essen. Meinen Lieblingsfisch, Pompano, eine Goldmakrelenart mit festem weißen Fleisch, bekam ich in bester Zubereitung bei »Berdou's« (300 Monroe Street, Gretna): Pompano en papillote. Er war nicht, wie so oft an der amerikanischen Südküste, mit Shrimps und Crabs zugedeckt oder gar mit Orangen verfremdet, was mir einmal in Florida passierte. In der Hülle aus Pergamentpapier war der Saft des Fisches erhalten und sein delikater Geschmack hatte sich nicht verflüchtigt, und die Sauce maßte sich nicht eine Hauptrolle an. Ich fand es angebracht, auch in diesem einfachen Lokal Jackett und Krawatte nicht abzulegen – als Hommage für den Pompano.

Bevor ich New Orleans verließ, ging ich ins »Old Absinthe House« (240 Bourbon Street). Dort hatten sich 1815 ein amerikanischer General und ein französischer Seeräuber gegen die anrückenden Briten verbündet. Ich nahm an der Bar den Hauscocktail »Piratentraum« und heftete meine Visitenkarte zu den unzähligen anderen, mit denen der Raum bis zur Decke tapeziert war. Ich träumte davon, ich käme schon bald zu einer neuen Visite in Nouvelle Orléans zurück. Doch dies war mir nur noch einmal vergönnt.

Weiter westlich, in den ehemaligen Jagdgründen der Indianer und an der Frontier der Pioniere, hielten sich meine gastronomischen Erlebnisse in Grenzen. Aus Western-Filmen hätte ich vorgewarnt sein müssen. In ihnen wurde meist nur getrunken, selten gegessen, und wenn, dann hauptsächlich Bohnen, meist rote Kidney beans. In Wirklichkeit bekam ich Frontiermen nur noch in amerikanischen Karl-May-Festspielen zu sehen, und die vom deutschen Reiseschriftsteller von daheim aus beschriebenen Büffellenden, Büffelzungen, Bärentatzen und Bärenschinken kamen mir überhaupt nicht zu Gesicht.

Bei einem Westernbrunch auf einem Weidegrund in New Mexiko, zu dem ich eingeladen war, hätte mich beinahe Western-Nostalgie übermannt. In einer Filmkulissen-Landschaft waren Planwagen aufgefahren und auf ausgeladenen Rosten wurde gebruzzelt und gebraten: Eier, Speck, Würstchen, Schinken, Schweinskoteletts und Rindersteaks. Mich zog es zum Topf mit Chili con carne, ein ursprünglich indianisches Gericht, das während der Sezession Texas' von Mexiko in San Antonio von den sogeannten »Chili Queens« für die Milizmänner gekocht wurde. Für Davy Crockett, Jim Bowie und William Travis mag es in Alamo die Henkersmahlzeit gewesen sein. Auch die Chuckwagon Beans ließ ich mir nicht entgehen, rote Bohnen nach Cowboy-Art. Diese Baked beans im Western-Style sollen während der Viehtriebe nachts über der Glut der verlöschenden Lagerfeuer in Kesseln gegart worden sein und mitunter durch Klapperschlangenfleisch ihren Pfiff erhalten haben. Die Brunch-Version enthielt nur Speck, und das reichlich.

»Come an' get it«, rief der Küchen-Cowboy, und ich schlug das angebotene Steak nicht aus, das noch so blutig war, wie es rauhe Westmänner mögen, und würzte es mit Chili, der heißer brannte als die Sonne von New Mexiko. Den Durst suchte ich durch Bourbon zu löschen, der bärbeißig wie ein Rauhreiter aus Kentucky war. Dazu wurde gefidelt, und in einem Song wurden die blauen Berge beschworen, denen ich, nach dem dritten Glas Whiskey, am liebsten entgegengeritten wäre. Als ich aber merkte, daß mir trotz ausgiebiger Berieselung die Cowboy-Kost nicht bekam, hätte ich gerne wieder kehrt gemacht, um einem gepflegten Dinner entgegen zu galoppieren. Doch ein solches blieb für mich im Wilden Westen meist ein Wunschtraum.

Natürlich gab es respektable Steaks, aber ich konnte doch nicht, wie ein Cowboy dort, jeden Tag drei Pfund Rindfleisch verdrücken. Und schon gar nicht war ich davon angetan, daß ich mir mein Steak – wie es mir in einem Saloon in Flagstaff, Arizona, widerfuhr – selber grillen sollte. Mexikanisches, das sich zur Abwechslung anbot, hielt nicht immer, was es versprach. Tortillas (eine

Art Crêpe aus Maismehl, etwa mit Hühnerfüllung) oder Tamales (mit Fleisch und Maismehlteig gefüllte und gedämpfte Maisblätter) waren oft so amerikanisiert wie die meisten einheimischen »Hispanics«; Huevos rancheros (Eier nach Rancher Art) wurden oft nicht, wie angezeigt, mit Salsa, der scharfen mexikanischen Tomatensauce, sondern mit Ketchup serviert.

In angenehmer Erinnerung blieben mir die Lammkoteletts, die mir in einer einfachen Kneipe in Santa Fe ein schwarzhaariger Neu-Mexikaner auf Holzkohlenfeuer briet. Als ich ihn lobte und ihm mein Leid über unzulängliche und schwerverdauliche Kost klagte, die ich anderswo vorgesetzt bekommen hatte, riet er mir: Da helfe nur Kaffee, der allerdings so stark sein müsse, daß er selbst einen drei Tage toten Indianer von Kopf bis Fuß erzittern lasse. Aber einen solchen, dem starken Spruch entsprechenden starken Kaffee bekam ich nur bei meinem »Hispanic«, wo ich ihn gar nicht nötig gehabt hätte.

In Kalifornien war ich wieder in kulinarischem Element. Kaum hatte ich die Mojave-Wüste hinter mir, kam ich in ein grünes, weites und schier endlos langes, das Große Tal zwischen der Sierra Nevada und dem Küstengebirge, das San Joaquin Valley, ein landwirtschaftliches Eldorado, dessen Erzeugnisse gastronomische Ereignisse versprachen. Bei Delano, in einem Farmhaus, kam ich in den Genuß eines vorzüglichen Lammbratens, von einem jungen Schäflein, das sich noch vor kurzem auf einem abgeernteten Weizenfeld an von der Mähmaschine übrig gelassenen Weizenkörnern gütlich getan hatte. Dazu gab es einen Rotwein aus der Gegend, einen leichten und fruchtigen Zinfandel, der nicht an später genossene Spitzenweine aus Napa, Sonoma und Mendocino heranreichte, aber es wurde mir demonstriert, daß ich in einem amerikanischen Bundesstaat angekommen war, in dem Wein nicht nur sachverständig erzeugt, sondern auch genußvoll getrunken wurde.

In San Francisco lernte ich kalifornischen Chardonnay und Sauvignon Blanc sowie Cabernet Sauvignon und Pinot Noir kennen und es verstehen, daß der eine und andere Wein bei Blindverkostungen europäische Spitzenerzeugnisse auszustechen vermochte. Rasch war das Vorurteil des Liebhabers französischer und italienischer Kreszensen gegenüber in der Neuen Welt imitierten Weinen der Alten Welt hinweggeschwemmt. Freilich war es in meinen amerikanischen Anfängen, bei einem Abstecher in den Norden des Bundesstaates New York, von einem Rosé aus der Gegend der Niagara-Fälle verstärkt worden, der in mir noch lange nachrauschte.

In San Francisco fand ich zu ausgesuchten Weinen entsprechende Speisen. Man mußte sich nicht unbedingt in eine ebenso exklusive wie exquisite Institution wie in das 1867 eröffneten »Sam's Grill and Seafood Restaurant« in der Bush Street im Financial District begeben. Hineinzukommen war dort nicht leicht. Reservierungen wurden nicht angenommen; schon um 11 Uhr 30 drängte es »Tycoons« der umliegenden Firmen und Banken zum Lunch in das zu ihrem Casino erklärten Lokal, wozu sie ein längeres Anstehen nicht scheuten. Es lohnte sich, wie auch mir beim Genuß einer entgräteten Seezunge in Butter oder einem gebratenen Petrale-Filet, eines Plattfisches (Scharbe) aus dem Pazifik mit festem und saftigen Fleisch, klar wurde. Auch in dem seit 1912 bestehenden »Tadich Grill« in der California Street, im selben Distrikt und mit ähnlichem Publikum, lohnte ein Besuch. Auch hier war der Preis einer klassisch-kalifornischen

Seafood-Küche mit dem Schweiß eines langen, mitunter sehr langen Anstehens zu verdienen.

Am liebsten fuhr ich mit dem Cable Car zur Fisherman's Wharf mit ihren fast mittelmeerischen Farben und Gerüchen. Dort ist Seafood »in«, und die meisten Restaurants haben sich auf Touristen eingestellt, denen mehr an der Aussicht auf den Fischerhafen als an der Einsicht in die Teller gelegen ist. Ein paar Schritte vom Rummel entfernt fand ich mein Lieblingslokal: »Pompei's Grotto« (340 Jefferson Street). Dort mußte man nicht anstehen, aber seinen Platz rechtzeitig reservieren. Es gab keine Panoramafenster, mehr Einheimische als Auswärtige, allerlei Meeresgetier aus dem Pazifischen Ozean mit mediterranem, italienischem Küchen-Touch. Zum Lunch genügte ein Open-face Dungeness crab sandwich (auf Sourdough bread, weißem Sauerteigbrot). Zum Dinner lockten Cioppino (der kalifornische Meeresfrüchte-Eintopf), Salmon mit Dill und – ich konnte nicht davon genug kriegen – gegrillte Sand Dabs, kleine und feine Plattfische. Und natürlich freute es mich, daß dort das Preis-Leistungsverhältnis stimmte, auch beim Wein, einem Chardonnay von Beaulieu aus dem Napa Valley.

In San Francisco interessierte mich nicht zuletzt Chinatown, die mit 70.000 Einwohnern größte Chinesenstadt außerhalb Asiens, mit faszinierenden Pagoden, Theatern, Teehäusern – und Restaurants. Wie ein Mandarin speiste ich bei »Empress of China« (838 Grant Avenue). In diesem einem Palast aus der Han-Ära nachempfundenen Haus war die Küche »imperial«, das heißt, sie umfaßte Spezialitäten aller Küchenprovinzen, Peking, Shanghai, Kanton, Szechuan, Mandschurei. Aus letzterer kam Manchurian beef, Würfel von bestem Rindfleisch in Erdnußöl mit Champignons sautiert. Einfacher und fast genau so gut aß ich im »Hunan« (853 Kearny Street), das Gerichte aus der gleichnamigen Provinz pflegte, zum Beispiel geräucherte Ente in einer scharfen Sauce mit Knoblauch. Und selbst bei Dim Sum, gedämpften, mit Fleisch oder Fisch gefüllten Teigtaschen, im »Asia Garden« (772 Pacific Avenue) benötigte ich keines der angebotenen Glücksplätzchen, um zu wissen, daß mich Fortuna nach Kalifornien geführt hatte.

Das beglückendste Erlebnis hatte ich im Jahre 1956 in Monterey. Seitdem ich »Cannery Row«, »Sweet Thursday« und »Tortilla Flat«, Bücher des im nahen Salinas geborenen John Steinbeck, gelesen hatte, verlangte es mich, diese Stadt »an einem Hügelhang, eine blaue Bucht zu Füßen und einen dunklen Kiefernwald im Rükken« kennenzulernen. Ich traf keine Sardinenfischer mehr an, weil im Zweiten Weltkrieg, als man die Fangbeschränkungen aufgehoben hatte, alle Schwärme weggefischt worden waren. Doch die Fisherman's Wharf war noch da, wo noch genug anderes und begehrenswerteres Meeresgetier angeboten wurde. Vor wenigen ineinander geschachtelten und kunterbunt bemalten Schuppen verkaufte man Fische aller Arten und Größen, mit mattsilbernen Schuppen, erstarrten Augen und noch roten Kiemen. In Waschkesseln wurden Crabs gekocht, und der beißend scharfe Geruch mischte sich mit jenem von Ölfarbe, Tang und Möwendreck. Ein Boot legte an, beladen mit Lachsen. Junge Männer, die Gummistiefel hochgezogen, sargten die Fischleichen in Kisten ein. Gutgelaunt gaben sie vom Überfluß etwas den Seelöwen ab, die sich im blauen Wasser tummelten und heiser bellten wie Hunde, die um Knochen bettelten.

John Steinbecks Farben, Düfte, Töne und Gestalten waren an der Fisherman' Wharf immer noch präsent.

Auf die Cannery Row traf seine Beschreibung nicht mehr zu: »Cannery Row ist mehr als eine Straße, es ist die Gegend der Ölsardinen und Konservenbüchsen, ist ein Gestank und ein Gedicht, ein Knirschen und Knarren, ein Leuchten und Tönen, ist eine schlechte Angewohnheit, ein Traum.« Nun waren die Fabrikhallen leer, doch in der »Straße der Ölsardinen« stand noch die Holzhütte des »Western Biological Laboratory«, in der Steinbecks »Doc« Meeresgetier präpariert und Orgien veranstaltet hatte.

Ich hatte das Glück, vom damaligen Besitzer von »Doc's« Hütte, einem College-Lehrer, zu einer Party eingeladen zu werden. Seesterne und Oktopoden waren nicht mehr da, aber der Fußboden wies noch Ätzspuren der chemischen Experimente auf, und durch die geöffneten Fenster drang, wie eh und je, der Geruch von Salzwasser, Tang und faulenden Muscheln herein. Der Hausherr schenkte schottischen Whisky aus, und seine Kollegen begannen wider die Konservenindustrie, die progressive Einkommensteuer und die Washingtoner Bürokratie zu wettern, was den deutschen Gast, dem in der US-Besatzungszone die Vorzüge des »American way of life« nahegelegt worden waren, doch sehr verwunderte.

Als wir dann in einem kleinen, zwischen verfallenden Konservenfabriken eingezwängten Restaurant zu Tische gingen, verstummten die unamerikanischen Umtrieben nahekommenden Diskurse und es wurde nur noch – Benjamin Franklin hätte es mißfallen – über Tafelfreuden geredet, in Intervallen, denn mit vollem und zudem köstlich gefülltem Munde sprach man nicht. Es gab allerlei Meeresfrüchte, die auch »Doc« nicht nur präpariert, sondern auch gern verzehrt hätte, vor allem Abalone, eine Meerschnecke, die sehr groß geworden, aber – als paniertes Steak sautiert – fein und zart geblieben war. Dazu gab es einen süffigen »Monterey Riesling«, den – da dort die Weinkultur erst allerjüngsten Datums war – »Doc« noch nicht trinken konnte. Als der Gastgeber sein Glas mit einem Zug halb geleert hatte, sagte er zu uns: »Das ist der wahre Fortschritt«, und wir stimmten ihm mit erhobenen Gläsern zu.

Essen mit Politikern

Napoleon I. gehörte laut Brillat-Savarin zur Spezies der »Wichtigtuer und Ehrgeizlinge«, die zwei Dinge auf einmal tun wollten: auch bei Tisch ihre Geschäfte erledigen und dabei die nötigen Kalorien aufnehmen. Napoleon III. eiferte seinem Onkel nach, spielte sich auf und setzte sich darüber hinweg, daß in den Tuilerien die Gerichte aus der im Kellergeschoß untergebrachten Küche lauwarm serviert wurden.

In Frankreich wurden die Monarchen von Machthabern des Dritten und bald schon des Vierten Standes abgelöst. Mit dem politischen Fortschritt, an den sie glaubten, schien der kulinarische Fortschritt voranzukommen. Beide verstand François Mitterand auf einen Nenner zu bringen. Der vierte Präsident der Fünften Republik regierte als demokratischer Potentat und speiste wie ein progressiver Feudalist. Sein Lieblingsgericht waren Ortolans (Fettammern). Monsieur le Président pflegte dabei sein Haupt und den Teller mit einer großen Serviette zu umhüllen, damit der Nase nichts vom Duft verlorenging und die Zähne die Knöchelchen unbeobachtet, wenn auch nicht unhörbar zermahlen konnten.

Dies mißfiel Ökologen und gefiel Gourmets, die es lediglich bedauerten, daß die Fettammer eine Rarität geworden ist. Den seltenen Genuß bescherte mir Michel Guérard in Eugénie-les-Bains. Als im Restaurant für mich die Ortolans aufgetragen wurden, wandten sich ihnen von den Nebentischen alle Augen und Nasen zu. Die Ober waren eine Zeitlang damit beschäftigt, den heftig danach verlangenden Gästen zu erklären, daß dieses Gericht lange vorbestellt und mühsam beschafft worden sei. Am liebsten hätte ich – à la Mitterrand – mein Haupt mit der Serviette verhüllt, um neidischen Blicken zu entgehen und ungeteilt zu genießen.

Von allen deutschen Politikern, denen ich begegnete, kam Carlo Schmid dem Savoir vivre am nächsten: La Douce France war sein Mutterland. Seine Gestalt ließ auf einen Gourmand schließen, aber bald wurde man gewahr, daß in ihr ein Gourmet steckte. Als uns in einem Pariser Restaurant der à la carte bestellte Loup de mer serviert wurde, stellte er unbefriedigt fest: Erstens sei das kein Loup aus dem Mittelmeer, sondern ein Bar aus dem Atlantik, und zweitens dürfe ein Loup, wenn er den pekuniären wie kulinarischen Preis wert sein soll, kaum länger als fünfundzwanzig Zentimeter sein. Als wir uns ein andermal eine Platte Fines-de-claires kommen ließen und es mich nach einer Bouteille Muscadet-sur-Lie verlangte, klärte er mich auf: Zu diesen einfachen Austern passe besser ein schlichter Gros Plant du Pays Nantais. Wie recht er hatte! Leider ist dieser jüngere Verwandte des Muscadet selbst in französischen Restaurants selten zu bekommen.

Nicht nur gastronomische, auch politische Fingerzeige gab mir Carlo Schmid. Die Franzosen, bedeutete er mir auf einer Fahrt im TEE von Köln nach Paris, seien immer noch Bonapartisten, die eher auf Autokratie als auf Demokratie setzten. Und die Liberté? Sie bestehe zunächst in der Freiheit, jedes Mädchen in jedes Hotelzimmer mitnehmen zu können. Auch von der Egalité schien er nicht allzu viel zu halten. Bei einem Staatsbesuch war das Musée Fernand Léger in Biot zu besichtigen. Diesen Maschinen- und Arbeitermaler möge er nicht, sagte der Sozialdemokrat, folgte den anderen nicht ins Museum, ließ sich vor ihm auf einer Bank nieder, gestattete mir, mich neben ihn zu setzen und weitere Bemerkungen über »seine Franzosen« zu vernehmen, die gerne »links« redeten, doch lieber »rechts« lebten.

Dies sagte man auch dem »Napoleon von der Saar« nach, Oskar Lafontaine. Ein »Bonapartist« war er nur insofern, als er die demokratisch verliehene Autorität auskostete. Im Unterschied zum großen Napoleon schätzte der kleine Napoleon auch die Wonnen der Tafel. Davon konnte ich mich bei einem Mittagessen mit dem Ministerpräsidenten des Saarlandes in Saarbrücken überzeugen. Der Tisch war, vom Hors d'œuvre bis zur Käseplatte, à la française wohlbestellt. Der eine und andere Kollege, der sich mehr als Interviewer denn als Konvive fühlte, blieb unbefriedigt; denn Lafontaine ließ sich nicht über Politik, sondern über die von ihm bevorzugten Burgunder aus. Oskar sollte sich politisch überhaupt nicht mehr äußern, nur noch Rotwein trinken, rief später Günter Grass dem aus Staats- und Parteiamt geflüchteten Privatier nach.

An Willy Brandt lernte ich nur Trink- und keine Eßgewohnheiten kennen. Helmut Schmidt erfrischte sich gern mit Cola, die er – bei einem Bundespresseball – in einer Rotweinflasche tarnte. Am liebsten aß er Suppe, die schnell auszulöffeln war und kaum von der Lektüre der Akten und Zeitungen ablenkte. Helmut Kohl nahm sich Zeit bei Tisch, und nicht nur, weil es bei ihm viel zu füllen gab, sondern auch weil es ihm schmeckte. Am liebsten nudelte er sich bei Italienern, aber auch der heimische Saumagen erfüllte für ihn Zweck und Sinn der Nahrungsaufnahme.

Bei Konrad Adenauer war ich einmal in seinem Haus in Rhöndorf zum Mittagessen geladen. Es war Freitag, und so gab es Fisch, eine zu lange in der Pfanne gelegene Scholle, die mehr an einen Fasttag als an einen Abstinenztag denken ließ, zumal ich zu hören bekam, daß des Kanzlers Leibgerichte Kalbsbries und Taubenbrüstchen seien. Als Tröster erwies sich der Wein aus dem mit »Möselchen« wohlversehenen Keller des Rheinländers. Adenauers Favorit, Wehlener »Sonnenuhr«, wurde ihm – und uns Journalisten – bei einem Staatsbesuchessen im New Yorker »Waldorf-Astoria« von den aufmerksamen Amerikanern kredenzt.

Walter Scheel schätzte knochentrockene deutsche Weißweine, deren Kelterung er seinerzeit, als die lieblichen Tropfen überwogen, am liebsten als Bundespräsident verordnet hätte. Für den ungewohnten Wodka rüstete er sich in Moskau auf besondere Weise. Im Gästehaus der Sowjetregierung, an der für ihn und seine deutsche Begleitung gedeckten Mittagstafel, widmete er sich vor allem dem ukrainischen Speck, von dem er eine Scheibe nach der anderen verzehrte. Dies werde ihm schwerlich bekommen, wagte ich zu sagen und erhielt die Antwort: Er müsse wohl oder übel so fett essen, denn nur mit diesem Magenpolster sei er anschließend den »Wässerchen« der Kremlherren gewachsen.

Auch anderswo setzte sich der Staatsgast und mit ihm der Berichterstatter mehr aus Pflichtbewußtsein denn in Genußerwartung zu Tisch. Die Versprechungen der goldumrandeten Menükarten wurden selten erfüllt, und wenn, dann wurde einem die Freude daran durch Tischreden verdorben. Man konnte sich seine Tischgenossen nicht aussuchen, war den unerforschlichen Ratschlüssen des Protokolls ausgesetzt. Mitunter hatte ich Glück, so bei einem Staatsbankett für Bundespräsident Gustav Heinemann in Kopenhagen. Meine Tischnachbarin erklärte mir, es sei bei solchem Anlaß Sitte und Brauch, daß die Dame erst trinken dürfe, wenn ihr der Herr zugeprostet habe. Das ließ ich mir nicht zweimal sagen; es wurde ein lustiger Abend.

Einmal entging ich einem offiziellen Essen auf wundersame Weise. Da ich, beim Staatsbesuch des Bundespräsidenten Walter Scheel in Frankreich, eben erst zur Entourage gestoßen war, war für mich an der Tafel in der Präfektur von Lyon kein Platz vorgesehen. Ich bedauerte es nicht; denn der Sinn stand mir nicht nach Haute Cuisine, sondern nach Spezialitäten des Lyonnais. Ich machte vor dem Saale kehrt, um mich in ein in der Nähe liegendes Bistro zu begeben. Noch in der Präfektur kam ich an einem Zimmer vorbei, aus dem es verführerisch duftete. Dort war für die Herrschaftschauffeure und die Sicherheitsbeamten der Tisch mit Gerichten der Gegend gedeckt. Sie luden mich dazu, und ich genoß Saladier lyonnais, in dem das Fleischliche das Vegetarische überwog, Tablier de sapeur, ein von mir geschätztes Kuttelgericht, warme Beaujolais-Wurst mit Linsen und Cervelle de canut, die lokale Käse-Spezialität. Der süffige Moulin-à-vent löste die Zungen, und während im großen Saal Reden über die deutsch-französischen Beziehungen gehalten wurden, kam es im kleinen Saal zu einer deutsch-französischen Verbrüderung.

Buffet Dinnern konnte ich nichts abgewinnen. Sie boten meist nur verlängerte Hors-d'œuvre-Platten. Verlockendes war oft schon weg, bevor man in der Schlange nach vorne gelangte. Auch die Taktik, sich vor der Eröffnung des Büffets in dessen Nähe zu plazieren, half nicht immer. Bei einem Staatsempfang in Lissabon schoben sich zwischen mich und die raren Langusten zwei weißgekleidete und ordensgeschmückte Admiräle, die während der Eröffnungsreden ungeniert die besten Stücke vertilgten.

Nach der Besichtigung des alten Pergamon erwartete Bundeskanzler Kiesinger und seine Begleitung in einem Gasthof ein üppiges Büffet. Vom Waldorfsalat über kalten Edelfisch und kaltes Geflügel bis zu Crème bavaroise war international Übliches angerichtet. Keineswegs erfreut, in der türkischen Provinz sattsam Bekanntes vorzufinden, stand ich unschlüssig davor, als mir plötzlich Lammbratenduft in die Nase stieg. Ich ging ihm nach, kam in einen Hinterhof, wo für die unteren Chargen über Holzkohlenfeuer Lammspießchen geröstet wurden – die besten, an die ich mich erinnere.

Es gab Empfänge, auf denen weniger die Geladenen und das Gebotene als das Ambiente beeindruckte. Im Dolmabahçe Palast in Istanbul waren zunächst die Augen auf den einziehenden Staatsgast gerichtet, Kurt Georg Kiesinger, der den Kanzler wie einen Königshermelin trug, und den Gastgeber, den türkischen Präsidenten, den er wie einen Paladin einen Schritt hinter sich ließ. Der zweite Blick galt den Büffets, vornehmlich jenen, auf denen Haremssüßigkeiten aufgetürmt waren, »Lippen der Schönen«, »Frauennabel« und »Türkische Wonne«. Doch dann und dauernd war das Augenmerk auf den Festsaal des letzten Sultanspalastes gerichtet, in dem die schwülstigen Orient-Romane von Pierre Loti zu Pomp und Talmi materialisiert zu sein schienen – Tausendundeine Nacht im Zuckerbäckerstil.

Bei sogenannten Arbeitsessen kam der Gourmet nie auf seine Kosten, auch wenn der Journalist den einen oder anderen Nutzen davontrug. Im National Press Club in Washington konnten Äußerungen eines Staatsmannes die notorisch zähen Steaks vergessen lassen. Besser, wenn auch nicht bestmöglich, war die Tafel bei den Arbeitsessen des sogenannten Schmelzer-Kreises bestellt. Ihm gehörten, unter Vorsitz des Namensgebers, ein Dutzend Chefredakteure an, die Bonner Größen zu Informationsgesprächen in das Restaurant am Tulpenfeld einluden. Weil wir die Rechnung beglichen, konnten wir das Menü wählen. Die meisten Eingeladenen waren so sehr auf der Hut vor den Fragestellern, daß sie die Bissen mechanisch zum Munde führten. Franz Josef Strauß langte immer kräftig zu. Hans-Dietrich Genscher erweckte den Anschein, als vermöge er beides gleichzeitig zu tun: sich als Esser und die anderen als Interviewer zufriedenzustellen. Herbert Wehner pflegte sich mit dem Diabetiker zuträglichen Happen zu begnügen, die er, in Silberpapier eingewickelt, aus seiner Aktentasche hervorholte.

Einmal würdigte ich weniger das, was auf die Teller kam, als die Teller selbst. Während des Staatsbesuches von Bundespräsident Scheel in Wien überbrachte mir ein Referent des österreichischen Bundespräsidenten Kirchschläger die Einladung in die Hofburg zu einem Diner in kleinem Kreis. Warum mir diese Ehre als einzigem Journalisten zuteil werde, fragte ich und bekam die Antwort: »Sie gilt nicht dem Journalisten, sondern dem Historiker. Mein Chef kennt und schätzt Ihre Biographie über Franz Joseph I. und will Ihnen die Freude machen, einmal von Hoftellern des Kaisers zu speisen.« An Einzelheiten des denkwürdigen Menüs kann ich mich, was selten vorkommt, nicht mehr erinnern. Ich weiß nur noch, daß mir die Diskrepanz zwischen dem opulenten Mahl und den frugalen Gerichten, die dem alten Kaiser auf den Hoftellern serviert wurden, zu denken gab.

Leiden und Freuden eines Restaurantkritikers

Ein Traumberuf wäre der eines Restaurantkritikers, meinte ich, bevor die Vorstellung mit der Wirklichkeit zusammenstieß. Man würde von einer Tafel zur anderen schreiten, all das bestellen, wonach einen gelüstete, Neues entdecken und seine Palette erweitern, selber genießen und anderen zum Genuß verhelfen, indem man Gelungenes empfehle und von Mißlungenem abriete. Köche könnten durch Lob zu noch Besserem angespornt, durch Tadel von noch Schlimmerem abgehalten und Wirte zu einem angemessenen Preis-Leistungs-Verhältnis angehalten werden. Kurzum, ein Restaurantkritiker vermöchte zum eigenen wie allgemeinen Nutzen beizutragen, und das auf Kosten der Auftraggeber, Restaurantführer oder anderer Periodika.

Eigentlich hätten mir meine Erfahrungen als Theaterkritiker zu denken geben müssen. Rang und Ruf einer Bühne hängen kaum vom Pro oder Contra des Rezensenten ab. Unter Akteuren verschaffte ich mir mehr Feinde als Freunde. In Konstanz stürmte eine über meine Kritik aufgebrachte Maria Andergast schirmschwingend in die Redaktionsstube. Andererseits blieb Siegfried Lowitz, dessen Paraderolle als »Hexer« ich gebührend gewürdigt hatte, von mir angetan und übernahm später Sprecherrollen in meinen Features beim Bayerischen Rundfunk. Von Lesern kamen eher negative als positive Äußerungen, jedenfalls so wenige, als daß ich mir hätte einbilden dürfen, etwas in diese oder jene Richtung bewegt zu haben.

Enttäuschend war die Erkenntnis, daß alles, was man auf Geheiß anderer tun muß, keineswegs so viel Vergnügen bereitet wie das, was man aus freien Stücken tun möchte. Der Schauspielkritiker, der zu Premieren geschickt wurde, diese sich nicht aussuchen konnte, setzte sich mitunter lustlos ins Parkett und hatte sich zusammenzunehmen, um durch das Unbehagen nicht sein Urteil beeinflussen zu lassen. Dennoch wurde seine Freude am Theater nicht nachhaltig getrübt, so wenig wie seine Freude am Essen, nachdem er sich dem nicht minder problematischen Metier eines Restaurantkritikers zuwandte.

Es begann damit, daß ich beauftragt wurde, dieses oder jenes Restaurant zu testen, ob dies mir nun paßte oder nicht, und zu Terminen, die mir nicht immer genehm waren; auf die richtige Stimmung wurde ohnehin nicht Rücksicht genommen. Manchmal, auf Reisen, mußte ich zweimal am Tag, mittags wie abends, den strapazierten Magen füllen und dabei einen kritischen Kopf behalten, und anderntags da capo. Selbstverständlich durfte ich auch nicht bestellen, worauf ich subjektiv Appetit hatte, sondern mußte mir ein möglichst objektives Bild vom Speisenangebot des Hauses und von den Fähigkeiten der Küche verschaffen. Dies fiel natürlich leichter, wenn man zu zweit oder gar mit mehreren ans Werk ging, doch dies war eher die Ausnahme als die Regel. Dem Einzeltester, der sich seines Urteils nicht sicher war, blieb nichts anderes übrig, als sich ein zweites- oder gar ein drittesmal in das Restaurant zu verfügen.

Die Illusion vom Traumberuf war rasch geplatzt. Als Haupttätigkeit ohnehin nicht vorgesehen, brauchte ich mich nicht in die Fron eines Restaurantführers zu begeben. Die Nebentätigkeit begann ich mir in Eigeninitiative einzurichten. Ermuntert und gefördert wurde ich von Freunden, die Zutrauen zu meinem Gaumen und zu meiner Feder hatten. So wurde ich von Johannes Gross für »Capital« und von Horst Knape und Mario Scheuermann für »Ullsteins Gourmet Journal« (später »VIF«) herangezogen.

Nun konnte ich selbst den Umfang meiner Tätigkeit bestimmen, die Orte und Gaststätten auswählen. Die Spesen waren ausreichend für die Begleichung der Fahrkosten wie der Restaurantrechnungen und die Honorare zufriedenstellend. Aber eine reine Freude wurde es nicht. Getrübt wurde sie weniger in Frankreich und Italien, wo Köche wie Kunden zur Feinschmeckerei eine mehr natürliche als gekünstelte Beziehung haben, als in Deutschland, wo diese eher sentimentalisch als naiv bestimmt ist.

Des öfteren konstatierte ich ein Mißverhältnis zwischen Schein und Sein. Ich lernte Restaurants kennen, eine gewisse Ausstattungsgastronomie, in der die Aufmachung des Lokals die Darbietungen der Küche ausstach, diese vielleicht von vornherein der Vergessenheit anheimgeben wollte. Zu laute Musik erregte den Verdacht, daß durch die Beanspruchung des Gehörs die Entfaltung des Geschmacks behindert werden sollte. Zu viele Kerzen und Blumen erschienen als Blendwerk, damit der Gast für nichts anderes – vor allem für die servierten Gerichte – Augen habe. Durch farbige oder auch nur getönte Gläser wurde die schon von Johann Joachim Winckelmann erkannte Binsenwahrheit mißachtet: die Güte des Weins werde durch dessen eigene Farbe in einem durchsichtigen Glas besser hervorgehoben »als in der kostbarsten goldenen Schale«. Batterien von Luxusdigestifs auf Anrichten weckten den Argwohn, daß der Wirt vornehmlich auf die Geldbeutel zielte. Wenn ich sah, daß an Tischen flambiert wurde, gastronomische Pyromanie im Schwang war, hätte ich am liebsten kehrtgemacht.

Als einzelnem (und anonym gekommenen Restaurantkritiker) wurde mir oft ein schlechter Platz angewiesen: In der Nähe der Küche, deren sich widersprechende Gerüche meine Nase verunsicherten. So weit von anderen Tischen entfernt, daß ich nicht mit den Augen die Gerichte anderer Gäste mittesten konnte. An einem Durchgang, wo die Rockschöße der Kellner beinahe die Teller vom Tische wischten. An der Eingangstür, wo bei jedem Öffnen und Schließen die Zugluft die Kerze flakkern und den Esser zusammenzucken ließ; einmal fiel mir ein Blatt der betagten Rose in die Suppe.

Dergleichen passierte mir am Beginn meiner Testertätigkeit, also vor Jahrzehnten. Inzwischen hat sich manches geändert, ist vieles besser geworden, woran sich Restaurantkritiker ein gewisses Verdienst zuschreiben. Jedenfalls hat es sich herumgesprochen, daß zwar die Dekoration eines Lokals nicht unwichtig ist, aber es grundlegend wichtig bleibt, was auf den Tisch und die Teller kommt. Dafür haben zunehmend Köche gesorgt, die ihr Handwerk zu einer Kunst entwickelt haben, und nicht zuletzt Gäste, die immer kenntnisreicher und anspruchsvoller geworden sind.

Als ich anfing, war Haute Cuisine in den Nobelrestaurants angesagt. Auguste Escoffier gab immer noch den Ton an, doch fand er immer weniger das gewünschte Echo, bei Produzenten wie Konsumenten. Überrascht hätte es ihn kaum, denn ihm war bewußt gewesen: »Die Kochkunst hängt in ihrer Entwicklung vom psychologischen Stand der Gesellschaft ab und folgt notwendigerweise den von ihr empfangenen Impulsen.« Die Belle Époque, in der sich das Großbürgertum in Grandhotels und Luxusetablissements an Haute Cuisine delektiert hatte, war längst dahingegangen, doch weiterhin wurde auf das eine und andere ihrer Rezepte zurückgegriffen, wobei für Escoffiers Epigonen die Verkleidung, die beim Altmeister ebenso kostbar wie köstlich sein konnte, zunehmend zur Verhüllung von Unzulänglichem wurde.

Die Zeiten änderten sich, eine neue Gesellschaft wuchs heran, Schnürkorsetts und Vatermörder verschwanden, und auch in der Küche wurden gekünstelte Formen und verfremdende Maskierungen verworfen. Eine »Nouvelle Cuisine« war gefragt, die einer ihrer Avantgardisten, Paul Bocuse, »die echte, wahre Küche« nannte und einer ihrer Propagandisten, Henri Gault als »die feine Küche« bezeichnete.

Ganz so neu war die »Neue Küche« indessen nicht. »Heute gilt es nicht mehr, eine ungeheure Fülle von Platten aufzufahren, einen Überfluß an Ragouts und Pasteten zu bieten«, befand bereits im 17. Jahrhundert der Franzose Robert; »wichtig ist nur die Auswahl hervorragenden Fleisches, die Feinheit der Zubereitung, die Eleganz und Sauberkeit des Anrichtens.«

Wie die Französische Revolution im 18. Jahrhundert begann auch die von Frankreich im 20. Jahrhundert ausgehende Küchenrevolution mit einem »Zurück zur Natur!«, mit den Forderungen, nur frische und beste Substanzen in die ihnen angemessenen Formen zu bringen, den Eigengeschmack der Grundprodukte hervorzuheben, ihn als solchen wirken zu lassen. »Man muß stets das beste Fleisch, Gemüse usw. suchen«, erklärte Bocuse, der lieber von »Küche des Marktes« als von »Neuer Küche« sprach. »Man soll als Koch nichts anderes tun, als den ursprünglichen Geschmack der Gerichte vollendet zur Geltung zu bringen. In der ›Alten Küche‹ lag das Hauptaugenmerk der Zubereitungen mehr in der Auffälligkeit als im kulinarischen Wert, während in der ›Neuen Küche‹ alles eine eigene Existenzberechtigung bekommen hat.« Also: »Die Küche soll die Wahrheit und nichts als die Wahrheit sagen.«

Auch mir gefielen Kreationen, die sich an dieses Kredo hielten, Einfach-Gutes als Gekonnt-Gekochtes boten. Allerdings verschmähte ich in Eugénie-les-Bains die Gemüsebreilein, mit denen Michel Guérard sein Bestreben, Gesundheit und Feinschmeckerei zu verbinden, zuungunsten letzterer übertrieb, und erst recht jene, die von Adepten nicht nur Kurgästen, sondern auch Normalgästen als stereotype Beilagen vorgesetzt wurden. Und wie Loriot war ich mitunter überrascht, wie »übersichtlich« das Angerichtete auf dem Teller war, dessen Größe in auffälligem Gegensatz zur Kleinheit der Portion stand.

Negative Erfahrungen machte ich in Frankreich weniger als anderswo, aber auch dort hing mir manchmal gestyltes »Neues« zum Hals heraus. Nachdem ich einige »In«-Restaurants in Paris getestet hatte, stand mir der Sinn nach einem Bistro und Beaujolais-Wurst, freilich mit Pistazien. In Deutschland, wo die französische »Nouvelle Cuisine« nachempfunden wurde, hatte ich nicht so viele positive Erlebnisse wie in ihrem Ursprungsland. Abgesehen von erfreulicherweise nicht wenigen Könnern, ja ein paar Künstlern, schwebten viele Imitatoren zwischen Extremen: Entweder sie servierten ständig, was momentan als »in« galt, zum Beispiel die sattsam bekannte, mehr oder weniger rosige Entenbrust, die Sehnsucht nach einer konventionell gebratenen Ente weckte. Oder sie versuchten – ähnlich den Irrungen und Wirrungen unschöpferischer Nachahmer der »Haute Cuisine« – um jeden Preis kreativ zu sein, so wenn sie Steinbutt mit Steinpilzen zusammengarten, mit dem betrüblichen Ergebnis, daß jedes der beiden Grundprodukte seinen Eigengeschmack einbüßte.

Auch die »Nouvelle Cuisine« sei eine Küchenmode, gestand Paul Bocuse. Mode, definiert das Lexikon, ist das, was gerade üblich sei, dem Augenblicksgeschmack entspreche, jedoch – im Unterschied zum langlebigen Stil – schon nach kurzer Zeit durch neue Formen verdrängt werde. Inzwischen hat die »Nouvelle Cuisine« modische Übertreibungen abgelegt, doch das, was von ihr in Rückbesinnung auf Allgemeingültiges erzielt worden ist, wirkt weiter: in einer »Cuisine du Marché« durch eine Kombination von saisonalen und regionalen Qualitätsprodukten in adäquater Zubereitung. So ist in Deutschland »Neue deutsche Küche« in Schwang gekommen, und auch sie ist ein Rückgriff auf Altbewährtes in erneuerter Form.

Bereits zu Beginn des 19. Jahrhunderts hatte Karl Friedrich von Rumohr, ein an »edler Einfalt und stiller Größe« orientierter Klassizist, die Deutschen gewarnt, »den Charakter jeglicher Speise durch Mischung und Verarbeitung zu vernichten« und »die National- und Provinzialgerichte zu verdrängen, welche doch stets in der Volks- und Lebensart begründet, und fast ohne Ausnahme schmackhaft und nahrhaft sind«. Seine Landsleute ermahnte er, »die jedem Nahrungsstoff eigentümliche

Güte« in einem »anmutigen Stil« zu pflegen, alles Überladene und Schwerfällige zu meiden.

Diese Botschaft fand lange kein Gehör; noch 1966 mußte eine Neuauflage von Rumohrs »Geist der Kochkunst« im sogenannten »Modernen Antiquariat« verramscht werden. Wie sehr sie in Vergessenheit geraten war, davon konnte der bürgerliche und gutbürgerliche Lokale aufsuchende Restaurantkritiker ein Lied singen. Oft waren die Suppen zu fett, das Fleisch zu hart, die Soße mehlig und das Gemüse matschig. Zu alten waren neue Mißbräuche gekommen. So mancher Koch griff zu »prefabricated food«, Konserviertem und Tiefgekühltem, so daß ich den Seufzer vernahm, was ein Kochlehrling heutzutage brauche, sei ein guter Dosenöffner und ein starker Daumen, um die Folien aufzureißen.

Da ging man lieber zum Italiener um die Ecke, wo kaum manipuliert und maskiert wurde, Nudeln wie Gemüse nicht zerkocht waren, das Fleisch nicht in der Soße ertrank, den Viktualien ihr natürlicher Geschmack nicht genommen und dem Esser nicht dessen Genuß vorenthalten wurde. Freilich mußte der Restaurantkritiker feststellen, daß man in Italien besser italienisch essen konnte als selbst in einem ausgezeichneten Ristorante in Deutschland. Das lag nicht allein daran, daß der Koch nicht immer die frischesten Produkte auftrieb oder daß er sich deutschen Eßgewohnheiten annäherte. Der Hauptgrund schien mir darin zu liegen, daß sich der gastronomische Antäus zu weit von seinem ihm Kraft gebenden Mutterboden entfernt hatte, auch wenn er – je nachdem, wo er beheimatet war – regionale Spezialitäten in die Fremde mitgenommen hatte.

Zu den Ursprüngen zieht es den Feinschmecker. Er habe nie besser gegessen als bei den Winzern seines heimatlichen Anjou, erklärte der Gourmet Maurice Saillant. Paris betont den Zentralismus, aber Pariser verlangt es nach Gerichten der Gegenden, aus denen sie gekommen sind. Das hinderte Saillant nicht daran, sondern spornte ihn dazu an, sich durch die Küchen anderer französischer Regionen zu essen und an ihnen ebenso Wohlgeschmack und Wohlgefallen zu finden.

Was französische Gourmets deutschen Feinschmekkern vormachten und was ihr eigene Gastrosophen wie Rumohr vorschrieben, strebte die »Neue deutsche Küche« an: Im nationalen Rahmen die regionalen Besonderheiten pflegen, Omas Küche renovieren und veredelte Hausmannskost bieten. Bei aller Objektivität gegenüber anderen Küchenstilen, die zu würdigen ein Restaurantkritiker gehalten ist, mußte ich gestehen, daß mir diese neu-alte Küchenform hierzulande subjektiv am meisten zusagte und ich es mir aus Egoismus wie aus Altruismus wünschte, daß sie nicht nur eine Mode bliebe. Da ich mit dieser Meinung nicht hinter dem Berg hielt, zählte mich Walter von Cube, ein großer Gourmet wie Gourmand vor dem Herrn, unter den Restaurantkritikern zu den Volksnahen und Volkstümlichen. Darauf war ich damals stolz und bin es noch heute, da sich so mancher progressive Kollege in meine Richtung zurückbewegt hat.

Zu begrüßen wäre es, wenn mit der »Neuen deutschen Küche« anstelle des »Service« wieder »Bedienung« in die Gasthäuser einkehrte, der »Herr Ober« von einer sich dem Gast fast mütterlich zuwendenden Kellnerin abgelöst würde, so wie ich es im Pariser »Chez Mercier« und dem Münchner »Bratwurst-Glöckl« erlebt habe. Das heißt nicht, daß ich nicht auch gute Erfahrungen mit Maîtres und Garçons sowie mit deren italienischen Pendants gemacht hätte. Gerne erinnere ich mich an den

Cameriere in Rom, der die zu lange gebratenen Zicklein-Koteletts ungebeten gegen richtig zubereitete austauschte. Oder an den Waiter in einem Londoner Nobelrestaurant, der den von mir als zu warm empfundenen Beaujolais Village anstandslos gegen eine neue Flasche austauschte, die freilich ebenso übertemperiert war; er nahm sie ohne Berechnung zurück. Auch mit diesem und jenem Kölner Köbes konnte ich zufrieden sein, oder dem einen und anderen aus dem einstigen k. u. k. Reich stammenden Bediener, der mit einem »Bitte sehr, bitte gleich« beflissen war und das »Kollege kommt gleich« so manchen Wiener Kellners nicht zu kennen schien.

Weniger gute Erfahrungen prägten sich tiefer in das Gedächtnis ein, so mit »Obern«, die sich ihrem Titel verpflichtet fühlten und den Gast von oben herab behandelten. Da war jener Rechthaber, der – als ich Weißwein bestellte und nur ein Rotweinglas vorfand – steif und starr behauptete, daß es modern sei, den Weißen auch aus dickbauchigen Gläsern zu trinken. Ein Besserwisser suchte mir weiszumachen, daß man Lamm durchgebraten zu essen habe, und ließ durchblicken, daß das Bestehen auf rosigem Fleisch mich eher als Kannibalen denn als Kenner ausweise. Ich bekam es mit am falschen Beruf Leidenden zu tun, die mich mitleiden ließen, mit Jovialen, die mir auf die Schulter klopften und den Daumen im Teller behielten, und mit Wurstigen, denen – außer dem Trinkgeld – alles wurst war.

Oft mußte ich an eine Bemerkung meines Lehrers Franz Schnabel denken. Als der Student mit dem Professor von dessen Vortrag in Augsburg zurückgekommen war, lud er mich – bevor wir uns zu seiner Vorlesung in die Universität begaben – zum Mittagessen im Restaurant des Hauptbahnhofes ein. Es dauerte und dauerte, bis ein Kellner, der mit Kollegen rauchend und schwätzend an der Theke stand, sich an unseren Tisch begab und sich zur Aufnahme unserer Bestellung bequemte. In unserer Gesellschaft, kommentierte der Professor, wollten die wenigsten dienen, nur noch, mit möglichst geringer Anstrengung, viel verdienen.

Eine dem Materialismus ergebene Gegenwart zeitigte auch den Typ eines Gastes, der sich in ein renommiertes Restaurant weniger begab, um vortrefflich zu speisen als um sich selbst und anderen zu beweisen, wie weit er es gebracht habe und wie viel er sich leisten könne. Einen Extremfall zeigte eine Fernsehreklame: »Mein Haus, mein Swimmingpool, mein Wagen«, trumpfte in einem Lokal der eine auf und wurde vom anderen mit Fotos eines stattlicheren Hauses, eines größeren Swimmingpools und eines luxuriöseren Wagens übertrumpft. Tatsächlich mußte ich zu laut am Nachbartisch geführte Gespräche mitanhören, in denen nur von Geld und Besitz die Rede war. Oder ich fühlte mich durch einen Angeber genervt, der – ohne die Küchenleistung des Restaurants, das er mit seinem Besuch beehrt hatte, zu würdigen – mit Stentorstimme allen kund und zu wissen gab, in welchen Nobeletablissements er dies und jenes Kostspielige gespeist habe. Und sich – wer kann, der kann – eine dicke Havanna anzündete, so daß Rauchwolken über meiner Seezunge aufzogen.

Zunehmend erlebte ich sympathische Gäste, die sachkundig bestellten, andächtig speisten und nur davor, dazwischen und danach gedämpfte Tischgespräche führten, die sich meist um das Essen im allgemeinen und dieses Essen im besonderen drehten. Gern saß ich neben einem Liebespaar, das nur Augen für sich hatte und den Mund nur zur Speiseaufnahme öffnete, und am liebsten neben einem stillen Genießer, der mich an die Beschreibung durch Carl Zuckmayer erinnerte: »Ein Mensch beim Essen ist ein gut Gesicht, / Wenn er nichts denkt und nur die Kiefer mahlen, / Die Zähne malmen und die Blicke strahlen / Von einem sonderbaren Urweltlicht«.

Zu dieser Spezies zählte ich jene Briefschreiber, die sich beim Restaurantkritiker bedankten, daß sie von ihm auf Häuser, die ihnen gefallen, und auf Gerichte, die sie genossen hätten, hingewiesen worden waren. Einmal beklagte sich einer, ich hätte ein Lokal positiv bewertet, von dem er gar nicht angetan gewesen sei, und er drückte sein Bedauern aus, daß er mir seine Ausgaben nicht in Rechnung stellen könne. Den Begründungen seines Mißmuts war zu entnehmen, daß er sich vornehmlich an Äußerlichkeiten gestoßen hatte (in einem Bistro sitzt man nun einmal eng aneinander), keine Gänseleber zu haben gewesen sei (die von mir empfohlene Bistro-Spezialität Rillons mit Linsensalat hatte bei ihm keine Gnade gefunden), und überhaupt sei das Publikum zu gewöhnlich gewesen (Pariser eben, denen es sichtbar und hörbar geschmeckt hatte).

Reaktionen von Wirten und Köchen auf meine Rezensionen waren seltener. Positive Berichte wurden wohl für selbstverständlich und nicht für bedankenswert gehalten. Eckart Witzigmann lobte mich nicht wegen der Würdigung seiner Kochkunst, sondern wegen meines Hinweises auf seine preiswerten Mittagsmenüs. Briefe auf negative Bewertungen waren häufiger. Ein Padrone aus der Toskana mochte es nicht verstehen, daß ich bei ihm nicht alles vorzüglich gefunden hatte, wo ihn doch ein italienischer Restaurantführer über den grünen Klee gelobt habe. Ein Österreicher, dem meine Bemerkung sauer aufgestoßen war, daß ich in München einen fabelhaften

Tafelspitz genossen habe, wie man ihn selbst in Wien kaum mehr bekomme, bezichtigte mich anti-österreichischer Umtriebe.

Nein, reine Freude war dem Restaurantkritiker nicht beschieden; sie war von manchem Leid getrübt. Mit Siebzig, nach jahrzehntelanger Tätigkeit, verabschiedete ich mich von dieser problematischen Profession mit gemischten Gefühlen. Einerseits war mir bewußt, daß mit zunehmendem Alter der Geschmack reift und die Urteilsfähigkeit wächst, was den Rezensionen zugute käme. Andererseits hatte ich beim Gastrosophen Eugen von Vaerst gelesen, daß ein zu alter Mensch leider nur noch mit den Weisheitszähnen esse. So weit ist es bei mir noch nicht gekommen, so daß ich es weiterhin – und hoffentlich noch lange – mit dem alten Goethe halten kann:

»Ich habe gespeiset; nun speis' ich erst gut!
Bei heiterem Sinne, mit fröhlichem Blut,
Ist alles an Tafel vergessen.
Die Jugend verschlingt, dann sauset sie fort;
Ich liebe zu tafeln an luftigem Ort,
ich kost' und schmecke beim Essen.«

Nun muß ich mich nicht mehr in Restaurants verfügen, die zu prüfen sind, und bestellen, was zu testen ist. Jetzt kann ich hingehen, wohin es mich zieht, und essen, was mir gefällt. Mit den Jahren wächst die Erinnerung an Entdecktes und Gekostetes, und dieses »Es war einmal« ist eher beglückend als bedrückend, fast ein Dacapo des Genusses.